深圳大学新闻传播学术文库

数字代沟
与数字反哺

DIGITAL GENERATION GAP AND DIGITAL REVERSE MENTORING

老年数字融入的
中国路径

A Chinese Approach
to Ensuring Digital Inclusion for the Elderly

周裕琼　林枫

——

著

社会科学文献出版社
SOCIAL SCIENCES ACADEMIC PRESS (CHINA)

献给我的父亲

国家社科基金项目"数字代沟、数字反哺与老龄化社会媒体素养提升研究"（16BXW048）成果

深圳大学高水平大学二期资助出版

深圳大学新闻传播学术文库编委会

| 目　录 |

绪　论

　　中国的媒介化社会呈现相互矛盾的两大趋势：人口结构越来越"老"，媒体形态越来越"新"。一方面，截至 2021 年底，中国 60 岁以上老年人口为 2.67 亿，占总人口的 18.9%，预计到 2050 年，中国 1/3 的人口将是老年人。老龄化已经成为人类社会的常态（彭希哲、胡湛，2011），在中国更呈现基础性、复杂性和长期性特征（林宝，2021）。另一方面，截至 2022 年底，中国网民规模达 10.67 亿，互联网普及率达到 75.6%（CNNIC，2023）。从网络基础设施建设到移动应用开发，中国实现了媒介发展的弯道超车，成为名副其实的新媒体大国。

　　当老龄化趋势遭遇数字化浪潮，会发生什么？早在 2006 年，美国学者 Wesley Fryer 就用"数字难民"形容被数字化浪潮抛弃的人群，尤其是老年人。"难民"这个词，体现出西方社会长期存在的老年歧视（ageism）。20 世纪晚期，随着老龄化进程的加快，对老年人口的系统性社会排斥成为困扰西方发达国家的结构性问题（Nelson，2002）。在新冠疫情中，西方社会 80%~90% 的死亡人口是老年人（Worldometers.，2022）。"老无所依"不仅是好莱坞的电影主题，更是残酷的社会现实

（Gullette，2017）。中国于 2000 年进入老龄化社会之后，也出现过老年歧视的现象（吴帆，2008）。近年来，隐藏在老龄化背后的中西文化与国情差异日渐凸显，政府决策者和学术研究者纷纷从"问题视角"转向"优势视角"，探索具有中国特色的积极老龄化路径。2022 年 2 月发布的《"十四五"国家老龄事业发展和养老服务体系规划》指出，"我国具备坚实的物质基础、充足的人力资本、历史悠久的孝道文化，完全有条件、有能力、有信心解决好这一重大课题"（国务院，2022）。在西方模式下，狂飙突进的"元宇宙"可能将老年"数字难民"拒之门外；而在中国模式下，以数字媒体为代表的技术创新正成为"积极应对人口老龄化的第一动力和战略支撑"（新华社，2019）。

面对人口老龄化和媒介数字化之间的矛盾，中国必须从传统文化智慧中汲取力量，走出一条具有中国特色的老年数字融入之路，并以此为契机重新认识社会转型期的中国代际问题。我们提出，老年传播问题研究视角应从狭义的"老年传播"转向广义的"老龄化传播"，把"老龄化"视作一种宏观的基础结构和一个持续的动态过程，深入考察不同年龄群体如何借助各种媒介形态和传播方式，形成关于"老"的社会与文化共识。唯有如此，才能将老年人所面临的数字窘境与更广泛的社会人群（不限于老年人群，还有社会其他成员）和更深远的社会结构（不限于人口结构，还有政治、经济、文化结构）连接起来。

因此，老年人的数字融入，无论是在政策实践还是在学术讨论中，都不应该是老年人的"孤军奋战"，而是应该把全社会不同年龄群体（老年、中年、青年、少年、儿童）纳入其中。围绕数字媒体的使用，代际对比所引发的"数字代沟"最为触目惊心：年长世代与年轻世代在数字媒体的接入、使用和素养等方面存在巨大差距，并因此引发新型代际矛盾和冲突，导致全社会系统性的数字排斥。但与此同时，在儒家文化及"孝道"价值观的影响下，代际对话所触发的"数字反哺"实践时刻温暖人心：年轻世代在数字设备、技能和素养等方面反哺年长世代，并因此重建家庭内部和社会群体之间的和谐关系，使老年数字融入成为可能。我们认为，应该跳出"老年歧视"的现代化陷阱，将年长世代与年轻世代结合起来，采用"对比—对话"的双重视角考察当前中国老年数字融入问题，从微观（个体）、中观（家庭）、宏观（国家）三个层面另辟蹊径，提出数字适老的"中国式解决方案"。

过去 10 年，围绕数字代沟、数字反哺以及老年人的数字融入问题，我们先后进行了大大小小十余项研究，完成一项国家社科基金一般项目，产出丰硕的学术成果。我们欣喜地看到，这个问题在学术同人的共同参与下，已经成为中国新闻传播学术界的研究热点，并获得人口学、社会学、法学、管理学等跨学科学者的关注。本书尝试把我们在这个领域的所有研究重新整合、修正、补充为一个自成体系的综合性研究。从研究阶段来看，它包括探索研究、核心研究、补充研究；从研究目标来看，它包括旨在进行学术考察的实证研究、旨在进行社会干预的行动研究、旨在影响决策的政策研究；从具体实践来看，它包括小范围的问卷调查和朋友圈内容分析、全国范围的祖孙三代家庭成员调查和朋友圈内容分析、深入访谈、自传式家庭数字反哺报告、新媒体工作坊、家庭数字反哺工作坊等众多质化和量化研究。

我们的系列研究全方位、多维度地考察中国老年人的数字媒体（以微信为代表）采纳与使用现状，深入探究数字时代的代际差异（数字代沟）以及互动（数字反哺），重点讨论中国独特的"家"文化在老年数字融入进程中所产生的影响，探索数字适老的"中国式解决方案"。具体而言，我们在微观、中观和宏观层面分别获得以下研究发现，提出以下学术观点和对策建议。

在微观层面，我们关注老年个体在新媒体采纳与使用中客观障碍与主观意愿之间的角力。我们提出"数字弱势群体"这个概念，用以替代"数字难民"这个缺乏学术中立性和严谨性的通俗词语。弱势并不意味着可怜，而是蕴藏希望与力量。多次问卷调查反复证明，老年人在新媒体（以微信为代表）采纳与使用的深度、广度和强度等方面都呈现"崛起"的态势，老年人的数字化生活比我们想象的精彩。数据分析还显示，微信的采纳和使用与老年人的主观幸福感之间存在显著的正向关系，即越幸福越用微信，越用微信越幸福。我们进一步探究促进/阻碍老年人数字融入的因素，多次得到较为一致的结论：主观意愿的影响显著大于客观因素。年龄的增长必然导致客观障碍的增加，但只要老年人在主观上对新媒体持有积极正面的认知，就有可能实现"逆袭"，老年女性数字融入程度反超老年男性就是一个重要的证据。结合访谈及工作坊数据，我们认为这种性别反超体现的是两大性别群体"积极老龄化"和"消极老龄化"的心态差异，以及与之相关的社会参与和人际（特别是同辈及家庭内部）沟通的行为差异。所以，在个体层面，应该帮助老年人打破从身体排斥到心理排斥再到数字排斥的作用机制，找到从获取数字设备到掌握数字技能再到提升数字素养的融入路径。总之，过往的研究往往把老年人化约为一个模糊的集合，而我们的研究显示，中国老年人的数字化生活充满多样性和异质性，应该激发他们的主观能动性从而实现积极自主的数字融入。

长期以来，老年人被视作"谣言易感人群"，我们的全国调查数据在一定程度上纠正了这个刻板印象。事实上，老中青三代人的谣言易感程度（谣言代沟）呈现倒"U"形曲线，即年轻人和老年人相对较低，中年人反而攀上峰顶。在八类谣言中，社会治安、卫生健康、科学常识类谣言属于老年人最易感的谣言，且男性和女性的谣言偏好有所不同。但是，在总体的回归模型中，包括性别、年龄、社会经济地位（SES）变量在内的人口统计学特征的影响几乎可以忽略不计，真正产生影响的是老年人的上网焦虑、评估能力和微信使用。与其批评老年人轻信谣言，更重要的是理解他们受谣、信谣和传谣背后的心理动因，体谅他们行为失范背后隐藏的对晚辈的关心和担心，以及试图重塑权威和维系亲情的苦心。

在中观层面，我们从家庭传播的视角，聚焦中国祖孙三代在数字化生活中的对比与对话。在生物和社会属性以外，我们从中国国情出发，明确了"代"的家庭属性和媒介属性，指出祖代、亲代、孙代角色的扮演必然影响老中青不同年龄层在数字媒介接触、使用和效果方面的差异，集中表现为数字代沟。我们从数字接入、数字使用、数字素养三个维度，对数字代沟进行概念化，并在全国 948 个家庭 3282 个样本的量化数据基础上实现了操作化，给出"中国数字代沟指数"的计算公式。统计分析显示，小到家庭、大到国家，数字代沟无处不在。我们对亲子两代家庭 5609 条微信朋友圈的配对比较分析显示，他们的朋友圈存在显著的话题和风格差异，"同一个家庭，不同的微信"使亲子沉迷于各自的"数字舒适圈"，而缺乏必要的交流。我们也分析了数字代沟的影响因素，其中，亲子两代的受教育程度以及所居住城市经济发展水平的影响最为显著。随着社会的不断发展，数字接入代沟逐渐缩小，但是"能"上网并不意味着"会"上网，数字使用代沟和数字素养代沟仍然在很大程度上加剧了人群分化与内容区隔，造成"表面统一，内部分化"的隐形数字排斥。为了实现更广泛意义上的数字融入与数字公平，我们提倡换一种角度理解数字代沟，即将之视作水平方向的"差异"，而非垂直方向的"差距"。在代沟的底端，借助中国丰富的家庭传播实践，年长世代与年轻世代仍然连接在一起，这就为数字反哺提供了可能。

与数字代沟相对应，我们建构了数字反哺的三个维度：数字接入反哺、数字技能反哺、数字素养反哺。以全国调查数据为基础，呈现中国家庭围绕数字媒体展开的丰富多彩的代际传播画卷。就反哺现状而言，年轻世代"给出去的反哺"与年长世代"接受到的反哺"大体能达成共识，但两者仍有三成多的反哺感受不一致。在反哺的三个维度上，数字接入反哺最为普遍，数字技能反哺远远高于数字素养反哺，授人以鱼而非授人以渔的"代理式反哺"最为常见。将年长世代中的祖代（老年人）与亲代（中年人）对比，可以发现祖代虽然在数字媒体采纳、使用与素养方面都显著低于亲代（两代人之间存在显著的数字代沟），但他们对数字接入、技能和素养反哺的接受程度都显著高于亲代。进一步的影响因素分析也印证了上述发现，越弱势的个体（年龄大、受教育程度低、女性、自我效能感低、心理障碍多），越接受数字反哺。但有趣的是，上述弱势个体在家庭结构中却处于核心位置，与家人的互动频繁深入且关系亲密。综合对比祖代和亲代的反哺影响因素，家庭因素对先天弱势群体的补偿功能被进一步印证。家庭不仅包容数字反哺，更孕育和推动了数字反哺。数字反哺以一种润物细无声的方式促成新型的亲密关系（情），使之取代传统的孝道价值观（理），成为当代中国家庭的核心纽带，这与社会学家观察到的中国家庭变迁不谋而合（阎云翔、杨雯琦，2017）。

在传统的量化和质化研究以外，我们还在深圳和汕尾两地分别展开以个体和家庭为干预对象的行动研究，将学术成果付诸实践。针对老年人的新媒体工作坊让我们认识到，社会外部干预只有与老年人自主自发的兴趣结合起来，才能发挥最好的效果。针对祖孙三代的家庭数字反哺工作坊，则让我们注意到"隔代亲"（孙辈对祖辈的反哺非常活跃且有效）和中年男性的缺位现象。家庭内的数字反哺，必须在亲代承上启下的协调下，唤醒祖辈的能动性、挖掘孙辈的创造性，只有这样才有可能摆脱短期效果显著而长期效果下滑的困境，形成内生性、常规化的"赋能"。

在问卷调查和统计分析之外，我们还借助深入访谈和自传式家庭数字反哺报告等质化研究方法，深入中国大江南北不同类型的家庭中，讨论数字反哺之后的故事。毫无疑问，数字反哺能成为代际关系的润滑剂，让家庭成员更加亲密团结，但也有可能让家庭成员陷入各自的"小世界",而忽略现实中的具身交流。数字反哺推动了家庭关系的平等化与民主化,但家庭权力结构仍在"放权"与"获权"中保持着微妙的平衡,长辈的"权而不威"与晚辈的"孝而不顺"成为中国家庭的新型代际样态。最后,数字反哺作为一种新型的尽孝方式,是对传统孝道价值观的发展与革新。这种"孝"生发于情感,注重双方的互相影响与共同付出,更有"推己及人"反哺社会的潜能。作为一种持续性、互动型的传播实践,数字反哺更具价值之处在于实现代与代之间的"破次元"沟通,即晚辈在反哺长辈的过程中,也从长辈的人生智慧中获得滋养。

在宏观层面,我们提出,数字代沟与数字反哺两者之间的互相依存与制约,是后工业化时代的显著特征,在全世界范围内普遍存在。这个命题不仅与人类社会的进化路径和文化传承有关,对于急遽变迁的中国社会来说,更有其独特的理论意义和现实价值。随着中国空巢化家庭越来越多,原本应由家庭发挥的功能逐渐被抛向社会,数字反哺的发生情境也势必由家庭转向社区。因此,我们亟须从国家政策、社会保障、行业平台等多方面共同努力,找到一条适合中国国情的全民数字融入路径。

2020 年以来,政府推动、平台参与的数字适老化改造开展得如火如荼。但我们认为,这种自上而下的"运动"只能取得短期效果,不能当作常规化治理手段和长效化运行机制。亟须引入市场的力量,刺激数字适老产品和服务的需求与供给。对于平台来说,仍需要在政策驱动、利益驱动和社会责任驱动之间找到多赢的平衡点。而最为关键的是,要让数字适老走出宣传稿,被它的目标人群(老年人)知悉并使用。与此同时,应该尊重老年人的数字断连权利，让非数字化服务不限于"兜底"，而是成为老年公共服务的必备选项。有鉴于此，我们提出，要将自下而上的数字反哺作为民间依托，将自上而下的数字适老作为顶层设计，借助社会中间组织让两者交叉互融，将家庭、社会和政府的力量汇聚在一起，铺就老年数字融入的中国路径。

　　我们按照实证研究的经典框架，设计了本书的内容。第一章和第二章聚焦研究的时代背景，分别讨论老龄化传播和数字化浪潮对中国社会的影响。第三章通过对"代""数字代沟""数字反哺"的概念化，整合传播学、社会学、人口学、心理学、管理学等众多学科的文献，提出我们的研究框架。第四章介绍 2012 年以来系列研究的具体设计与实施过程，并报告数据的总体特征以及关键变量的操作化手段。第五章聚焦老年人，从数字接入、数字使用和数字素养等维度描摹中国老年人的数字化生活，并探究其影响因素。第六章在文献综述的基础上，建构了老年人受谣、信谣、传谣的理论模型，使用全国调查数据予以验证，并在此基础上讨论了谣言背后的心理动因。第七章从微观、中观和宏观三个层面，考察当前中国社会的数字代沟，并探究其影响因素。第八章深入家庭的日常互动，考察亲子之间、祖孙之间数字反哺的具体表现及其影响因素。第九章报告我们的行动研究（以在汕尾开展的祖孙三代家庭数字反哺工作坊为主）的实施过程、研究成果和经验教训。第十章以质化数据为主，剖析数字反哺所引发的"家庭内静悄悄的革命"，具体表现为新型亲密关系和权力结构的出现。最后，第十一章尝试从国家战略层面，提出老年数字融入的中国路径。在附录中，我们分享了两次研究用到的调查问卷，供后来者参考。

第一章　老龄化传播

第一节　重新认识老龄化

一　中国人口的老龄化现状

随着人口再生产模式从传统的"高出生率—高死亡率"转向现代的"低出生率—低死亡率"，老龄化成为人类社会的常态（彭希哲、胡湛，2011）。老龄化是指总人口中年轻人口数量减少、老年人口数量增加导致的老年人口比例相应提高的动态过程，即越来越多的人被定义为"老年人"（Pressat et al.，1981：427）。世界卫生组织（WHO）将 60 岁及以上的人界定为"老年人"，将 60 岁及以上的人口占总人口 10% 或 65 岁及以上的人口占总人口 7% 作为一个国家或地区进入老龄化社会的标准。根据此标准，中国在 2000 年就已经进入老龄化社会，此后人口老龄化程度提高、速度加快，人口老龄化形势日趋严峻（见表 1-1）。

在 2020 年开展的第七次全国人口普查中，中国 60 岁及以上人口占总人口的 18.7%，其中 65 岁及以上人口占总人口的 13.5%，与 2010 年第六次全国人口普查相比，分别上升 5.4 个

表 1-1 中国历次人口普查老年人口数量、占比及年增长率

单位：万人，%

年份	60 岁及以上人口			65 岁及以上人口		
	人口数	占比	年增长率	人口数	占比	年增长率
1953	4493	7.7	—	2563	4.4	—
1964	4848	7.0	0.69	2500	3.6	-0.23
1982	7692	7.6	2.56	4940	4.9	3.86
1990	9738	8.6	2.95	6349	5.6	3.19
2000	13051	10.3	2.93	8861	7.0	3.39
2010	17764	13.3	3.08	11924	8.9	3.01
2020	26402	18.7	4.04	19064	13.5	4.80

注："年增长率"是指对应年龄段的人口数增长率。

资料来源：国家统计局网站。

百分点和 4.6 个百分点。这表明，中国即将从轻度老龄化社会（65 岁及以上人口占比达 7%～14%，即老龄化社会，ageing society）进入中度老龄化社会（65 岁及以上人口占比达 14%～21%，即老龄社会，aged society）。中国的老龄化趋势已经难以逆转，未来将跑步进入重度老龄化社会（65 岁及以上人口占比超过 21%，即超老龄化社会，hyper-aged society）。预计到 2050年前后，中国老年人口数将达到峰值 4.87 亿人，占总人口的 34.9%。

中国人口的老龄化具有基础性、全局性、复杂性和长期性（林宝，2021），除此之外，还呈现以下几个鲜明的特点。第一，未富先老。西方发达国家是在成为经济发达国家后才进入老龄化社会，而中国尚处于发展中国家阶段时，老龄化就已经汹涌到来。因此，无论是国家层面，还是家庭和个体层面，都

未能完成应对老龄化所需要的经济储备（邬沧萍等，2004）。第二，老龄化与少子化同时发生。20 世纪 70 年代末，中国开始实行严格的计划生育政策，家庭平均子女数量下降到不足 2 个。尽管中国在 2016 年全面放开二孩、2021 年全面放开三孩，但人口出生率未能回升，2022 年全国人口出生率为 6.77‰，人口首次出现负增长（国家统计局，2023）。第三，养老体系不健全、不完善。现阶段中国的养老模式呈现"9073"格局，即 90%的老人居家养老，7%的老人社区养老，3%的老人机构（社会）养老。随着空巢老人和高龄老人的增多，对社区养老和机构养老的需求势必井喷，但现有的社会养老服务设施不完善、人员不专业、标准不高、普及不够，远远满足不了人们的需求（刘晓梅，2012）。

上述三个特色增加了应对老龄化的难度，但与此同时，另外两个特色从内部和外部创造了应对老龄化的有利条件。

一是中国老年人口异质化和多样化程度高，内部回旋空间大。第七次全国人口普查数据显示，中国老龄化的地区差异较以往更加明显（见表 1-2）。经济发展水平最高的地区（东部地区），老龄化程度居中；东北地区和西部地区社会经济发展水平均较低，老龄化程度呈现一高一低的突出特点，且东北地区已经进入中度老龄化阶段。除港澳台地区，中国 31 个省（自治区、直辖市）中有 12 个处于中度老龄化程度，18 个处于轻度老龄化程度，1 个尚未进入老龄化。老龄化程度的省际和地区差异为应对老龄化提供了一定的回旋空间，老龄化程度相对较低的省份可以从老龄化程度相对较高的省份那里吸取经验，尽早进行前瞻性的政策部署，有效减轻老龄化对社会经济的长期影响。

表 1-2　2020 年各地区和省区市老龄化程度

单位：%，个

地区	60 岁及以上人口占比	65 岁及以上人口占比
东北地区	24.00	16.21
东部地区	18.89	13.30
中部地区	18.83	13.78
西部地区	16.00	11.60

老龄化程度	省区市数量	省区市名称
中度老龄化	12	天津市、辽宁省、吉林省、黑龙江省、上海市、江苏省、安徽省、山东省、湖北省、湖南省、重庆市、四川省
轻度老龄化	18	北京市、河北省、山西省、内蒙古自治区、浙江省、福建省、江西省、河南省、广西壮族自治区、广东省、海南省、贵州省、云南省、陕西省、甘肃省、青海省、宁夏回族自治区、新疆维吾尔自治区
尚未老龄化	1	西藏自治区

　　二是中国人孝亲敬老的优良文化传统，为应对老龄化创造了良好的外部条件。1982 年 9 月，第一届老龄问题世界大会一致通过的《维也纳老龄问题国际行动计划》写道："尊敬和照顾年长者是全世界任何地方人类文化中少数不变的价值因素之一，它反映了自我求存动力同社会求存动力之间的一种基本相互作用，这种作用决定了人种的生存和进步。"这个人类文化的核心价值观在中国尤为根深蒂固。儒家文化把尊老敬老视作人的一种天性和一切行为道德的基点。《孝经》有言："天地之性，人为贵。人之行，莫大于孝。""老吾老，以及人之老"，儒家学说又进一步把尊老敬老从家庭推及社会。

儒家思想被封建王朝的统治者认可并利用，发展出一套完整的"以孝治天下"的法（法律）礼（礼俗）制度，让"孝道"融入人们日常生活的每一个细节。久而久之，孝亲敬老沉淀为每个中国人与生俱来的文化基因，也成为中国社会约定俗成的文化传统。中国的文化土壤更有利于建设"老年友好型社会"，因此老龄化这个"中国特征"有可能转化为"中国优势"。

二 "谈老色变"的老年歧视陷阱

20 世纪晚期，Ageism（尤指老年歧视）成为困扰西方发达国家的结构性问题，并随着老龄化进程的加快而愈演愈烈（Nelson，2002）。美国学者的研究发现，不管是年轻（15～31岁）的还是年长（59～91岁）的美国人，提及"老"或者"老年人"时，第一时间想到的词语都是负面的。"老无所依"不仅是好莱坞电影的主题，更是残酷的社会现实（Gullette，2017）。中国进入老龄化社会以来，不断增加的老年人口与有限的社会资源之间的矛盾关系，造成严重的结构性压力，打破了原本有序的代际传承模式，加剧了代际竞争，甚至导致代际冲突（姜向群，2010）。此后一些负面新闻的出现与炒作，又使全社会陷入"谈老色变"的老年歧视陷阱，人们对老龄化问题缺乏客观而公正的评估。反映在社会舆论和国民情绪上，体现为年轻人主导的针对老年人的"污名化"运动，对老年人的讽刺、挖苦、嘲笑、辱骂一度成为互联网舆论的主流话语（薄雯雯，2019；李成波、陈子祎，2019）。我们以百度指数为依据，统计了 2006 年南京彭宇案以来涉及老年人的热点新闻事件（胡晓，2020)，发现几乎全是负面新闻，且大多凸显了代际冲突（见表1-3）。

表1-3　2006~2019年涉老热点新闻事件

年份	热点新闻事件	涉事方 （是否有明显的代际冲突）
2006	南京彭宇案	"小伙子"与老人（是）
2009	天津许云鹤案	年轻司机与老太太（是）
2009	重庆万鑫案	初二学生和老太太（是）
2011	辽宁樊光案	80后小伙与老太太（是）
2011	天津殷红彬案	司机与老太太（是）
2013	女孩不让座，遭老人暴打	年轻女孩与60岁左右男子（是）
2013	中国大妈抢黄金	包括老年人在内的大妈与外国人（否）
2013	中国大妈在纽约跳广场舞被铐走	包括老年人在内的大妈与警察（否）
2013	百名老年人被骗900多万元	老人与骗子（否）
2013	广场舞大妈扰民，被泼粪	包括老年人在内的大妈与居民（是）
2013	男子扶老人被讹数十万元，自杀以证清白	46岁吴某与老伯（是）
2014	温州高音炮对抗广场舞大妈	包括老年人在内的大妈与居民（是）
2014	四川大妈霸占高速路服务区，跳广场舞	包括老年人在内的大妈（否）
2014	"9·9"郑州老人打人事件	老人与小伙（是）
2015	70岁大爷摔倒，讹诈施救者	醉酒老人与40岁的吴先生（是）
2015	16岁少年扶老人半年后，得法院传票	老太与16岁少年（是）
2015	老太骑车摔倒，女子扶起遭讹	六旬老太与顾女士（是）
2015	"9·8"淮南女生扶老人事件	老太与大三女生（是）
2015	南昌142名老年人被骗256万元	老人与骗子（否）
2016	老年人碰瓷玩具车事件	70多岁老人与孩子（是）

年份	热点新闻事件	涉事方 （是否有明显的代际冲突）
2016	女孩未让座，遭老人掌掴	73岁老人与来例假女孩（是）
2017	老教授被骗40万元后写"防骗真经"	老教授与骗子、市民（否）
2017	广场舞大妈大战篮球少年	包括老人在内的大叔大妈与小伙（是）
2017	出租车未及时让路，被暴走团暴打	暴走团与49岁司机陈师傅（是）
2017	南京小伙地铁不让座，大妈坐其腿上	大妈与小伙（是）
2018	黑龙江会销保健品骗局	老年人与骗子（否）
2018	男子劝阻广场舞大妈，遭围攻，突发疾病	包括老年人在内的大妈与中年男子（是）
2019	老年人诈骗案	老年人与骗子（否）

资料来源：本表格在胡晓（2020）整理的案例基础上补充完成。

吴予敏（2007）在阐释媒介形象的本质时指出，媒介形象是在政治、经济利益驱动下建构起来的物质性和精神性的表意系统，是媒介选择性建构的结果。尽管绝大部分媒介形象是非真实、虚幻的，甚至被标签化、污名化，但它一经受众接受，就会成为社会关系和价值尺度的参照坐标，既会影响个体或群体的自我认知，也会影响社会认知。仔细分析上述新闻，不难发现，矛盾的焦点集中在社会资源（如公交座位、公共空间）的分配上，反映了不同年龄群体对于"老"的认知差异。年轻人认为，人老了就应该全面退出社会生活的舞台，不再参与社会竞争；而老年人不一定会服老，甚至会"倚老卖老"地从年轻人手中争夺本就稀缺的社会资源。这些新闻大多对老年人进行了道德上的污名化（网友戏称"不是老人变坏了，而是坏人变老了"），但即便老年人并无道德上的瑕疵，只要他们参与社会竞争，就有可能被年轻人视为"为老不尊"。那么，老年人究竟应该在社会生活中扮演何种角色？社会成员（包括老年人和非老年人）应该树立何种老龄观？

三 积极老龄化：从"问题视角"到"优势视角"

西方学者先后提出成功老龄化（Rowe and Kahn，1987）和健康老龄化（世界卫生组织，2015）两个概念，但从本质上来看，这两个概念仍然是把老年人和老龄化当作需要解决的问题，试图通过促进老年人的"健康化"和"成功化"，减轻他们对家庭和社会的不利影响。2002 年，世界卫生组织明确提出"积极老龄化"理念，强调老年期的差异和积极发展，号召全社会关注老年人的身心健康、社会参与和社会保障进程。积极老龄化把老龄化过程看作一个正面、有活力的过程，倡导老年人必须有健康生活和贡献社会的机会。中国先后出台了一系列的政策文件，实施积极应对人口老龄化的国家战略。2017 年 10 月 18 日，习近平同志在党的十九大报告中，提出要积极应对人口老龄化，构建养老、孝老、敬老政策体系和社会环境，推进医养结合，加快老龄事业和产业发展（新华社，2017）。2019 年 11 月，中共中央、国务院印发了《国家积极应对人口老龄化中长期规划》，将"积极应对"作为政策基调，制定 21 世纪中叶中国应对人口老龄化的战略性、综合性、指导性文件（新华社，2019）。2021 年 11 月《中共中央 国务院关于加强新时代老龄工作的意见》（新华社，2021b）和 2022 年 2 月《"十四五"国家老龄事业发展和养老服务体系规划》两份文件的发布，进一步明确现阶段以及中长期"老年友好型社会"的建设目标和具体措施（国务院，2022）。积极应对人口老龄化国家战略的确定，标志着我们看待老年人及老龄化的视角由传统的"问题视角"（把老年人当作人口负担、把老龄化视作社会问题）转向"优势视角"（把老年人当作人口红利、把老龄化视作社会机遇）。

有学者（郭爱妹、石盈，2006）指出，"老龄化"并非人的内在本质，而是社会生活中人际互动的结果，是话语建构的产物。当我们采用"消极老龄化"的视角看待老年问题时，就只能看到老年人给社会带来的负担，看到老年人从年轻人那里抢夺社会资源，看到代际冲突，最终掉入老年歧视的陷阱。当我们采用"积极老龄化"的视角看待老年问题时，就有可能看到老年人的社会价值，看到老年人可以辅助年轻人更好地开发社会资源，看到代际合作，从而跳出老年歧视的陷阱。近年来，越来越多的学者开始反思老年研究和实践中的负面甚至悲观情绪（胡湛、彭希哲，2019）。在党俊武（2019）看来，我们之前关于老龄社会的认识存在以下五个误区："第一，重视微观问题，忽视宏观问题……人们更多关注的是微观上的老年人的养老、健康、医疗、服务、精神孤独、宜居、社会参与、法律保障以及家庭、婚姻、赡养等问题，对于从年轻社会转向老龄社会相应的人口、经济、政治、文化、社会以及区域和国际竞争等宏观问题则少有研究。第二，重视对人的研究，忽视对结构的研究。大多数文献的研究对象仍然囿于老年人，更多关注

数字代沟与数字反哺

的是老年人作为个体或者群体的人的问题，很少从作为整体的老龄社会的结构性角度进行深入研究。第三，重视对老年期的研究，忽视对全生命周期连续性的研究。第四，重视对失能等弱势老年人的研究，忽视对低龄健康老年人的研究。第五，重视被动养老，忽视对主动精神的培育。"

只有跳出老年群体本身，采用全人口全生命周期的视角研究老龄化问题，我们才有可能认识到它不仅和老年人有关，而且关乎不同年龄群体权益的社会协调与均衡发展。完整的积极老龄化体系应该包括以下四个方面的"积极"：（1）源于健康老龄化的个体的"身体积极"；（2）源于生产性老龄化的个体的"经济积极"；（3）基于参与老龄化的个体的"精神与社会积极"；（4）基于权益的政府与社会的"支持与保障积极"。其中，前三个（身体积极、经济积极、精神与社会积极）强调个体的积极老龄化，最后一个（支持与保障积极）则强调社会群体的积极老龄化。因此，我们不仅要推动老年人自身的积极老龄化实践，更要促进全体社会成员参与，而在这一点上，传播大有可为。

四　以传播助力积极老龄化

尽管"积极应对人口老龄化"已经被确立为国家战略，并且国家出台了一系列政策文件给予制度上的保驾护航，但积极老龄化的过程绝不会如想象的那样一帆风顺。在传统社会，大部分人的生存有赖于家庭、家族或者集体，老年人也不例外，个人的社会交往其实非常少。改革开放以来，中国原有的社会结构发生了深刻变化（李强，2008），人们的社会交往形态得以重构。进入90年代以后,随着现代化进程的推进和信息技术的发展,各种传统束缚不断被打破,人们开始可以自发、自愿、自由地结群和交往,"社会"也越来越活跃和普遍(冯仕政,2021)。借助大众传媒、社交媒体和社区内的组织传播、人际传播,老年人也拥有了开展多元社会交往和重新寻找自我社会价值的机会。他们的社交圈经由数字媒体,突破了家庭的限制,走向社会,获得践行积极老龄化的契机。

人口老龄化引发的养老体制、社会保障、老年人个体健康等多方面问题,使代际矛盾和冲突日益凸显,对立与谈判将成为普遍现象,媒体与传播的作用也将进一步凸显。在学界,老龄化问题也成为包括新闻传播学在内的众多学科研究的"风口"。早在20世纪90年代,国内学术期刊上就开始出现老年传播的论文。进入21世纪以来,相关论文数量更是显著增长(王亿本,2011;丁卓菁,2016)。然而,缺乏中层理论、缺乏深度以及低水平重复研究的繁荣,并不足以将老年传播作为一个新兴研究领域而确立其学术合法性。正如施拉姆当年形容传播学的尴尬处境一样,在一段相当长的时间内,老年传播也面临"学术十字路口"的危机,人们从不同的角度穿插进入,却少有人停留下来深耕细作,遑论形成学术共识(Schramm,1959)。

近年来,随着老龄化程度的逐渐加深和数字技术突飞猛进的发展,社会问题开始涌现。这也拓展了老年传播的问题域,进一步促使这一领域的研究出现了从量变到质变的迹象。学者在新闻传播学科的权威期刊上集中发表了一批具有问题意识、运用实证方法并尝试理论突破的高水平论文。究其原因,一方面,"老龄化"问题已经上升到国家战略层面,引起政府的充分重视，政策上的侧重引领了学术界的导向，2016~2020 年立项的相关新闻传播国家社科基金项目就达到 10 个；另一方面，更重要的是，中国学者自觉或不自觉地完成了一个重要的学术转向，将研究的重心从"老年传播"转向"老龄化传播"，由此，形成了更广泛的学术共识，可谓百花齐放，挖掘出更多具有学术潜力的研究议题。作为这个转向的参与者和见证人，我们将在文献述评的基础上，结合自己的研究体会和学术思考，讨论老龄化传播如何助力积极老龄化国家战略的实施。

第二节　从老年传播到老龄化传播

一　追本溯源：communication 与 aging 的关联

先有老龄化社会，后有老龄化传播。西方的发达国家比中国更早进入老龄化社会，因此，西方学者早在 20 世纪末，就开始关注老龄化过程中的传播问题。世纪之交出版的一系列著作——*Handbook of Communication and Aging Research*（Nussbaum and Coupland，1995）、*Communication and Aging*（Nussbaum et al.，2000）、*Understanding Communication and Aging*（Harwood，2007）——标志着西方学术界在该议题上做出的学术突破，即首次将 aging 与 communication 结合起来，确定为一个独立的研究领域。这三本奠基式的著作不约而同地强调了同一个问题，即将传播学视角引入老年学研究的必要性，因为"老龄化不仅是人口学的问题，更是社会学的问题……不仅是个体经历，更是互动过程"（Nussbaum and Coupland，1995：xi）。人是通过与其他人的互动交流实现社会化过程的，而老化作为逐渐脱离社会的过程，也必然与互动有着千丝万缕的联系。对于个体来说，生理上的老化虽然会随着时间推移而自然发生，但社会意义上的老化——在社会行为、社会角色、社会互动、社会认同等方面因老而变——必须在传播实践中完成，也因传播实践而改变。

三本专著各有侧重，并使用了不同的方法组织章节。*Handbook of Communication and Aging Research* 大体遵循传统传播学中人际传播—组织传播—大众传播的层次递进框架，其中尤其侧重于人际传播（以及与之相关的代际、群际、家庭传播）对老年人的影响；*Communication and Aging* 则沿着老年人特有的"生命历程"（life-span）路径，从关系、媒介使用、工作休闲、家庭、婚姻、生活方式、友谊、死亡等老年生活的方方面面来讨论老年人的传播行为，尤其强调传播在人"成功老化"的过程中起到的作用；*Understanding Communication and Aging* 的内容侧重于代际传播，其目标读者是青年学生，因此它近一半的章节与此有关，旨在通过交流促进不同世代之间形成关于"老"的共识。

虽然架构不一、对象不同，但三本书所述的内容多有近似与重叠，指向的问题也多有重合，新意有限。中国台湾学者蔡琰和臧国仁夫妇更是一针见血地指出，"整体观之，老人传播各书作者背景接近，大多出自传播领域之'人际沟通'次领域"（蔡琰、臧国仁，2012：38）。换言之，媒介采纳、使用与效果等传播学主流问题竟然被"communication and aging"研究边缘化，这的确给后续研究者留下许多可探索和发掘的空间。

蔡琰和臧国仁夫妇于2001年在台湾政治大学设立"老人传播研究群",并首次将"communication and aging"引入中国语境。他们早期的研究受到西方学者的影响,也侧重于生命历程研究,关注老人传播中的时间、情感、语言与叙事(蔡琰、臧国仁,2007)。随后,他们的研究重心转移到老年人的媒介使用(access)和媒介素养,尤其是互联网、SNS(比如部落格)等新兴ICT媒介使用给老年人带来的媒介赋权上(蔡琰、臧国仁,2012)。

如果说西方和中国台湾学者的探索是从学术出发,旨在通过理论建构来回答老龄化传播中的问题,那么中国大陆学者的探索则另辟蹊径,一开始就带有实用主义导向,从实践出发,旨在总结老龄化传播中的经验。王亿本(2011)统计分析了1990~2010年发表的91篇相关论文,发现大部分作者(64.8%)是媒体从业人员,大部分论文(70.3%)发表在新闻与广播电视实务类期刊上,绝大部分研究(80.3%)与媒介实践相关,几乎没有真正意义上的实证研究(仅有2篇采用了实证数据),也没有形成具有学术意义的理论框架。因此,他使用三个失衡(研究主题失衡、研究内容失衡、研究方法失衡)总结当时老龄化传播研究的状态。而在另一篇时间跨度更大(1986~2013年)、采样文章更广(近400篇)的综述性论文中,丁卓菁(2016)坦言,此前"国内传播学界尚未真正关注老年受众群体……系统性的研究面尚未形成"。

二 日趋饱和的老年传播研究

蔡琰和臧国仁夫妇在引进"communication and aging"这个

概念时，首先就面对中文语境化的问题，最终在众多选项中挑出一个最简洁的翻译：老人传播。虽然他们在2012年出版的书（《老人传播：理论、研究与教学案例》）中用到这个概念，但他们并不认为业已"定案"。因为，作为一个刚刚起步且处于发展中的概念，老人传播其名（名称）其实（内涵）都有待在研究中不断优化。

2007年，蔡琰和臧国仁夫妇在大陆发表了第一篇和老人传播有关的论文（蔡琰、臧国仁，2007）。因为他们在这个领域具有较强的学术影响力，老人传播成为此后几年讨论这个话题时最常用的概念。在大陆语境中，习惯将"老人"视作个体，将"老年人"视作群体，同时"老年人"更显正式和尊重。另外，现有的其他学科命名也多使用"老年"（如老年学、老年医学、老年人口学、老年社会学等）而非"老人"，慢慢地，"老年传播"逐渐取代"老人传播"，成为一个约定俗成的概念名称（汪露，2010；赵鑫、李成，2015）。

以"老年"和"传播"、"媒介"或"媒体"等为关键词搜索CNKI（中国知网），仅发表在学术期刊上的论文就数以千计。然而，论文不意味着学术，发表不等同于成果，数量不代表质量。这些关于老年传播的论文大多集中探讨老年媒体实务、老年受众和老年媒介形象这三个话题（魏蒙、姜向群，2014）。其中，老年媒体实务研究主要是在业务领域中的探讨，大多是新闻从业者的工作经验总结，虽也有其实用价值，但从严格意义上来说算不上学术研究。另外两个话题的相关论文也有不少止步于对现象的泛泛而谈，缺乏足够的学术深度。即便是那些尝试着进行实证研究（在理论指导下的资料搜集与分析）的论文，也基本是"照猫画虎"，整体上呈现饱和状态。相同的研究"套路"被重复应用于不同的研究对象，虽然数据或案例层出不穷，貌似呈现一番繁荣景象，但在理论或概念层面却新意寥寥。

在老年受众研究方面，现有的研究大多站在受众角度，从使用与满足理论出发，主要采用问卷调查或深入访谈的方法对老年人使用媒介的行为进行研究。但需要注意的是，使用与满足理论本身就备受争议，其因为"更多的是一种方法（资料搜集的策略）而非理论"而饱受诟病（Severin and Tankard，2000），受其影响严重的老年受众研究也存在相同问题。随着媒介技术的发展，从传统媒体到新媒体，在各个时期，都有大量的研究用同样的套路调查老年人的媒介使用模式、需求特征和内容偏好（盖龙涛，2018；盖龙涛等，2017；盖龙涛，2016）。虽然有其现实意义，但这种"新瓶装旧酒"的研究思路很容易忽略需求以外的其他因素。以电视这个老年人最常用的媒体为例，众多调查得到较为一致但缺乏新意的结论：老年人收看电视主要是为了满足信息获取和休闲娱乐的需求；相比于年轻人，他们的收看行为有较为稳定的规律，总是在固定的时间收看固定的节目；普遍偏好新闻、影视剧、养生保健等节目。类似的结论我们几乎不用调查就可以说中一二，可见老年受众研究故步自封太久，需要打破以往的惯习，尝试更多的理论突破。

现有的老年媒介形象研究大多从框架理论出发，主要采用内容分析或文本分析的方法。"不是老人变坏了，而是坏人变老了"，这句网络流行语在一定程度上反映出人们对老年人的偏见，事实上，研究显示，过去20年老年人的媒介形象总体而言是消极负面的（蔡珂，2018）。从传统媒体到新媒体，从新闻报道到网络舆论，从电视剧到短视频，媒体中的老年人或晚景凄凉、道德滑坡（李成波、陈子祎，2019），或倚老卖老、素质低下（胡晓，2020），或轻信谣言、贪财受骗（吴静等，2019）。媒体大多侧重于报道家长里短中的老年人，很少关注社会公共领域中的老年人（汪露，2010）。虽然在人口比例上，老年女性高于老年男性、农村老人高于城市老人，但前者所得到的媒介关注却都明显少于后者（张海宁，2017）。总体而言，这些研究主要是对"实然"（社会舆论对老年人的刻板印象）的学术呈现，几乎没有反思老年人被集体性污名化以至于系统性排斥背后的深层次原因和社会性问题，因此也无从对"应然"展开学理上的讨论。

综观这些年的老年传播研究，虽然取得了一定的成果，但也因视野局限而出现以下三个方面的不良趋势：（1）沉溺于老年传播实务的经验总结而缺乏理论深度和学术野心；（2）在孤立而狭隘的选题中重复内卷而缺乏跨人群比较和跨学科交流；（3）将老年人的传播困境（如信谣传谣、数字难民等）视作他们自身的问题而缺乏人文关怀与社会关照。如果任其发展下去，则学术的道路有可能越走越窄。我们从事老年人与新媒体相关的研究，深刻地认识到既往研究的不足和理论建构的缺失，要想做出新意、引领潮流，必须尝试拓展学术视野并做出理论上的创新，以体现相关议题更深、更广的学术价值。

三　生机盎然的老龄化传播研究

山重水复疑无路，柳暗花明又一村。我们徘徊于老年人研究领域近 10 年，逐渐对老年传播形成更深入的认识。基于近年来的研究心得和体会，我们认为应该重新界定研究的"名"（名称）与"实"（内涵），跳出以往狭义的老年传播研究窠臼，站在更为广阔与深远的社会背景下以更多元的视角考察老龄化传播。

首先，就字面意义而言，老年传播更多是划定了研究对象和问题域，并没有抓住"aging"这个词的动态及过程性特征。Aging 意为"老龄化"，是特定区域内全人口的年龄结构的老化，除了关乎"老年人"，它更加关注"老化"这一动态过程，而且将人口结构作为宏观社会背景的重要构成，视作影响社会结构、社会制度和社会规范的重要因素（李晶，2019）。对老龄化的研究，不应局限于"老年"这一阶段或"老人"这个群体，而应该从人类老化的全过程着手，涵盖不同社会所有群体（邬沧萍，1999；张仙桥，2011）。

其次，老年传播中的"老年"把多样化的老年人化约为一个整体，而忽略了老年人群体在年龄、SES 等与传播息息相关的人口学变量上高度异质化的特征。比如年龄，我们在研究儿童、少年、青年等群体时会对年龄进行非常细致的划分，时间跨度往往不超过 10 年，有时候会细分到 5 年甚至更短。而在老年人方面，中国大陆无论是媒体还是学界，往往都以 55 岁、60 岁或者 65 岁为界限对老年人一概而论，时间跨度超过 25 年。西方学者通常以 10 年为一段，把 65～74 岁、75～84 岁、85 岁及以上的老年人分为"青老年""中老年""老老年"展开研究（Thorson，1995；Anderson and Carter，1984）。根据国家统计局公布的 2020 年中国 55 岁以上人口结构（见表 1-4），可以看到，如果以 5 年分层，仅在性别比这一项，不同年龄段的老年人就存在显著的差异。如果再将受教育程度（见表 1-5）、居住地（见表 1-6）、收入水平等 SES 变量考虑进来，则老年人口内部根据异质化特征进行的人群分类数量之多远超想象。用"老年"这个集合名词来笼统地涵盖 2 亿多人口，必然会削弱他们内在的丰富性，也会减少学术创造的可能性。

表 1-4　2020 年中国 55 岁以上人口结构

单位：%

年龄	占比	性别比（女 = 100）
55~59 岁	7.19	100.46
60~64 岁	5.21	100.98
65~69 岁	5.25	96.47
70~74 岁	3.52	95.03
75~79 岁	2.22	89.48
80 岁及以上	2.54	74.27

资料来源：国家统计局。

表 1-5　2020 年中国 55 岁以上老人受教育程度

单位：%

年龄	没上过学	小学	初中	高中	专科及以上
55~59 岁	2.91	28.67	45.27	16.21	6.93
60~64 岁	5.54	36.82	36.03	16.75	4.85
65~69 岁	8.68	47.46	31.21	8.91	3.74
70~74 岁	12.30	53.52	24.10	6.73	3.35
75~79 岁	17.13	52.09	20.23	6.80	3.75
80 岁及以上	28.35	49.65	13.13	5.10	3.76

资料来源：国家统计局。

表 1-6　2020 年中国 55 岁以上老人居住地分布

单位：%

年龄	城市老人占比	城镇老人占比	乡村老人占比
55~59 岁	37.36	21.80	40.83
60~64 岁	37.39	20.36	42.25
65~69 岁	33.46	20.22	46.32
70~74 岁	31.27	20.14	48.59
75~79 岁	30.75	20.24	49.00
80 岁及以上	33.69	19.75	46.57

资料来源：国家统计局。

更重要的是，变老这一过程，其影响范围涵盖全人类。一方面，整体人口和老年人口内部都存在进阶式流动，青年变成中年，中年变成老年，青老年变成中老年，中老年变成老老年。另一方面，随着时间的推移，非老年（哪怕是刚刚出生的孩子）总有一天会变成老年，"老"是所有人的最终归宿。所以，对"老"的认识（或想象）不仅和老年人自身有关，也需要老人自己或老人与其他（更老或更年轻）的老人、老人与非老人之间借助各种媒介形态和传播方式来形成普遍的社会与文化共识，而这正是老龄化传播的应有之义。

截至目前，"老龄化传播"这个名词在国内学术界只有极少数学者使用过（郭镇之、孟伦，2013；邓蔚、汪明香，2015），而且仅流于表面，未将其作为一个学术领域对待。子将奚先，必也正名乎。为了凸显相关议题的问题意识，推动学科发展，我们主张，必须将本领域的研究从狭义推广到广义，从群体推广到全体，并将之正式命名为"老龄化传播"。

作为一种宏观的基础结构和一个持续的动态过程，当把老齢化放到全社会进行考虑时，老龄化将不可避免地影响社会传播各个维度的具体内涵。如表 1-7 所示，即便在个体维度，老龄化传播也不仅将老年人作为主体研究老年人的老化历程，而是把视角放宽到非老年人群，涵盖非老年人借助媒介所形成的老化想象。在群体维度，除了老年人群体内部借助媒介实现的人际关系维护与拓展以及社会整合，年长世代与年轻世代之间围绕媒介所形成的代际差异和互动也不容忽视，最典型的就是数字代沟和数字反哺，即本书的核心关注点。而在社会维度，老龄化传播更是全体成员借助媒介共同建构的关于"老"的社会共识。

表 1-7　老龄化传播研究的维度与内涵

维度	内涵	
1. 个体	老年人：传播与老化历程 1.1 作为传播者：以口述、文字、影像等讲述自己的生命故事 **1.2 作为传播受众：主动或被动使用媒介、获取信息，实现个人整合**	非老年人：传播与老化想象 1.3 借助各种媒介了解及议论老年人，形成对老年群体以及老年生活的想象
2. 群体	老年群体内部：传播与人际关系 **2.1 借助媒介（尤其是社交媒介）维护与拓展人际关系，实现社会整合**	老年人与非老年人：传播与代际关系 **2.2 年长世代与年轻世代在媒介（主要是 ICT 新媒体）采纳、使用和素养方面的差异与互动，如数字代沟和数字反哺**
3. 社会	**全体成员：传播与老龄化社会共识** 3.1 舆论环境：由媒介报道和公众议论所建构的老年形象 3.2 传播实务：老年受众/用户媒介平台的经营与媒介内容的制作 3.3 传播体系：传播制度和政策研究，旨在建设更顺应老龄化社会要求的传播体系	

由此，我们在这三个维度中，延伸出关于老龄化传播的八个研究问题。其中，表1-7划线的四个问题（1.2、2.1、3.1、3.2）是既往老年传播研究一直重点关注的旧问题，而剩下的四个（1.1、1.3、2.2、3.3）是将老年传播修正为老龄化传播之后必然衍生出来的新问题。如果说对旧问题的研究有助于帮助老年人摆脱传播困境、优化他们的老年生活，那么对新问题的研究则具有更宽广的问题视角，以一种整体性、动态性的方式思考老龄化社会，有助于解决老龄化给全社会带来的传播问题，进而优化我们的社会体系，实现积极老龄化的国家战略。

第三节　老龄化传播研究的学术突破口

不能否认，老龄化传播长期以来都作为边缘研究领域而存在，但是近年来，政府和社会对老龄化问题的重视为老龄化传播研究的突围提供了机遇。然而，要使这个边缘的研究领域真正步入学术舞台的中央，需要研究者形成学术共同体，探索真问题，得到新发现。我们认为以下五个方面存在学术突破的潜力。

一　老年叙事

该领域一直被西方传播学者视作研究重心，台湾学者蔡琰和臧国仁夫妇也在老年叙事领域深耕多年，积累了大量成果，但老年叙事几乎没有受到大陆研究者的任何关注，这的确出人意料。究其原因，可能是大陆的新闻传播学滥觞于大众传播研究，缺乏在人内传播和语言叙事方面进行研究的传统。而更深层次的原因在于整个社会以及研究者对老年人的偏见，总是倾向于将他们视作信息的接收者，而不是传播者，认为他们只会被动地获取信息。如今，随着新媒体的快速兴起，越来越多的老年人借助微信、美拍、抖音等 App 记录与展示自己的生活，甚至出现了一批老年网红，老年人其实并不只是被动地接收信息，他们同样可以借助媒介成为信息的"散播者"。这种现象虽然吸引了一部分研究者（主要是青年学生或学者）（贾贞，2020；杨洌，2019）的关注，但都聚焦于老年人的自我呈现，没有分析老年人以口述、文字或影像的方式所讲述的生命故事背后的丰富意涵。这些日常的讲述实践，对于老年人来说是"创造自身（self）"和"寻找平凡的智慧（ordinary wisdom）"的过程（Kenyon，2002：38），能够帮助他们获得老有所为、老有所用的成就感，有助于他们成功老化和积极老化（詹慧珍，2009）。而对于其他社会成员来说，老年人在不同媒介平台上分享的个体感受和故事则会沉淀为人类共同的文化遗产，帮助我们理解"记忆、变迁、历史、故事和生命历程等哲学命题"，发挥经验传递和价值传承的重要作用（Manheimer，1999）。因此，我们期待更多的研究者能够摆脱猎奇心理，回归老年人本位，深耕于老年叙事的研究视角，学会体会老年人馈赠给我们的"人生文本"，从中汲取更多的生命智慧和可传承文化。

二 媒介赋能与赋权

如前文所述，现有关于老年受众的研究大多从使用与满足理论出发，较少从媒介赋权角度展开。很多时候，使用与满足理论对于积极主动的受众来说具有足够的解释力，但多方面原因导致老人是天然的"传播弱势群体"，积极主动对绝大部分老年人来说根本无从说起。相对而言，赋权（empowerment）理论以及与之相关的赋能（enabling）理论对于他们的媒介使用具有更强的解释力。正如丁未（2009）在国内最早介绍赋权理论的文章中指出的：该理论主要针对那些"在政治、经济、文化等资源分配中处于劣势，其生存和发展遭遇能力和权力缺失的人群"。遗憾的是，虽然有大量研究将赋权理论应用到针对各类弱势群体的媒介研究中，但到目前为止还没有一篇文章明确地讨论老年人的媒介赋权问题。倒是已有零星的学者注意到新旧媒体对老年人的赋能作用，如广播和电视等传统媒体的使用能够提高老年人的主观幸福感（刘鸣筝、董岳，2019），智能手机也能帮助老年人减轻孤独感（徐梦琦等，2019）、增强幸福感（贺建平、黄肖肖，2020）。中国社会科学院和腾讯互联网与社会研究中心在2017年联合发布的《生活在此处——社交网络与赋能研究报告》以全国十座城市的调查数据为依据，证明老年人能够借助社交网络重构生活机会、建立消费自信和提升生活满意度，实现较为全面的赋能。有学者对中国活跃度最高的老年社区网站"老小孩"用户的研究也显示，网络社区的使用有助于老年人拓宽人际交往网络、增强社会认同感、获取社会支持（Pan，2016）。也有研究利用全国调查数据证实，传统媒体和数字媒体的使用都能推动老年人正式或非正式的社会参与（He and Zhou，2020）。王艳（2019）采用网络民族志的方法，研究了县城老人的微信使用情况，发现老人"广场舞"微信群成为"老漂族"在流入地"落脚"并建立新交往关系的入口，他们因流动而断裂的旧社会关系也通过微信的"携带"得到持续的连接和维持，而且得以进一步扩展，从而获得一种"流动的地方感"。孙信茹（2018）发现，中老年女性能够凭借使用手机和拍摄照片，实现情感的表达和心理的调适，在维持原有关系的基础上获得新的交往关系、展开社会参与，从而完成个体在网络空间中的主体性建构，进而拥有创造文化、表达自我的权利与可能。面对新媒体浪潮的冲击，越来越多的中国老年人选择拥抱新媒体，撕下"数字难民"的负面标签，实现"数字弱势群体"的崛起（周裕琼，2018）。然而，赋能只是赋权在个体心理层面的表现，远没有赋权的意义广泛，未来对这个话题的研究还需深入社会关系（尤其是家庭关系、代际关系）层面，考察各种传播情境下老年人的赋权问题（既有可能是增权，也有可能是减权）。另外，老年人群的异质性特点决定了即便在老年传播弱势群体内部，也存在权利差异。那些相对更为弱势的 sub-groups（如老年女性、农村老人、孤寡老人等）自身的媒介赋权，以及与其他老年人和非老年人之间的传播赋权行为也非常值得细究。

三 老年健康传播

对于全世界的老年人来说，年龄越大，越关心健康相关的话题，而对于中国老年人来说，健康则可能是他们最关心的话题。但反映在学术领域，国内的相关研究却非常不受重视，蒋俏蕾等（2020）通过对比 1997~2019 年国内外与老年健康传播有关的论文，发现除了数量上的差距以外（国外 Web of Science 数据库有 2441 篇，而国内 CNKI 数据库仅有 154 篇），国内学者的理论框架与研究方法也远远落后，缺少核心作者，也没有跨学科合作。然而，我们除了要看到差距，更要看到差异。中西方的社会结构和环境，决定了养老途径的差异明显。与西方养老社会化路径不同，当前中国老年人的健康问题主要还是家庭事务，这就导致老年健康传播不是作为单一研究线索存在的，而是通常与家庭传播、代际关系交叉在一起。这也使之成为一个极具潜力和前景的研究话题。随着新冠疫情的出现，很多学者开始关注家庭中的老年健康传播问题，近几年发表的一系列与老年健康传播相关的论文不约而同地从代际关系入手。例如，王蔚（2020）发现老年群体会因儿女的推荐而采纳健康信息（正向作用），公文（2018）则观察到代际关系会触发老年人对健康信息的回避（负向作用）。对于这种现象，既可以从负面展开研究，比如有学者用"代际之疫"来形容新冠疫情对家庭沟通乃至秩序结构所造成的冲击（唐乐水，2020），也可以从正面展开研究，比如考察年轻人如何在各种情境下（特别是家庭传播）使用各种媒介（特别是新媒体）来影响长辈的防疫观念与行为（周裕琼等，2020）。对此，我们期待中国学者在开展此类研究时，不再跟在西方学者身后亦步亦趋，而是能从中国社会、政治、经济、文化的具体国情出发，做出学术创新，实现理论突破。

四 数字代沟与数字反哺

我们从 2012 年开始关注这一议题，并于 2014 年发表了第一篇与这个议题明确相关的论文（周裕琼，2014），此后成功申报国家社科基金项目"数字代沟、数字反哺与老龄化社会媒体素养提升",并完成了一系列研究(周裕琼,2015;林枫等,2017;周裕琼,2018;周裕琼、林枫,2018;周裕琼、丁海琼,2020),这也涵盖了本书的主要内容。我们以中国54个城市近千个家庭祖孙三代的调查数据为基础,了解老年人数字融入的现状,对代、数字代沟与数字反哺进行概念化与操作化、对它们各自的影响因素以及相互之间的关联进行考察,并且开展了行动研究,试图利用社会干预促进代际互动。这两个概念的提出,旨在跳出人口统计的陷阱,不再孤立地研究老年人,而是关注年长世代与年轻世代的互动,借此探讨人类社会的进化路径与文化传承。令我们欣喜的是,这两个概念迅速得到学界同行的认可,成为新闻传播学研究代际互动的首选理论工具(公文,2018;李彪,2020;景义新、孙健,2020;朱秀凌,2018b)。尽管如此,我们仍然认为对这个话题的研究只能算是刚刚起步,还有许多学术可能性有待在未来予以发掘。例如,在我们最初的研究设想中,采用对比(数字代沟)—对话(数字反哺)的双重视角来研究不同世代的新媒体实践才是最有价值的,而目前的研究大多只顾及其中一个,未能探究两者之间互相作用的机制及影响方式。再有,许多研究者对数字代沟与数字反哺的现状进行了较清晰的描摹,但是数字反哺之后发生了什么,对家庭乃至社会的结构与权利分配产生了哪些深远的影响,还没有得到明确的回答。最后,数字反哺是否与中国独特的国情与文化有关?在跨国家乃至跨文化场域中会有何表现?是否能走出中国并被国际学术界普遍认可?众多问题有待未来通过建立跨国跨学科的研究团队予以回答。

五　数字排斥与数字融入

"Digital inclusion"这个词在国内最常见的翻译是"数字融入",强调包括老年人在内的所有人都融入数字潮流才算个人以及社会的成功,与之相反的状态则是"数字排斥"(digital exclusion)。丁开杰(2009:160)认为,真正意义上的数字融入是要"确保受到社会排斥的人能够使用信息通信技术去拓展其功能,提高其赋权能力和获得更好生活的能力",这当然是很好的社会愿景。但我们认为,能上网并不意味着会上网。如果社会各界不能建设一个从硬件到软件都对老年人比较友好的数字环境,那么老年人的数字化生活并不能带来真正的社会融合,而是会造成不同社会群体的数字区隔,导致"同一个家庭,不同的微信"成为常态(林枫等,2017),进一步加剧社会排斥(周裕琼,2018)。黄钟军和潘路路(2018)对中老年人表情包的研究显示,虽然中老年人和年轻人都热衷于使用表情包,但审美癖好与用户习惯迥然不同,造成了不同群体身份认同的区隔,年轻人凭借网络话语霸权对老年人进行嘲讽、排斥与放逐。更为重要的是,考虑到当前中国老年人口 SES 特征以及中国广大农村地区的数字基础设施情况,至少在短期内,要求所有老年人"跑步"进入数字社会,恰恰是变相的数字排斥(周裕琼,2020)。疫情期间,老年人因为不会使用智能手机、没有健康码而寸步难行的新闻屡见不鲜,引发全社会的广泛关注与反思。当学术界一窝蜂地讨论如何帮助老年人迅速融入新媒体浪潮时,也有少数研究者保持"有温度"的冷静,指出"数字断连"(digital disconnect)也可以是老年人自主自愿的选择（方惠、曹璞，2020）。正是在这样的大背景下，国务院办公厅于 2020 年 11 月印发了《关于切实解决老年人运用智能技术困难的实施方案》，从顶层设计和政策引导层面规划了对于老年人来说更为友好的数字包容型社会。未来，我们期待学术界能够在理论的指导下，更深入地探讨我们在表 1-7 中列出的 3.3 研究问题（传播体系：传播制度和政策研究，旨在建设更顺应老龄化社会要求的传播体系），为政府决策和社会管理提供智囊服务。

本章小结

老龄化已经成为且会在相当长的一段时间内作为中国社会的大环境和大趋势。在这样的社会背景下，从任何角度切入老龄化研究，都可以很快地走上学术舞台中央。老龄化传播这一研究领域，正处于社会变革和国家发展的风口浪尖，可谓大有所为。关于老龄化传播的思考，本是我们经过若干年的老年人与数字社会研究得到的启示和成果。之所以将之放在本书的开篇，是希望读者能从一开始就对老龄化传播有一个整体性的认识，再来看我们的研究，就可以产生"既见树木，也见森林"的学术想象，获得更多启发。

从事数字代沟和数字反哺研究以来，由点到面，我们对老龄化与数字化交织下的社会现实的认识逐渐深入、明晰，这才总结出"老龄化传播"这一学术构想。过去 20 余年，我们可以看到传播学界关于老年人和老龄化的研究从无到有，从数量井喷到质量升华，出现了凝聚学术共识、形成研究合力的可能。

值此继往开来的关键时刻，我们从个体、群体和社会三个维度定义了老龄化传播研究内涵，提出了八个老龄化传播研究问题，讨论了老龄化传播实现理论突破的五种可能。作为本书的学术基点，我们期待上述归纳能够启发学术同人"登高望远"，共同完成从老年传播到老龄化传播的转向，从更"高"的学术站位"瞭望"这一领域的学术前景。路漫漫其修远兮，我辈学人当上下而求索。

第二章　数字化浪潮

第一节　中国的数字化进程

　　自 1969 年互联网发明以来，过去的半个世纪，我们见证了一部波澜壮阔的数字化史诗，经历了一场席卷全球的人类新文明浪潮。在中国接入互联网以前，西方早已经历互联网商业化前的孕育、积累和完善阶段（方兴东等，2019），从中积蓄了巨大能量。20 世纪 90 年代，中国搭上了互联网发展的顺风车，开启了狂飙突进的数字化进程。1994 年 4 月 20 日，"北京中关村地区教育与科研示范网络工程"项目正式启动。当天，由国内数百台主机构成的网络工程通过美国 Sprint 公司顺利接入国际互联网，实现 internet 的全功能连接，中国由此被国际正式承认为第 77 个拥有互联网的国家。自此以后，中国开始了全面铺设"信息高速公路"的历程，中国科技网、中国公用计算机互联网、中国教育和科研计算机网、中国金桥信息网相继开工建设，信息时代的大门在国人面前悄然开启，中国迎来数字化时代，并完成了数字化建设从无到有、化茧成蝶的跨越式发展。

　　1995 年开始，中国互联网的发展迎来第一次高峰。纸媒的电子化和主流媒体的网络化形成中国媒体的第一波上网潮（钟瑛，2006），以搜狐、新浪为首的大量商业网站也随后跟进，抢占互联网市场。在生活中，越来越多的产品被冠以"数字"二字，"从戴在人们手上的数字式电子表，到商店里比比皆是的数字电子秤；从数字式体温表、血压计，到数字电话、数字电视等"。就连人们的交际活动，也变得离不开"数字"，两个人初次见面，除了姓名，还得问对方的电话号码、传真机号码等一连串信息（陈芳烈，1996）。"随着科学技术不断发展，电脑已经成为不少人每天接触最多的'电器设备'，用今天流行的话来讲，叫作步入'数字化生活'。"（登尔，1997）

从 1999 年开始，中国步入互联网快速发展阶段。虽然在 21 世纪最初的两年遭遇了行业快速发展所带来的阵痛，经历了一场"挤水分"式调整的严酷洗礼（新浪科技，2005），新浪、搜狐、网易等互联网企业经营惨淡，面临倒闭的困境，但是在社会层面，数字化的进程风起云涌，政府以"三大上网工程"为社会的数字化保驾护航。1999 年 1 月 22 日，中国邮电电信总局和国家经贸委经济信息中心联合 40 多家部委（办、局）信息主管部门在北京倡议发起了"政府上网工程"，政府上网工程主站点 www.gov.cn 开通试运行。2000 年 7 月 7 日，由国家经贸委、信息产业部指导，中国电信集团公司与国家经贸委经济信息中心共同发起"企业上网工程"。2001 年 12 月 20 日，由信息产业部、全国妇联、共青团中央、科技部、文化部主办的"家庭上网工程"正式启动。数字化"三部曲"逐步让网络联入各行各业、千家万户，形成"网络社会"，最终实现国家信息化、社会数字化、全民网络化。

正是在官方的有力推动下，"泡沫期"的行业震荡（陈建功、李晓东，2014）并未影响民众对数字技术的接纳热情，中国互联网进入普及和应用的快速发展期。中国互联网络信息中心（CNNIC）统计显示，1997年，中国网民数量仅62万人，此后，全国网民数量每半年即增长一倍，到2003年底，中国网民数量已经达到7950万人。电脑在中国家庭中迅速普及，中国人对"数字化生活"的渴望逐渐化为现实，数字化成为千千万万"寻常百姓家"的生活日常。在这一时期，通信技术也开始大踏步发展，中国移动互联网和中国联通CDMA网络于2001年建成并投入使用，覆盖全国31个省（自治区、直辖市）的手机通信网络开始运营，中国移动通信技术的发展迈入新领域。

2003年以后，中国在数字化过程中经历了资本狂飙、创业热潮、新媒体神话乃至戏剧性的泡沫破灭之后，步入一个平稳的理性发展阶段（新浪科技，2005）。各大门户网站开始实现全年盈利，吹响了中国互联网行业走出寒冬的号角。经历了初期的疯狂和探索之后，中国互联网公司尝试把网络产业与传统产业有机结合起来，形成一种新的商业模式，电子商务、网络广告、短信、游戏成为互联网产业的宠儿，新的技术格局和产业秩序逐渐孕育成型。在产业以外，中国互联网的新一轮高速发展表现为网民数量不断攀升。2005年12月，中国网民总数超过1亿人，位列世界第二，2008年6月则达到2.53亿人，成功超过美国，跃居世界首位。互联网在中国家庭中的迅速普及，也有效带动了中国数字经济发展。随着网民数量的攀升，网络购物、网络游戏、视频网站、社交娱乐等互联网应用几乎在这一时期全面开花，中国互联网第二次发展高潮也随之到来。

随着宽带网络建设上升为国家战略，网民规模持续快速扩大，同时手机市场的消费也出现井喷，尤其是 2007 年后，智能手机时代来临，通信技术不断进步，人们拥有了更好的上网平台以及更快的上网速度。中国手机网民占总网民比例大幅攀升，从 2007 年的 24%迅速升至 2009 年的 61%。在这个过程中，手机也由可选项渐渐转变为必选项。2012 年底，使用手机上网的网民规模首次超过台式电脑（CNNIC，2013）。截至 2022 年 12 月，中国网民规模已达到 10.67 亿人，其中，手机网民规模为 10.65 亿人，网民中使用手机上网的比例为 99.8%（CNNIC，2023）。

移动互联网的兴起带动互联网发展进入新阶段。2007 年 6 月 25 日，国家发布《电子商务发展"十一五"规划》，将电子商务服务业确定为国家重要的新兴产业。网络零售与社交网络服务逐渐发力，2012 年是淘宝"双 11"活动的爆发点，销售额达到 191 亿元，此后逐年增加，2021 年天猫"双 11"总交易额达到 5403 亿元。同时，微博、微信等社交网络服务融入人们的日常生活，正所谓"无社交，不生活"，依托智能手机的社交已成为中国网民生活的新常态。

2014 年开始，中国互联网发展进入融合创新阶段。国家层面做出建设网络强国、完善互联网管理领导体制等一系列重大战略决策，中国互联网发展迎来重大战略机遇期（中国网络空间研究院，2016）。2015 年，政府工作报告首次提出制订"互联网+"行动计划，推动移动互联网、云计算、大数据、物联网等与现代制造业结合，促进电子商务、工业互联网和互联网金融健康发展，引导互联网企业拓展国际市场（中国政府网，

2015）。从这个时候开始，互联网渗透各行各业，也对社会结构、经济结构、人们日常生活产生巨大的影响。

互联网已成为人们生活中不可或缺的一部分，同时助推了国家的数字化进程。从蓬勃发展的网上购物到日新月异的人工智能技术，从随处可见的手机支付到即扫即用的共享单车，从智能终端到大数据云计算……在政府、行业和社会的不懈努力下，中国成为全球数字经济规模排名第二的国家，2020 年数字经济规模达到 5.4 万亿美元（中国信通院，2021），占 GDP 比重达 38.6%。新冠疫情的发生加速了数字经济发展的进程，网上购物、在线教育、远程办公、智慧医疗等全面融入人们的日常工作和生活，"数字化"成为提升国人生活水平、优化经济结构、推动社会发展、促进改革开放的重要途径。2021 年初发布的《中华人民共和国国民经济和社会发展第十四个五年规划和 2035 年远景目标纲要》（新华社，2021a），首次将"建设数字中国"单列篇章，"数字化"一词出现 25 次，足见国家层面对数字化发展的重视，当年年底发布的《"十四五"国家信息化规划》更是对数字化的途径和举措进行了细致谋划，将建设"数字中国"作为实现现代化的必由之路。

第二节　数字化浪潮对中国社会的影响

以数字化浪潮为代表的新信息技术革命，深刻地改变了人们的行为模式和社会的组织方式，也让社会生活和经济生活出现大幅转型。这种人类社会根本性的改变，其影响力可能远超两次工业革命以及随之而来的市场化和城市化进程。如果放到更大尺度的历史进程中，甚至可以与农业带给人类的影响相媲美，我们当前面临的可谓是"千年未遇"之大变局。

一 经济方面的影响

在改革开放初期，中国经济发展和社会转型一直在借鉴其他发达资本主义国家的现代化经验，在"补课"中积蓄自己的力量。在 2001 年加入世界贸易组织后，中国仅用不到 10 年时间就成为世界第二大经济体，到 2020 年 GDP 已达世界经济的17%。但中国再往前走，已经没有可以拿来就用、现学现用的经济发展和社会管理模式可以参考。此时，数字化发展提供了可能的解决方案。互联网的发展和社会生活的数字化，既是中国经济发展的结果，也是创造中国经济奇迹的动力之一。

数字化浪潮对中国社会最首要的影响在于促进经济转型发展。以"小商品之都"义乌为例，近年来电商产业的迅猛发展在义乌掀起跨境电商热潮。2013 年以来，义乌的网上交易在数字上跑赢了实体交易，仅 2010~2016 年，义乌电子商务交易额就增长了 6 倍。如今，义乌"全民皆商"以及"海外直播"已成风潮，多数义乌市民都运营着自己的网店，通过直播的方式向全球展示推销自己的商品，在吃饭逛街的时候，也可以通过手机处理几笔订单。电商不仅改变了商业运营方式，也带动了当地餐饮、酒店、服务、旅游等行业的发展，更让数字化经济"造富"于民的理念深入人心。义乌"全民皆商"的现象是"数字化"带动国家经济发展、促进经济结构转型升级的一个缩影。

自 2016 年起，中国积极实施网络扶贫行动计划，要求充分发挥互联网在助推脱贫攻坚中的重要作用，实施网络扶贫五大工程（中国网信网，2016），推进精准扶贫、精准脱贫。2020年，全国县域农产品网络零售额达到 3507.6 亿元，同比增长29.0%（农业农村部信息中心，2021），农村网络零售额由2014 年的 0.18 万亿元增长到 2021 年的 2.05 万亿元（澎湃新闻，2022）。数字化在提供大量新就业机会、增加农民收入、提高农村生活水平的同时，还促进了乡村产业新业态的形成。最常见的是利用电商平台和直播带货，盘活乡村特色产品，将肉蛋、水果、蔬菜等农产品摆上城市餐桌，使烧陶、编织、锻造等传统技艺获得新生。

同时，中国的"数字化"本身也是一种新兴经济发展模式，经过不断迭代发展，已经获得国际社会的广泛认同，甚至成为国人引以为傲的"中国名片"。来自共建"一带一路"的20 国青年评选出的中国"新四大发明"，其中有三项都属于数字化的成果，包括网络支付、共享单车和网购（陈芳等，2017）。而另一项发明"高铁"也积极拥抱互联网，与网络订票、在线点餐、联程出行、智慧零售等数字化应用相结合，实现全新的数字化出行体验。

二 社会方面的影响

除了带动经济转型发展，"数字化"还可以有效提升中国社会管理效率，进而促进社会发展。经过 20 多年的跨越式发展，"数字中国"已经不仅仅是一个经济学概念，而是慢慢渗透在社会发展的整个过程中。数据显示，截至 2021 年 12 月，中国互联网政务服务用户规模达 9.26 亿人，占网民整体的

86.7%（CNNIC，2023）。面对新冠疫情带来的挑战，数字政府展现出巨大潜能。一方面，数字化的新技术可以高效助力防疫工作，大数据、人工智能等技术的运用可以更快更准确地识别风险人员、研判疫情趋势；另一方面，线上政务服务可以提高疫情期间社会治理效率。截至 2021 年底，全国累计超过 9 亿人使用健康码，累计访问超过 600 亿次。数据的互通与共享在抗疫中发挥了重要作用，政府通过手机"云"办事，实现了政务服务"全程无接触、24 小时不打烊"（CNNIC，2022）。数字化成为中国社会治理的新趋势、新特点（丁元竹，2021）。

　　除了数字化对社会治理的影响，我们更需要关注的是，互联网的普及和社会的数字化如何使人类的生产生活方式发生改变，以及这种改变在社会学意义上是如何被阐释和解读的。从本质上来说，当今的中国社会本质上是一种数字化社会关系结构（戚攻，2003）。数字化带给社会的影响，以及重塑社会结构形态的意义，可能远远超过工业化和市场化。

　　首先，数字化可以重新定义人的社会位置和群体界限（赵云泽、付冰清，2010）。如今，社会中很多旧的岗位已消失不见，同时有很多新的职位被创造出来，这些新的社会位置被赋予更多新的内涵。互联网的广泛普及与应用，会打破原有社会结构下科层制的层级结构，消弭群体与社会中个人所扮演角色的单一性和局限性，促进信息获取的平等化。在网络化的社会中，人们可以轻松地扮演不同的角色，穿梭于不同的社会时空场景，并在其中逐渐形成自己独有的群体认同（卡斯特，2006）。在现代社会中，社会阶层的划分依据主要为职业，人们通过所从事的主要工作获得与之相匹配的权力、收入和声望，而这些往往又与种族、性别、年龄等其他人口统计学特征联系在一起。而在数字化的世界里，在考虑社会结构或者阶层时，职业的作用变得没有太大意义了，社会群体的划分更多基于人们通过网络的互动和因此形成的群体认同。

其次，数字化对社会的重塑，改变了人们参与经济与社会活动的方式，也就是说，工作的含义被改写。在现代资本主义兴起以后，人们参与工作的方式都不曾有太大改变，工厂、公司一直都是大部分人谋生的必选项。到了数字化的社会，越来越多的人得以通过网络居家办公，数字化让原本受制于地理空间而缺乏灵活性的传统经济形态和社会形态变得更加多样化。甚至总是与工业化相伴的城市化，也变得没那么重要了。城市汇聚大量资源和人口，为日常生活提供便利，并带来大量就业机会，但因为数字下乡，农村数字经济同样可以提供广大的就业空间，城乡二元划分已经失去意义。

再次，数字化会打破原有的时空观念，使世界变得更"小"。在数字化社会的网络结构中，传统意义上的地域丧失了它的意义，人们不再需要拥挤于狭小的城市空间，一切社会活动都可以在地理上获得延伸（谢俊贵，2002）。智能设备、通信技术和物联网的发展，实现了设备与设备、人与人、人与设备之间的联结，并因此形成了一个跨越空间的新体系。现在人们的物质需求和精神需求大部分可以通过网络实现，频繁的在线交往会促成虚拟社区的出现，这种虚拟的交往关系会反过来影响现实世界的家庭生活和社区生活。

最后，数字化的社会活动与社会生活将产生海量的数据，这些数据将个体的行为和隐私精确记录下来，不少企业通过挖掘数据中有价值的部分来做出产生经济价值的决策。从某种程度上来说，数字化让我们跳出科层制的牢笼，但又给我们套上了"数据"的枷锁，人们通过数字化应用得到便利，也让渡了隐私。数字化社会中社会关系的匿名性、表面性、暂时性会导致传统社会关系纽带的弱化，而全新的数字化生活方式中的人与人的联结和数据监测，又带给了人们一种生存的新形式。

三　数字鸿沟

　　数字鸿沟是数字化浪潮为社会带来负面影响的典型表现。数字鸿沟（"digital divide"或"digital gap"）又称"信息鸿沟"，是指人们由于社会经济地位、受教育程度、生活环境等方面的不同而产生的对信息技术采纳和应用的差别。自 20 世纪 90 年代互联网兴起以来，对数字平等性的讨论始终没有停止过。一方面，从技术本身来看，互联网的普及可以促进平等；另一方面，数字技术却不属于全部人，无法使用互联网的那些人就被边缘化了。数字鸿沟最初作为一种比喻频繁出现于媒体报道和政府工作报告中，作为社会政策甚至政治主张中的一种关怀（金兼斌，2003）。随着数字化进程的狂飙突进以及数字化对生活的全面渗透，数字鸿沟已经成为当今社会无法忽视、亟待解决的问题。

　　说起数字鸿沟的渊源，当属"知识沟"假说，美国学者蒂奇诺等人敏锐地认识到社会经济地位（SES）高的群体会比社会经济地位低的群体更快获取信息，因此两个群体之间的知识差距将会越来越大（Tichenor et al.，1970：160）。随着传播技术的发展，卡茨曼于 1974 年进一步提出"信息沟"理论，认为新传播技术所带来的收益对每一个社会成员来说并不均等，并以此引申出"信息穷人"和"信息富人"的概念，用来描述在信息资源分配中地位截然不同的两个群体（Katzman，1974）。随着互联网的出现与普及，"数字鸿沟"取代"信息沟"，用来形容数字化浪潮所造成的多维度、多样态的社会差异。

随着中国数字化的发展，社会的整体数字配套基础设施、数据应用技术不断进步，也就不可避免地出现了数字鸿沟困境。截至 2022 年 12 月，中国互联网普及率达 75.6%，但仍有 3.44 亿人不上网，这个数字仍然非常大（CNNIC，2023）。非网民群体由于缺乏数字技能、文化程度较低和没有上网设备等被隔离在互联网以外，这种情况在农村地区尤为突出。CNNIC 数据显示，中国农村地区互联网普及率为 60.8%，与全国的互联网普及率之间仍有 14.8% 的差距，说明城乡数字鸿沟仍然不容忽视。数字鸿沟的存在让人们处于不同的社会生活方式中，也因此产生了各异的思维方式、交往方式、表达方式等。熟练使用数字设备的人通过使用微信、QQ、微博等数字化在线交流工具，得以在更广阔的世界中交友、学习和讨论，并通过互联网掌握最新的各类资讯、学习最新的知识，以便在工作生活中处处占有先机，最终在数字技术的浪潮中受益颇多。而另一些人则相反，如最典型的老年人和农村居民，他们出生并成长的环境在数字化进程以外，因而对数字技术的使用和社会的冲击感到恐惧，技术并不会带给他们强烈的新鲜感，反而会让他们陷入时空的紧张感之中。

数字鸿沟的存在，主要给中国社会带来两个方面影响。一方面，数字鸿沟导致新的阶层分化。在数字化进程的初期，由于东西部（汪明峰，2005）和城乡经济发展水平（程名望、张家平，2019）不均衡，以及经济环境、教育环境、政策环境等因素（胡鞍钢、周绍杰，2002）的制约，一直到2008年，中国互联网普及率仍然只有22.6%。在这种情况下，是否能接入互联网成为中国面临的"第一道数字鸿沟"（Attewell，2001：252）。在互联网的普及和新媒体的发展过程中，接触网络时间早、操作技能熟练、从中获取信息多的人成为信息富有者（Norris，2001），反之，无法接入互联网的人则成为数字鸿沟中的弱势一方。由于地区间存在经济、社会等因素的差异，互联网用户和非互联网用户成为一种新的阶层分化（金兼斌，2003）。随着互联网的普及，数字接入差异导致的分化逐渐弥合，但也开始出现新问题，这时数字鸿沟更多体现为人们因对信息和互联网技术的应用程度不同而造成的创新能力的差别（胡延平，2002），以及进一步导致的数字素养差异。数字素养可以理解为数字时代公民的媒介素养，也被称作新媒体素养（卢峰，2015），指数字化时代人们面对各种信息时的选择、理解、质疑、评估、创造和生产的能力以及思辨的反应力（吴翠珍、陈世敏，2007）。数字技能和素养的差异并不仅仅存在于经济发展程度各异的国家和地区之间，也存在于技术发展过程中几乎每个区域的不同社会群体之间（李升，2006）。因此随着时代发展，数字素养的差异会导致更多样的阶层分化，可以说，新的阶层分化是数字鸿沟在数字化时代带来的一种宏观的社会影响。

另一方面，数字化时代数字接入、使用和素养的差异，会导致数字阶层间产生文化阻隔。当互联网用户数量超过社会总人口一半时，互联网就会催生出独特的文化形式，并成为人们认同的文化形态（付立宏，2003）。人们生活在数字化的社会环境中，逐渐接受和认同数字化浪潮带给他们的价值观念和行为模式（孙帅，2019）。在数字化社会发展的初期，网民在社会人口中所占的比重还不大，"数字文化"也仅仅是总体社会文化的一个方面。但当新媒体技术逐渐发展，社交媒体成为人们的主要交流平台时，数字化催生的各种文化开始进入一个快速增长的过程，对民众的影响也日益加深，并逐渐成为社会文化构成的重要部分。由于数字接触行为和数字素养的差异，不同信息占有量的社会阶层或群体会形成巨大的文化接受和认知差距，这就造就了基于数字鸿沟形成的阶层分化的社会文化阻隔和文化壁垒（严励、邱理，2014；彭兰，2015）。

第三节　数字化生活

中国数字技术多年发展的成果及其对经济、社会、文化等方面的影响，最终化为千千万万社会民众的日常，反映在每个人身处其中、丰富多彩的数字化生活中。尼葛洛庞帝（1997：14~15）曾提出"数字化生存"的概念，是指人类生存在一个虚拟的、数字化的活动空间中，在这个空间里，人们应用数字技术从事信息传播、交流、学习、工作等活动。当时，大多数人根本想象不到这种数字化的生活是什么样子。1999年，中国有一个叫作"72小时网络生存测试"（《北京青年报》，1999）的活动轰动一时，参与者需要三天都待在独立的房间中，依靠网络满足最基本的生存需要。当时互联网刚刚进入中国5年，现在耳熟能详的在线支付、网上购物、外卖订餐、物流快递等在当时看来就如天方夜谭一般。所以，这个测试不只是考验参与者的网络运用能力，更是对互联网基础建设的挑战。不出所料，测试进行到第 25 个小时，就出现了第一个因饥饿而退出的人，其他参与者也大都花费了一天时间摸索如何通过网络购买生活必需品，一直到测试结束，尚有很多商品没有送达。

如今，"网络生存测试"几乎人人达标，与之相反的"无网络生存测试"或许更值得挑战。曾经需要成年人努力学习才能略通的网络技能，现在还未上小学的孩子也能轻松掌握。数字化进程正在席卷中国社会的各个角落，正是这一个"化"字，体现出我们处于数字化的进行时，数字化转型不再是一道选择题，而是必答题。不管人们接不接受，都已没有选择的余地，只能尽快适应快速变化的生活。

随着数字技术的发展，人们的生活被各种电子设备环绕，此时，人们对生活质量和精神水平的要求也越来越高。我们已经不再满足于用电脑上网、手机只能打电话，也不愿意随身携带一大堆电子产品出行。有需求就有创新，以苹果手机为代表的智能手机集合各种功能满足人们的各方面需求，并颠覆式地改变了人们的生活。数字化已经深刻地改变了人们的衣食住行，饿了在外卖平台叫餐，买东西可以找淘宝和京东，出门叫滴滴，开车要开导航，看病办事都可以通过手机提前预约，无聊了可以刷刷抖音、玩玩游戏，或者微信找朋友聊聊天。这些在十几年前仿佛天方夜谭，而现在是许多人的生活常态。在享受数字化生活的同时，指纹、3D 人脸验证等数字安全技术，还有效地提高了账户和隐私生活的安全水平，让我们没有后顾之忧。

数字化已逐步渗透人们日常生活的诸多方面，各行各业也越来越依赖大数据技术提升服务水平，其结果是我们越来越离不开数字化。在某种程度上，以手机为代表的数字终端成为我们的"居住机器"，我们则成为生活在巨大数据网络中的"节点人"。正如厄里（2009：159）所言，"现在的人类生活在信息的、影像的、移动的全球网络和流动之中。因而'人'是作为这些各种各样可居住的、移动的机器的各节点而存在的"。数字化不仅在很大程度上影响和改变着人们的生活，也成为一种新的趋势。滚滚的数字化浪潮，对社会与个人产生了根本性的影响，给社会带来了基础设施、社会治理和生产方式的数字化，而在个人方面，带来了工作方式和生活方式的数字化。

随着数字化和工作、生活结合的程度越来越深，人们的工作和生活变得更加便捷、更加高效。首先，数字化打破了原有的时空界限，在信息层面拉近了人与人之间的距离，让人们的交流和协作更加顺畅。其次，数字化可以让人们更容易获取信息和知识，进一步消弭教育和知识鸿沟所造成的不平等，让每个人都有平等的机会。最后，数字化可以赋能各行各业，让产品和服务更好地触达用户，尤其是对社会治理的助益，使更多人能生活在更加井然有序的社会环境中。

梅罗维茨（2002）在《消失的地域：电子媒介对社会行为的影响》中指出，"电子媒介对社会行为的影响不是什么神秘的感官平衡，而是我们表演舞台的重新组合，以及我们对恰当行为认知的变化"。数字化的互联网和新媒体构建了新的情境，而新的情境又促使人们产生了新的行为，久而久之，人们的社会生活和思考问题、表达情感的方式都会因此产生较大的变化（陈力丹、金灿，2015）。在我们看来，数字化不仅仅是一场技术革命，更是一场认知革命。通过数字科技的赋能，人类对事物的认识可以从表面到本质、从独立到联系、从感性到理性、从经验到科学，在前两次工业革命的基础上，把人类认识客观世界、把握发展规律的能力提升到新的水平。人们需要重新构建自己的认知结构，建立数字意识，不断更新自己的认知，为自己赋能，才能适应这个数字化时代。数字化浪潮席卷全球不过二十多年的时间，但对大部分人来说，过去的经验以及思维已经不再适用于数字化社会。伴随着数字化成长起来的一代人很容易适应现在的时代，而大量中老年人因为出生于数字时代以前，受到固有认知的局限，不能理解数字时代事物的运转逻辑，也就不能适应时代的发展，慢慢跟不上技术进步的节奏，进而慢慢被边缘化（徐芳、马丽，2020）。

我们努力适应当下的数字化生活，也更憧憬未来。近年来，中国数字化进程高潮迭起，人们可以切身感受到数字化对生活品质提升的重要作用，许多数字应用技术已经赶超发达国家，极大地提升了幸福感。在可预期的未来，随着数字化上升为国家战略，数字技术对中国人民生活方式的改变将会不断加速。虚拟现实、增强现实、远程医疗、在线教育、智能家居、穿戴设备等技术应用，以及智慧政府等服务，将为人们的生活提供极大便利，也意味着人们将拥有更多的可支配时间，可以在更多领域进行富有创造力的探索，为人类整体的物质生活和精神世界构建更美好的愿景。

第四节　数字化与老龄化

　　21 世纪以来，数字科技的进步把人类社会推向一个前所未有的矛盾中：一方面，科技改善了人类的生存状况，人类寿命普遍延长，生理退化普遍延缓，"不知老之将至"成为常态；另一方面，社会在技术的带动下急遽转型，不同世代对事物的看法出现隔阂与分歧，代际排斥也骤然增加，"唯恐老之将至"也成为常态。以数字化、网络化、智能化为主要特征的新一轮科技革命与人口老龄化进程相互交织，并正以空前的力量重塑着人们的生产生活方式，重构社会结构与社会形态，共同推动着中国走向千年未有之大变局（潘君豪、杨一帆，2020）。中国从 2000 年步入老龄化社会，数字化和老龄化同时成为中国社会变迁的显著特征，然而数字技术对于不同年龄层人群的意义却截然不同。有学者依据人们的数字化生存状态划分出"数字原住民"（digital natives）和"数字移民"（digital migrants）两类人（Prensky，2001：1），而后，又发展出"数字难民"（digital refugees）的概念（Fryer，2006），很形象地描述了不同世代的数字化生存状况：引领新媒体浪潮的青年人，亦步亦趋适应新媒体浪潮的中年人，以及被数字化浪潮抛弃的老年人。我们认为，"数字难民"作为一个通俗易懂的概念，用于新闻报道和公共讨论尚且无妨，但是，它蕴含的"年龄歧视"使之缺乏学术的中立性与严谨性，不适合用于学术讨论。因此，我们提出"数字弱势群体"（周裕琼，2018：83-84）这个术语，来指代在数字世界中处于弱势地位的人群（包括但不限于老年人）。他们的弱势既源于个人素质和能力的不足，更源于社会的结构性制约和制度性排斥。

中国的老龄化程度逐年加深，但老年人的数字化进程则有点儿跟不上人口老化的速度。截至 2021 年底，中国 60 岁及以上老年网民规模为 1.19 亿人，仅占网民整体的 11.5%。在新冠疫情"倒逼"数字接入的情况下，中国 60 岁及以上老年人口的互联网普及率也仅为 43.2%（CNNIC，2022），老年人的数字接入仍然落后。对老年人来说，惠及社会大多数人的数字化不仅提供了机会，也是对晚年生活的巨大挑战（Malwade et al.，2018；Wilding and Baldassar，2018）。许多老年人对高速发展的信息技术和数字设备手足无措，也越来越听不懂年轻人谈论的新潮话题。数字接入和使用的差距最终导向了认知和文化的差异。正如尼葛洛庞帝在《数字化生存》中指出的，"有些人担心，社会将因此分裂为不同的阵营——信息富有者和信息匮乏者，富人和穷人，以及第一世界和第三世界。但真正的文化差距其实会出现在世代之间"（尼葛洛庞帝，1997：14-15）。代际数字鸿沟几乎不可避免地存在于现今的年轻人和长辈之间。

对于数字化社会的老年人来说，横在他们面前的，首先是三道数字鸿沟。第一，互联网接入难。虽然近年来老年网民数量逐年累增，但"接入鸿沟"依然是很多老年人融入数字化生活的第一道障碍，目前仍有约 1.5 亿名老年人被挡在数字围墙之外。第二，互联网使用难。"使用鸿沟"成为目前阻碍老年人融入数字化生活的最大障碍，数字技能的短板严重限制了老年人对数字红利的获取。第三，网络信息辨别难。"素养鸿沟"是老年人进入数字化生活后面临的新困境，很多老人跨过了

"使用鸿沟"，但因数字素养缺失而无法真正深度融入数字化生活，对网络信息有限的辨识能力，也导致他们很容易受到网络谣言的负面影响。

近年来，老年人上网的比例逐年提升，看似与年轻人的"差距"在不断缩小，但"差异"仍然存在。随着互联网的持续普及，老年人开始慢慢尝试使用数字设备，其中智能手机占比"遥遥领先"。按照 CNNIC 的统计数据，老年网民使用手机上网的比例达到 99.5%，与年轻人基本持平，而老年网民使用电脑等其他设备上网的比例不足 20%，会使用智能家居和可穿戴设备的更是不足 10%，与年轻人相比存在巨大差距。另外，在老年互联网用户中，网络新闻"大受欢迎"，使用率较全体网民高 3.2 个百分点，是唯一老年人比年轻人使用更多的应用类型，体现出老年人追时事、追热点的圈层特点（中国社会科学院社会学研究所等，2018）。最后，短视频和微信在老年人群体实现了"有力拉新"，分别有 31.3% 和 21.5% 的老年网民是因为短视频和微信开启了自己的数字化生活。

我们认为，除了年龄、认知能力等因素（潘曙雅、邱月玲，2021），老年人还由于三个方面的客观结构性制约而面临数字鸿沟困境。首先，中国的数字化进程过快，导致老年人数字社会化的进度跟不上技术发展的速度。在许多发达国家，计算机技术和互联网大多经历近半个世纪的继替发展，以一种温和方式完成了对社会的改造。而互联网真正进入中国至今不到 30年，智能手机与移动网络的大规模社会普及更是不过 10 多年。中国的数字技术在如此短的时间内完成了更新、迭代、再创新，以至于老年人难以跟上技术发展和数字社会转型的步伐。

其次，大多数互联网应用在研发设计方面更偏好年轻人群体，对老年人的需求关照不足。从事互联网相关行业的大多是年轻人，目标群体也以年轻人为导向，应用界面、操作习惯和信息识别等对老年人不够友好（胡安安等，2017）。例如，在医疗领域，几乎所有医院都开设了网络平台，其初衷是通过在线预约挂号，减少所有人（包括老年人）排队的时间，提高就诊效率。但在实际操作中，人们需要通过智能手机完成一系列烦琐的操作，且不同医院之间信息不互通，系统也各异。这些对年轻人来说轻而易举的操作让大多数老年人望而却步，无形中抬高了老年人参与数字化生活的技术门槛。

最后，社会层面的公共服务机构在推行数字化办公的同时，派生出一种对老年人的制度性排斥。近些年，在数字技术赋能的理念下，许多公共服务机构通过建立数字化政务平台提升办事效率，旨在提供更优质服务。但实际上，很多机构迷失在对数字技术的追求中，减少线下的服务供给。例如，医院挂号、景区购票、超市收银、政务办事等，线下人工窗口普遍减少，这对不能使用或不熟悉智能手机的老年人来说非常不公平，也给公共服务的公共性和公平性带来负面影响。如果因为追求技术效率而让渡社会效益，公共服务的数字化对老年群体不仅做不到赋能，相反会成为一种负担，老年人无法平等享受数字化社会的便利，反而成为弱势群体，甚至被排除在外（程云飞等，2018）。

数字化应用的初衷本是更好地满足人们的需求，使整个社会运行更加顺畅、生活更加便利、人们更有获得感，因此，在追求方便快捷、经济效益等目标时，也必须考虑老龄化背景下日益扩大的老年群体。新冠疫情出现之初，老年人就陷入数字困局，但很快防疫相关的服务功能都做出一些适老化改进，有效打破了疫情初期老年人面对的窘境，阐释了科技的温度。随着数字化信息技术更加深入老年人的日常生活中，老年人在使用互联网和智能手机过程中遇到的困难引起了社会的广泛关注，政府随即出台一系列政策文件，以保障老年人群体享受数字化社会的权益。

2020 年 11 月，国务院办公厅印发《关于切实解决老年人运用智能技术困难的实施方案》，聚焦涉及老年人数字化生活的高频事项和服务场景，解决老年人在运用数字技术方面遇到的突出困难，要求到 2022 年底前，实现"老年人享受智能化服务水平显著提升、便捷性不断提高"，并"基本建立解决老年人数字鸿沟问题的长效机制"。这既是对数字化、老龄化交织前进近 20 年以来老年人在运用数字技术中遇到的困难的全面梳理，也为未来的互联网发展和数字社会建设制定了目标，在数字化和老龄化的协调发展进程中具有里程碑意义。

2020 年 12 月，工信部印发《互联网应用适老化及无障碍改造专项行动方案》，提出"优先推动 115 家网站、43 个 App进行适老化改造"，着力解决老年人在智能技术使用中遇到的困难，并提出在全国范围内组织开展为期一年的互联网应用适老化改造专项行动。鼓励更多互联网应用企业推出界面简化、操作便捷的老年模式，以及研发更多具有大字体、大图标、高对比度文字等功能的产品，增加方言识别功能，方便不会说普通话的老人使用智能设备和应用。互联网企业及社会各界积极响应，各大手机应用纷纷推出"老年版""大字版"，并且增加针对老年人的服务。例如，微信推出谣言甄别、老年人客服专线等功能。种种举措为老年人打造了安全的网络环境，帮助老年人跨越"数字鸿沟"。

中国数字化进程迅速推进为智慧社会建设和信息服务全覆盖提供了良好的物质基础，也为实现积极应对人口老龄化战略创造了新的机遇（杜鹏、韩文婷，2021）。2022年2月，国务院印发的《"十四五"国家老龄事业发展和养老服务体系规划》明确提出，推进智能化服务适应老年人需求。可见，在政府层面，数字化和老龄化处于同等重要的位置，智慧社会建设是发展的必然方向，数字技术应用将会日益造福老年人生活。在未来的发展过程中，将会兼顾各类人群对数字技术应用的使用差异，努力建设数字包容型的老龄化社会。因为"在没有数字包容的地方，人们不太可能意识到互联网具有改善自己和周围人生活，以及为更广泛的经济、社会和公民生活做出贡献的潜力"（饶权等，2021：7）。不同代人群在互联网接入上的数字鸿沟正在不断缩小，而在网络内容获取和利用数字资源改善生活方面的问题将日益成为构建数字包容型社会的重点。随着政府后续对政策规范的不断完善，数字技术应用适老化程度的提升将进一步弥合数字鸿沟，但可以预计这是一个长期性的过程，现有的数字不平等仍将继续存在。因此，构建数字包容型老龄化社会将是长期持续的动态过程。

本章小结

过去30年，数字化浪潮席卷全球。当全社会的数字化达到一定的程度，数字代沟就会成为一个"实然"的社会问题，而数字反哺亦会成为一个"应然"的学术议题。由此可见，数字化浪潮是我们整个研究的大前提，本章所讲述的"中国故事"，旨在帮助读者理解我们的研究在什么样的社会背景下展开，又具有什么样的社会意义。

自互联网进入中国以来，随着技术的更新换代，一波又一波的数字化浪潮不仅促进了经济、社会快速转型，更重塑了人们的生活方式和认知模式。数字化的积极影响诚然令人振奋，但我们更要警惕数字化过程中的"陷阱"。尤为值得关注的是，当数字化和老龄化两大浪潮汇合激荡在一起时，"数字媒介越来越新、人口结构越来越老"这两个背道而驰的趋势将造成日益显著的数字区隔。以老年人为代表的"数字弱势群体"越来越落后于青年"数字原住民"和中年"数字移民"，数字代沟成为刻不容缓、亟待解决的社会问题。在越来越多有识之士的疾呼之下，近年来社会各界都开始关注数字代沟问题，以各种方式倡导代际数字反哺，促进老年人的数字融入，构建数字包容型老龄化社会。出于学者的责任与担当，我们从 2012 年开始从事数字代沟与数字反哺的系列研究，在接下来的章节，我们将报告研究框架、研究设计和研究发现，希冀能够对上述问题给出自己的回答。

第三章　研究框架

第一节　研究视角

　　尽管老龄化问题由来已久（中国在 2000 年进入老龄化），但与人口学和社会学等学科相比，新闻传播学界对这个问题的思考远远落后于社会实际（魏蒙、姜向群，2014）。在我们于 2012 年开展系列研究之前，虽然也有零星论文关注老年人的媒介需求（陈勃、欧阳珊，2005；陈月华、兰云，2010）以及互联网使用（陈锐、王天，2010；丁卓菁，2012；吴信训等，2011），但并没有将老年人的数字化生活作为一个严肃的学术命题予以考察。社会大众对老年人媒介生活存在刻板印象：他们既不必上网（广播、电视等传统媒体上的养生、戏曲类节目就够了），也不会上网（各类新媒体技能对他们来说太难了）。而我们认为，不应该将庞大的老年群体遗忘在数字化浪潮之外，更不应将多元化的老年人视作单一的客体，让他们独自承受系统性的数字排斥，而应发动全社会的力量来帮助老年人享受数字权益（接入、使用数字媒体并从中获益），实现跨年龄层的数字平权。为了实现这个目标，研究视角的转换必不可少。

面对人口老龄化和媒介数字化之间的矛盾，中国必须从传统文化智慧中汲取力量，走出一条有中国特色的老年数字融入之路，并以此为契机重新认识社会转型期的中国代际问题。在任何时代、任何社会，世代都不是孤立存在的，在儒家传统文化影响至深、推崇"孝道"的中国尤其如此。因此，我们认为，老年人的数字融入，不仅仅是老年人自身的问题，也是中年、青年、少年甚至儿童等全社会各个年龄段群体共同努力的目标，无论是在政策实践还是在学术讨论中，都不应该让老年人"孤军奋战"，而是应该把社会作为一个整体，采用全人口全生命周期的学术框架进行考量。所以，相比于单一的对比（冲突）视角，我们更应该采用对比—对话的双重视角研究不同世代围绕新媒体所进行的多维互动。

从对比角度来看，数字代沟最引人关注。数字代沟既可以视作传统代沟在新媒体时代的延伸，又可以视作数字鸿沟在年代维度上的呈现（胡鞍钢、周绍杰，2002）。数字鸿沟的三个层面——接入沟（Norris，2001）、使用沟（Dijk，2002）和知识沟（Selwyn，2004）——在数字代沟中分别表现为代际在新媒体采纳比例、使用程度以及借助新媒体获取知识的能力上的差距（Loges and Jung，2001）。就内涵和外延来看，数字代沟这个概念还包含新媒体素养（使用新媒体获取、分析、评价和传播信息的能力，Livingstone，2004）代沟。"媒介即讯息"，新媒体的影响势必超越其承载的内容，进而潜移默化地重塑人类的感官比率、思维模式甚至文明形态。因出生年代不同、生长环境不同而形成的"世代"（如国内常见的70后、80后、90后、00后等说法），其集体记忆与群体认同不仅来自类似的成长经历（Robbins，1998），更由新媒体培养塑造。

面对日新月异的媒介形态，老年人难以适应，会出现不同程度的技术恐慌（Kurniawan et al.，2006）。美国（Clark，2009）、英国（Ofcom，2006）、加拿大（Leung et al.，2012）和德国（Ziefle and Bay，2005）等西方国家的研究都显示，年长世代与年轻世代在对手机、互联网、社交软件、游戏等新媒体的接受、理解、应用等方面存在巨大差距，并因此引发新型代际冲突和矛盾（Vaterlaus，2012）。2012年，美国皮尤研究中心对全美3000个样本的调查显示，65岁以上老年人的互联网采纳率（52%）远远落后于30岁以下年轻人（95%）。与发达国家相比，新媒体在中国人口中的采纳与使用更加不均衡，数字代沟也更大：截至2020年3月，中国60岁以上老年网民在全体网民中仅占6.7%（CNNIC，2020）。此后两年，中国抗击疫情的过程大力推动了互联网在老年群体中的普及，"数字适老"成果显著。到2021年12月，中国老年网民占全体网民的比例达到11.5%，但互联网在老年人中的普及率仅为43.2%，远低于全国平均普及率（73.0%）（CNNIC，2022），可见老年人与年轻人之间的差距仍然很大。中国老年人口特征的异质化（具体分析见第一章），导致他们在数字化过程中步调不一，甚至出现了"两极分化"的情况。在政府扶助（如上海的"扶老上网工程"）、社区推动（如老年大学）、朋辈带动和个人需求的刺激下，不少老人"先行数字化"，迅速适应了新媒体，对某些软件或应用使用的熟练程度甚至超过了年轻人（丁卓菁、沈勤，2017），有的还成为老年"网红"，他们的社交网络得到显著的拓展，生活质量得到显著的提高（潘曙雅，2016）。为什么有些老人能够跨越数字代沟，而有些老人却仍然望"沟"却步？相关研究除了要回答"what"（数字代沟的具体表现），更应关注"why"（数字代沟的决定因素）和"how"（数字代沟的解决方案）。

从对话角度来看，年长世代与年轻世代在日常传播实践中的互动尤为动人。"手把手"地教七旬老父用 iPad 和微信的温馨时刻，正是触发笔者开展此项研究的原动力，而类似的场景每天都在中国成千上万的家庭中上演。从学术角度，可将之定义为数字反哺，是文化反哺（米德，1988）在数字时代的主要表现。社会学家周晓虹（1988，2000，2011，2015a）的系列质化研究发现，文化反哺现象不仅全方位、大规模地出现在中国家庭中，而且与新媒体关系密切：（1）子代对亲代的文化反哺，在新媒体采纳和使用方面表现得最为显著；（2）子代向亲代进行文化反哺的能力，部分源自他们借助新媒体获取的信息优势和知识权威；（3）新媒体的去中心化特征，为子代挑战亲代权威提供了可能。

在西方，家庭内的代际互动是缩小数字代沟的重要渠道（Bailey and Ngwenyama，2010），代际信息共享（Silverstein and Bengtson，1997）和同玩游戏（Ginsburg，2007）都增进了互相的认知与情感，不但缩小了数字代沟（Merch，2006），而且增进了亲子关系（Tamislemonda，2004）。在互动过程中，年轻世代起主导作用（Livingstone，2003），并从家庭辐射到社会，通过日积月累的反哺带动年长世代更好地适应数字化生活（Ferlander and Timms，2006）。中国传播学者调查了数字反哺的具体表现（杨立、郜键，2002；石国亮，2009）、行为模式（宋强，2012）和对老人生活质量的影响（王萍，2010）。在家庭社会化的视角下，针对亲子两代的配对调查得到许多有趣的发现：江宇（2008）对南宁614对中学生及父（母）亲的问卷调查表明，数字反哺能同时提高亲子两代的媒介素养；朱秀凌（2015）对福建省漳州市352个中学生家庭的调查也显示，亲代需不断寻求子代的帮助来使用手机，这导致家庭权力关系从单向权威向双向权威转变。毫无疑问，数字反哺在几乎所有的家庭中都有发生，但其程度和效果因家庭背景的不同而千差万别，反哺的发生场景和促进因素、反哺对家庭亲子关系乃至社会代际矛盾的影响应该是未来研究的重点。从理论发展角度而言，数字反哺以及中国文化的双重情境，或将修正基于西方传统传播范式所提出的家庭传播模式理论（family communication patterns theory，参见 Saphir and Chaffee，2002）。

无论是对比（数字代沟）还是对话（数字反哺）角度，现有研究都严重不足，采用双重视角的论文更不多见。数字代沟与数字反哺两者之间的互相依存与制约是后工业化时代的显著特征，在全世界范围内普遍存在。这个命题不仅与人类社会的进化路径与文化传承有关，对于急遽变迁的中国社会来说，更有其独特的理论意义与现实价值。生活数字化和人口老龄化正在迅速地拉大代沟、造成排斥、破坏和谐，启动反哺机制以提升全社会媒体素养已经迫在眉睫。

随着国家层面对老龄化问题的重视，从2015年起，与老年人有关的新闻传播学国家社科基金项目立项数量稳步增长。然而，在表面繁荣之下，我们亟须进行以下三点反思，并在研究中修正视角。

首先，包括笔者在内的绝大多数研究者把数字融入当作老年人的必选项，有意或无意地剥夺了他们"数字断连"的权利（方惠、曹璞，2020）。这种"优胜劣汰、适者生存"的数字达尔文主义显然背离了"以（老）人为本"的学术初心，功能主义的盛行导致人文关怀的缺失。所谓"家有一老，如有一宝"，即便在数字化浪潮的冲击下，老年人对于家庭稳定、社会发展和文化传承的独特价值也不容忽视。

其次，现有研究和课题几乎都局限于老年群体，采取老年传播框架，将积极老龄化视作老年人自己的责任和义务。而事实上，老龄化作为宏观的基础结构和持续的动态过程，与社会生活中的每个人都息息相关。因此，本书提倡采用老龄化传播框架考察老中青不同年龄群体如何借助各种媒介和传播方式形成关于"老"的社会文化共识。即便聚焦老年群体，我们也应该尊重他们在年龄、生活经历、SES上的异质化与多样性，不能将之化约为简单的集合。

最后，研究者仅强调了新媒体的"技术性"和"工具性"，而忽视了它嵌入生活方方面面的"生态性"。与报纸、广播、电视等旧媒体以及互联网等"旧"新媒体不同，智能手机、微信等这些"新"新媒体不仅是技术工具，而且它正在重构我们的社会生态，渗透并改造着人与物、人与人、人与社会的关系。无论是否上网，包括老年人在内的每个人都被智能媒体生态包裹，大家彼此互联、彼此影响。

第二节　研究内容

在微观层面，家庭是代沟与反哺的主要发生场域；而在中观和宏观层面，社会上不同世代之间同样存在代沟与反哺。随着传统家庭模式解体、空巢老人增多，本该由家庭承担的养老任务被抛向社会，这也使数字代沟与数字反哺的影响从家庭辐射到社会，家庭与社会两大场域的交织成为本书的大背景。如图 3-1 所示，本书所涉及的研究内容总体来说包含四大板块。

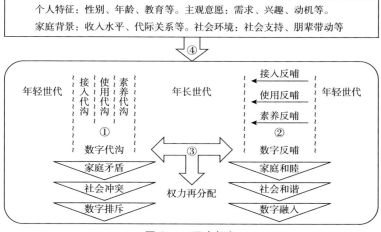

图 3-1　研究框架

一　数字代沟的现实状况、主要特征及社会影响

年长世代和年轻世代在新媒体采纳、使用以及知识获取方面的差距，构成了数字代沟的三个维度：接入代沟、使用代沟和素养代沟。数字代沟的存在毋庸置疑，但以何种形式呈现、

程度究竟有多深、是否存在地区差异、是否诱发了家庭矛盾和社会冲突、是否加剧了老年群体的数字排斥？本板块的重点和难点是要分别从微观、中观、宏观三个层面来考察数字代沟，并参考"数码沟指数"（Digital Divide Index，祝建华，2002：203）建立"数字代沟指数"。众所周知，基尼系数越大的社会数码沟指数越高，那么，老龄化水平越高的社会，是否数字代沟指数也越高？我们将用统计数据对这个问题给出直观可视化的回答。

二 数字反哺的发生条件、 运行模式及社会影响

传统的自上而下的文化传承方式在新媒体时代遭到了挑战，自下而上的反哺随处可见，而且沿着技能、知识和价值观等维度不断递进。数字反哺的存在毋庸置疑，但在不同的家庭和社会环境中，程度千差万别。在何种情况下反哺更有可能发生、哪些因素会影响反哺的效果？反哺是否能促进代际互动、是否能提升全社会媒体素养、是否能促进全社会数字融入？本板块的重点与难点是要综合传播学、社会学和文化人类学等多学科视角，完成数字反哺这一学术现象的概念化与操作化，找到反哺的促进因素，并结合积极老龄化的国家政策提出切实可行的建议。

三 数字代沟与数字反哺之间的作用机制以及随之而来的权力再分配

数字代沟如何引发数字反哺？数字反哺如何缩小数字代沟？两者此消彼长背后的影响因素有哪些？在两者相互作用的大背

景下，原本在家庭和社会话语权体系中处于相对弱势地位的年轻世代，是否实现了新媒体"赋权"（Rogers and Singhal, 2003）？本板块的重点是要在家庭、社区、城市乃至国家层面提出促进数字反哺、缩小数字代沟的具体措施，并通过行动研究检验其效果。难点是如何巧妙而深刻地揭示社会权力结构在数字时代的重组。

四 数字代沟与数字反哺发生的家庭和社会场域

从统计学来说，这个板块可以视作前三个板块的控制变量或前置变量。无论是年轻世代还是年长世代，都生活在特定的家庭和社会场域中，所以，他们的个人特征（如性别、年龄、教育等）、主观意愿（如需求、兴趣、动机等）、家庭背景（如收入水平、代际关系等）和社会环境（如社会支持、朋辈带动等）都会对日常新媒体实践产生影响，应通过统计分析予以考察，这是本板块的重点。另外，还要跳脱数据统计的窠臼，从更多角度全方位观察家庭中的数字代沟与数字反哺，并结合中国文化、历史要素解释数字代沟与数字反哺的作用机制。难点是要在理论上修正与发展西方学者的家庭传播模式。

第三节 相关概念的界定

一 代

代沟中的"代"首先是一个生物学的概念，是人类在整个生命周期中特定生理年龄的一种阶段性集合。"人事有代谢，往来成古今",花开花谢,世代交替演化,人类才得以繁衍发展,代代相传。一般来说,代是以父子两代人的年龄差为标尺,也就是年龄差距为 20~30 岁可以认为是两代人。代际更替往往与社会变迁交织在一起,代这个生物学概念,必然会被打上深深的社会烙印。因此,在社会学情境下,代除了具有客观的生物属性,也具有主观的社会属性(康岚,2009b)。

社会学之父孔德对"代"问题进行了深入阐释,他很早就注意到代对于人类社会的重要意义,如果把人类整体类同于生物有机体,则代际更替就类似于生物的新陈代谢,历史进步的速率就取决于代际变化的速率(周晓虹,2015a)。单一强调"人的有限寿命和代际更替的生物法则",难免会落入社会达尔文主义的窠臼(方俊,2016)。因此,社会学家曼海姆(Mann-heim,1952)提倡在社会变迁的大背景下对代问题进行动态考察。那么何为一代人?我们认为同时出生且经历相同社会变迁的一代人,会持有特殊的思想、经验、社会文化,并秉承相似的行为模式,共享一段集体记忆,这些人可以成为"现实代"(generation as actuality)。虽然通常情况下生理年龄是划分代的重要依据,但人们成长中所经历的重要社会事件、所形成的集体记忆以及价值观才真正决定他们所属的"代",即"代单位"(generational status)。

怎么划分代呢?历史学家斯特劳斯和赫伊(Strauss and Howe,1992)给出三条划分代的标准:(1)同一代的人在成长阶段(尤其是儿童和青少年时期)经历关键性的历史事件和社会趋势,因此共享历史地位;(2)从而拥有共同的信念和行为;(3)并因此获得一种代的归属感。可以看出,他们的一系列论述都强调了社会环境及历史变迁对人们精神气质的影响，"因处于同一历史坐标而享有集体人格面具"成为他们给美国人划分代的依据（Strauss and Howe，1997）。他们将美国自1435年以来的历史分成七个"世纪"（saeculum），每个"世纪"又以20年左右为一个周期分为不同的"世代"（generation）。其中，迷惘世代（1886～1908年）、伟大世代（1908～1929年）、沉默世代（1929～1946年）、婴儿潮世代（1946～1964年）、X世代（1964～1984年）、千禧世代（Y世代，1984～2008年）、Z世代（2008年～）等最为人熟知。

那么，在中国语境下，代是如何划分的？市场营销领域的研究者进行了开创性的尝试，将中国的消费者划分为三代：社会主义的一代（1945年前出生）、失落的一代（1945～1960年）、生活自我的一代（1960年～）（Schutte and Ciarlante，1998）。后来有学者（卢泰宏等，2005）又做出幸运一代（1960～1970年）、转型一代（1970～1980年）、独生一代（1980年～）的划分。可以看到，这些在中国语境下对代的划分尝试都强调了重大事件（如"文革"、改革开放、市场经济、独生子女政策等）对一代人思想、行为、个性的塑造，但代与代之间的间隔为10～15年不等，远小于生物学分代的30年标准和美国学者分代的20年标准。一方面，是因为过去半个多世纪，中国社会急遽变迁，导致代际差异巨大，代际更替提速；另一方面，或许是因为关注消费者行为的市场营销学者看到的是"代单位"而非"现实代"。正如曼海姆（Mannheim，1952）所言，"经历同一具体历史事件的青年们可以被视为处于同一现实代；而同一现实代中的不同群体因其际遇不同，会以不同的方式利用共同的经验，因此形成了不同的代单位"。因此，在整体经验接近的"现实代"中，包含众多"代单位"，而"代单位"内部的人具有意识上的高度相似性。

由于以上原因，在代的概念化定义中，物理的、外化的、客观存在的生物时间让位于感性的、内化的、主观体验的社会时间。而在实际操作中，无论是生物时间还是社会时间，都将年龄作为最常用的测量手段。刘德寰（2007：43）将年龄变量作为研究对象，在其著作中强调了年龄的社会学意义："年龄是平均人的一个社会时间属性，其本身就能够反映现实与历史的延续过程。"在实际的操作中，年龄既可以是连续变量，又可以根据研究需要被分割成若干断裂的集合，如间隔20~30年的老中青三代、间隔10年的"某0后"、间隔5年的"某5后"。在中国的语境下，如果把跨度较大的老中青三代视作"现实代"的话，那么10年或5年等跨度较小的可以视作"代单位"。

但是，以年龄为标准展开的代的操作化测量，虽然强调了个体的生物和社会属性，却忽视了一个人的家庭属性，即人在家庭生活中所扮演的角色。家庭内的代际关系一直是近年来中国社会学研究的一个重要议题，但是家庭作为代际传播的核心场域，却一直未能得到学术界足够的关注。在西方，家庭传播相关的研究关注家庭成员如何在不同的家庭情境下通过传播、交流、互动来定义身份、维系关系、建构意义，从而通过各种传播实践活动使家庭得以正常运转（Braithwaite et al.，2017）。在中国，同一个家庭中的老、中、青（或少）年成员分别扮演着祖代、亲代、孙代的家庭角色，他们迥异的思维方式和行为模式除了受到各自成长阶段的社会经历的影响，也必然会受到既有家庭身份以及家庭关系的制约。如果说西方家庭的结构体现为以夫妻关系为核心的独立圆，那么中国家庭则因为重视血缘和孝道体现为以亲子关系为核心、按照"差序格局"（费孝通，2008）辐射出去的一个同心圆。亲子乃至祖孙之间的代际关系成为考察中国家庭传播的重要切入点。综上所述，我们提出代的概念化和操作化框架（见图3-2）。

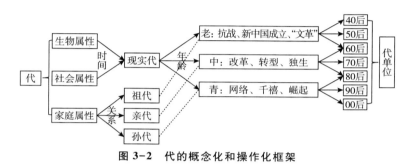

图3-2　代的概念化和操作化框架

我们认为代具有生物、社会和家庭三重属性。以时间为划分标准，在其基础上观察人类的代际更替和文化传承，可以发现出生时间相近的人成长过程中经历了相同的社会变迁，形成了特殊的"现实代"，具体表现为以年龄为依据的分层（间隔为20~30岁），泾渭分明地呈现为老、中、青三代人。而不可忽视的是，隐藏在时间逻辑背后的其实是每一代人成长过程中所经历的重大历史事件。当前中国不同年龄层人群的观念和行为迥异，所以在同一代人之内，人们又以10年甚至5年为间隔，划分出众多"代单位"，用以标识其差异性，凸显每个年龄层人群所建构的集体意识和群体认同。当我们把研究的重心从代的时间维度转向关系维度，聚焦于家庭，就会发现中国典型家庭结构中的祖代、亲代、子代三代人虽然在年龄上与老、中、青可以参差对应，但在生物和社会因素以外，他们在家庭内的角色扮演以及代际互动（哺育与反哺）也是制约他们的观念与行为的重要因素。

作为一个概念，代在传播学领域中的地位颇为尴尬。首先，几乎所有传播学实证的量化研究都将其测量手段（年龄）作为必不可少的变量，但现有研究大多聚焦于代的生物年龄和社会时间属性，很少关注代的家庭关系属性。其次，大多数研究在统计分析时，都重在考察年龄的连续性影响，较少以短时间间隔（10年或5年）为区分展开比较，较少涉及长间隔（20~30年）的断代分析。最后，大多数研究者把年龄作为一系列自变量或控制变量中的一个，很少将代置于研究的核心位置。一叶障目不见泰山，长期以来，代问题在传播学研究中一直处于缺席状态。有鉴于此，为了更好地透视数字代沟问题，我们必须重新认识年龄与代的关系。我们主张，以代为出发点和归宿点，经由它来俯瞰不同年龄层群体在媒介接触、使用、效果等方面的差异，从而把代沟这一关乎人类社会更替与传承的重要命题引入传播学，深入地挖掘其理论价值和社会意涵。

二 数字代沟

（一）从代沟到数字代沟

随着时代的发展，代问题日益凸显，越来越多的学者意识到这是一个现代性的问题。工业革命之后，随着工业社会的发展以及现代民族国家的建立，传统社会向现代社会过渡的过程中体现出代际断裂性或不连续性，使代际矛盾和冲突作为一种突然发生的社会现实日益凸显出来（周晓虹，2015a）。中国自1840年鸦片战争之后开始现代化变革，社会先后经历了启蒙运动、资产阶级革命、社会主义革命、改革开放等阶段。由于社会始终处于动荡且急速转型中，中国社会以儒家思想为精神内核的传统文化和权力结构逐渐衰落，家庭作为"传统与现代性之间斗争的场所"（郑曦原、李方惠，2002：67）直面社会的变迁，传统的代际关系模式随之改变。20世纪40年代，费孝通就根据对亲子两代矛盾的观察，提出新旧文化冲突在其中起到的重要影响，"亲子间感情的细丝，怎能挡得住世代兴替的狂风，社会变迁最紧张和最切骨的一幕，就这样开演在亲子之间。这时，狂风吹断了细丝，成了父不父、子不子，不是冤家不聚头了"（费孝通，1999：161）。代际关系开始"丝丝切断"，代沟悄然浮出水面。

在米德（1988：7）看来，"代沟将随着生物过程而有秩序地前移……这是一个简单的、直线发展的结局"。然而，米德也注意到社会变迁速度的加快使代沟变得"极其复杂"和"无法预期"："父母们面对着的是令人捉摸不透的、越来越疏远的子女。"代沟为何变得越来越复杂？这或许在很大程度上"归咎"于日新月异的信息传播技术（ICT）。米德在20世纪下半叶，就已经注意到信息技术的发展对社会的时空观念进行了改造："电视和人造卫星在数秒之内把信息传遍全球……计算机能把一生的计算量压缩到几秒之中。"（米德，1988：108）在米德所处的时代，计算机和信息技术尚处于起步阶段，而今又已过去三十多年，ICT软硬件水平以几何级数速度更新，并向全社会扩散。这个过程不仅重塑了人们的时空观念，在某种程度上来说，它已经成为时空本身。卡斯特在其《信息时代三部曲：经济、社会与文化（第一卷）网络社会的崛起》中，系统地讨论了基于 ICT 技术发展的网络社会如何使空间从"地域空间"升级为"流动空间"，并使原有的线性时间消解，进而创造出"无时间的时间"（卡斯特，2003：531）。近年来，以微信、抖音等为代表的"宰制性"媒介史无前例地介入我们的现实生活，定义了当代人的"在世存有"（孙玮，2015：5）。

在中国学界，社会学家周晓虹最早关注媒介（尤其是数字化媒介）对"代"的影响。在他看来，媒介不仅"关乎信息更关乎生存"。周晓虹借鉴媒介环境学派的观点，以媒介为切入点分析其对人类心理认知和社会结构的影响，并进一步指出"大众传播媒介的发展本身也可以是划分不同代际的利器"（周晓虹，2015a：342）。可以从两个方面来理解周晓虹的论断。一方面，不同代的人习惯使用不同的媒介（渠道及内容）。老年人听广播、中年人看电视、年轻人上网（刘德寰，2007）；老年人爱听戏曲、中年人爱看新闻、年轻人爱刷网剧（魏蒙、姜向群，2014），对不同受众群体偏好的研究已经比比皆是。刘德寰在《年龄论——社会空间中的社会时间》中，通过丰富多样的数据分析，证明了年龄对于媒介的影响既是连续式（采纳比例与使用程度随年龄增长而变化）的也是断裂式（不同年龄层的人采纳比例和使用程度不同）的（刘德寰，2007）。另一方面，人们所属的代正是由对不同媒介的使用决定的。进入 21 世纪以来，网络化、数字化媒介蓬勃发展乃至席卷全球不仅可以被视为媒介发展景象，也可以被视作一个重大历史事件甚至历史发展阶段。因此，对数字技术和数字产品的接纳、使用程度也就自然而然地成为划分代的标准。美国学者普林斯基划分出两类人——数字原住民和数字移民（Prensky，2001），前者是引领新媒体浪潮的年轻人，后者是亦步亦趋地适应新媒体浪潮的年长者。

　　这样看来，媒介、年龄、重大社会事件都可以被视为决定一代人共同集体记忆和价值观的重要因素。在生物属性、社会属性、家庭属性以外，媒介属性似乎也是划分代的重要依据。不过与前三个属性不同，代与媒介之间的关系是互为因果的。一方面，处于不同时代的人会习惯性地使用不同的媒介；另一方面，按照麦克卢汉（McLuhan，1964）"媒介即讯息"的逻辑，不同的媒介使用又肯定会促成代与代之间的异质化，以及代内部的同质化。

　　媒介与代之间呈现高度统一的交互作用，最明显的表现就是媒介代沟。有学者在考察乡村社会变迁时，发现电视等大众媒介成为代沟的时代场景，"电视节目的现代性表达在生活中的发散是从细节开始的，但是它所改变的却是农村人整个的生活状态和生活模式"（曹广伟、宋丽娜，2009：20）。电视的出现和使用加大了农村家庭内部的代沟，导致产生一种类似于城市中代际"断裂"的农村新型二元结构。周晓虹（2011，2015a）在北京、上海、南京、重庆和广州五大城市所做的 77 个家庭的焦点小组访谈则显示，城市中家庭代沟的一个重要表现就在于对媒体（尤其是新媒体，其内涵与外延随着不同年代的转换而不断变化）等"器物"的使用上，并由此引发代际知识、观念、生活方式的连锁代沟。他进一步指出，所谓"数字鸿沟"，从本质上来说就是"代际鸿沟"。笔者通过对深圳 200

个城市家庭亲子两代的比较发现，代与代之间在新媒体采纳与使用上的差别显著且稳定（周裕琼，2014）。2015 年，笔者在国内学术界首次提出"数字代沟"这个学术概念（周裕琼，2015）。近年来，从计算机到手机、从互联网到微信、从微信到抖音，数字代沟作为一种社会现象不仅获得越来越多的学术关注，形成了一定的学术共识，也日益频繁地出现在新闻报道和行业报告中。但是作为一个概念，数字代沟仍然缺乏明确的定义以及统一的操作化测量手段，这也是本节拟重点解决的问题。

（二）概念化与操作化

如前文所述，每当媒体升级换代，惯于使用新媒体的新一代人与上代人之间的差异也会随之凸显。20 世纪下半叶，广播和电视等电子媒介主要作为家庭媒介在中国实现普及，它们由家庭共同购买、拥有及使用。这个时期的媒介代沟，主要体现在收听广播和收看电视的时长及内容上。但从 20 世纪末开始，计算机、手机等 ICT 设备作为一个个家庭成员专有的个人媒介"飞入寻常百姓家"，在其被购买、拥有和使用的全过程中无时无刻不体现出巨大的代际差异。因此，古老的代沟与新型的数字鸿沟汇聚在一起，成为数字代沟。

数字鸿沟（digital divide）主要是指人们由于社会经济地位、受教育程度、生活环境、地域等因素的不同，在 ICT 的接入/采纳、使用等方面会存在比较大的差异，出现了"信息技术富有者"与"信息技术贫穷者"的区分，在他们之间横亘着一道难以逾越的鸿沟。数字鸿沟是一个富有人文关怀特质的学术概念，它促使人们认识到不同人群在数字社会享有不平等的待遇（如机会、权利、权益等）。在各方有识之士的倡导与努力下，数字鸿沟这个关注社会不平等的议题被纳入公共讨论中，被融入日常政治中（金兼斌，2003）。

在某种程度上，数字代沟是数字鸿沟概念的一个分支，特指存在较大年龄差距的群体之间的数字鸿沟，或称作代际数字鸿沟（吴士余，2003）。也有聚焦于老年群体的学者将之定义为银色数字鸿沟（胡安安等，2017）。许多研究表明，年龄以及与之相伴的成长经历、生活环境、生理心理状态是造成数字使用差异的重要因素（周怡，1993）。年轻群体在新媒体接受程度、使用频率及新媒体知识的掌握上都领先于年长一辈，往往年轻人觉得可以"自然而然"地接受和使用的新技术，对年长群体来说则显得万分困难（Loges and Jung，2001）。这种代际差异，既表现在社会层面（代的社会属性）又表现在家庭层面（代的家庭属性）。因此，对于数字代沟的考察可以从两个方面进行，一是按照年龄来分层（老中青三代之间的数字代沟），二是从家庭关系来入手（祖亲孙三代之间的数字代沟）。

如图3-3所示，数字鸿沟（digital divide）中的"divide"一词，按照字面意义来看，强调人群之间的差异是泾渭分明、壁垒森严、不可逾越的。但对于数字代沟（digital generation gap）概念来说，我们更倾向于使用"gap"来描述。因为gap在强调分隔的同时，仍然暗含双方在底端的相通相连。正是这"剪不断"的连接，让我们有可能通过各种努力弥合代沟、实现全民数字融入。数字鸿沟主要是社会资源分配不均导致的横向区隔，而数字代沟主要是时间先后导致的纵向区隔，共同的文化基因和生活背景使身处数字浪潮两岸的年长世代和年轻世代仍有积极互动（数字反哺）的可能。正因如此，对数字代沟的考察，应该看到的是"差异"而非"差距"。毕竟每一代人因其成长的历史背景和社会环境不同，价值观念和生活方式必然存在不同，这种差异不应该区分出孰高孰低并带有一定的优越感，这是水平方向的"差异"，而非垂直方向的"差距"。回到新媒体上，青年人的如鱼得水、中年人的亦步亦趋和老年人的望尘莫及，同样也只是每一代人面对数字化生活的自然状态，不存在好坏高下的价值判断。

图 3-3 数字鸿沟（digital divide）与数字代沟
（digital generation gap）的概念对比

在厘清了数字代沟的概念内涵之后，我们再来看看数字代沟具体分哪些维度，如何予以操作化测量。作为数字代沟的概念源流，经济学领域的数字鸿沟既有研究为我们提供了很好的参考。数字鸿沟的早期研究者多聚焦于基础设施及经济条件差异所导致的 ICT 技术和设备在不同地区或人群中的接入差距。后继学者将之命名为第一道数字鸿沟——接入沟（胡鞍钢、周绍杰，2002）。此后，数字鸿沟的研究重心逐渐从接入转向使用，聚焦于第二道数字鸿沟——使用沟（曾凡斌，2011）。更进一步，在接入和使用之后，研究者开始关注接入及使用互联网之后发生的故事，即人们因为使用 ICT 设备而产生的在认知、态度、价值观念乃至行为模式等方面的差异，称之为第三道数字鸿沟——效果沟（韦路、张明新，2006）。关于前两道沟的概念化和操作化，学界已经形成较为普遍的共识，但是对于如何测量第三道沟却暂时没有统一的标准。有学者借鉴凡·迪克（Dijk，2006：221）的"数字技术接入类型的累积循环模型"，把"应用"视作第三道沟，考察人们在多大程度上利用数字技术改变自己的工作、学习和生活等（赵联飞，2015）；也有学者从"内容"和"意愿"（包括兴趣、动机等因素）等方面考察第三道沟在信息赋权领域的效果（宋红岩，2016）；更有学者从互联网资本的角度进行探讨，将第三道沟解读为人们在互联网市场中获取的数字红利差异（digital dividends，邱泽奇等，2016）。

在传播学领域，针对第三道数字鸿沟的研究与经济学领域略微不同，最常见的做法是把第三道沟和传播学的经典理论——知识沟研究整合起来（丁未、张国良，2001；韦路、李贞芳，2009），甚至直接将之操作化为使用 ICT 后产生的知识沟或政治参与沟（韦路、张明新，2006，2007）。但是在知识沟的经典研究中，知识被定义为"媒体话题中的政治内容和公共事务"（Tichenor et al.，1970）。这种对"知识"的定义本身，就体现出一种话语霸权问题，显然受到精英话语的影响。而在当今这个数字时代，媒体的发展方向大多是去中心化，这天然与精英话语背道而驰，所以，简单粗暴地用知识沟代替效果沟显然失之偏颇。

与此同时，越来越多的研究倾向于使用媒介素养这一强调个体自主性的指标（闫慧、孙立立，2012）来体现差异性。媒介素养（media literacy）通常指人们在面对各种媒体信息时所表现出的选择、质疑、理解、评估、创造和生产以及思辨的反应能力（吴翠珍、陈世敏，2007）。随着时代的发展，这一概念衍生出阅读素养、视听素养、新媒体素养、数字素养等众多子概念（卢峰，2015）。其中，数字素养的概念最初由学者吉尔斯特（Gilster，1997）提出，主要包括获取、理解、整合与批判数字信息的能力。严励和邱理（2014）认为，随着网络文化壁垒的形成，数字鸿沟将会演变为不同阶层在数字流行文化认同与运用能力上的差异，这也可以视作素养沟的一种体现（严励、邱理，2014）。

现有对数字鸿沟的研究，聚焦于宏观/国家和中观/社会层面。在宏观层面，研究者（韦路、谢点，2015；张伦、祝建华，2013）往往通过跨国、跨地区的比较来呈现数字鸿沟背后信息传播格局的不平等与不均衡。宏观数字鸿沟最集中、最直观的体现指标就是数字鸿沟指数（DDI，Digital Divide Index）。官方（国家信息中心，参见张新红，2008）、学界（祝建华，2002）和业界（腾讯研究院，2018）给出了不同的计算公式和指标体系。中观层面的数字鸿沟研究聚焦于特定人群（多为弱势群体）——大学生（曾凡斌，2011；赵联飞，2015）、青少年（朱秀凌，2015）、农民工（宋红岩，2016）、老年人（何铨、张湘笛，2017）、新闻工作者（潘新、陈东兴，2016）、少数民族（冯剑侠、李兴睿，2017）、残障人士（王蔚，2017）——与主流人群之间或者群体内部在数字技术使用上的差异。与宏观数字鸿沟研究不同，中观层面的研究不满足于揭示现状（what），而是更进一步探究缘由（why）和解决之道（how）。在众多导致数字鸿沟的原因中，家庭因素被反复提及（杨钋、徐颖，2017；

闫慧、孙立立，2012)，而在缩小数字鸿沟的路径中，代际反哺也被视作最为可行的路径（宋强，2012；周裕琼，2014；朱秀凌，2015)。

因此，我们认为想要实现从数字鸿沟研究转向数字代沟研究，就必须增加微观/家庭层面的考察，即从家庭内部出发考察同一个家庭中不同代之间在数字媒体的接入、使用与素养上的差异。这个微观/家庭层面考察的加入，是对宏观/国家和中观/社会层面的有益补充，以便更加全面地描绘中国家庭中的数字代沟图景。更重要的是，微观/家庭层面的研究把数字代沟放到了具体的场景与关系中，代沟不再是不可逾越的 divide，而是可以通过家庭代际互动（哺育与反哺）填补的 gap。综上所述，我们对数字代沟进行如图 3-4 所示的概念化与操作化。

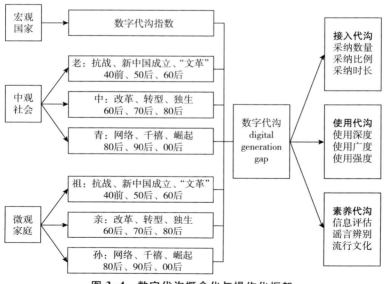

图 3-4　数字代沟概念化与操作化框架

我们将从三个层面考察数字代沟：微观层面，将从代的家庭属性出发考察家庭内部不同代角色的差异；中观层面，将从代的社会属性出发考察社会不同年龄层（现实代或代单位）之间的差异；宏观层面，将从国家/区域发展角度考察全民数字化进程中的代际不均衡问题，借鉴数字鸿沟指数（DDI）的框架计算出数字代沟指数（Digital Generation Gap Index，DGGI），用以体现数字不平等的程度。在操作化层面，我们借鉴数字鸿沟研究的已有成果，从"接入—使用—素养"三个维度入手设计问卷，测量各个层次的数字代沟，并根据前文所述的各类文献提出每个维度下的具体测量指标。

三　数字反哺的概念化与操作化

（一）从文化反哺到数字反哺

自改革开放以来，中国整个社会进入快速转型期，经济结构发生了深刻变化，与之相应，社会环境与社会文化也经历了史无前例的剧烈变迁。这种社会变迁造成的青年文化，同时又反过来成为社会变迁的推动力，甚至在某种程度上规定着变迁的方向（周晓虹，1988）。在这一时期，中国社会传统的教育者与被教育者角色在一定程度上出现了模糊乃至颠倒：原本作为被教育者的青少年由于更快接受新技术，而生发出新型价值观和行为模式，遂成为教育者。西方学者曾提出"反向社会化"（retroactive socialization 或 reverse socialization，参见 Bell，1968；Ekström，2007）或"反向传授"（reverse mentoring，参见 Chaudhuri and Ghosh，2012）的概念来形容这种由晚辈将文化知识传递给长辈的过程，这与中国正在发生的现象不谋而合。但是，西方学者侧重消费主义文化范畴，认为"孩子在与消费相关的知识、技能和态度方面影响他们的父母"（Ward，1974），而在中国发生的故事是涵盖新器物、新观念、新思潮、新知识乃至新生活方式等全方位的"文化反哺"，是"只此一地"与"只此一次"的中国体验（周晓虹，2011：109）。

国内文化反哺研究最早在社会学领域起步并发展，社会学者完成了以下三项工作。首先，理论和实证两个方面齐头并进，证明了文化反哺的必然性、普遍性以及现实意义，肯定并强调了文化反哺在当今时代维护社会正常运行乃至推动社会进步方面的积极功能（李秋洪，1991；孙云晓等，1998；周晓虹，2000，2011）。其次，从宏观（全球化、工业化、城镇化、市场化等引发的社会变迁）、中观（计划生育政策等引发的家庭结构和代际关系变迁）以及微观（信息传播技术等引发的不同年龄群体的能力变迁）三个层面，深入探究文化反哺的发生动因（陈正良，2005；弓丽娜，2004；林晓珊，2005；王培刚，2007；吴丹、蔡磊，2005）。最后，以发展的眼光从更长远的角度讨论文化反哺之后的故事，特别是文化反哺所造成的家庭乃至社会话语权力的调整以及权威结构的重塑（王凡，2005；张志刚、郑艳，2002；周晓虹，2015a）。

追本溯源，文化反哺这一概念最早受到美国人类学家玛格丽特·米德（Margaret Mead）（1987，1988）系列论著的影响，是其思想和中国文化情境相结合的产物。米德观察到，急遽的社会变迁为传统文化传承带来"深深的、人工的沟壑"（代沟），传统的"前喻文化"传承模式（长辈自上而下向晚辈教授知识）逐渐式微，新型的"后喻文化"传承模式（晚辈反过来向长辈传输新的知识）应运而生。代沟与反哺是相辅相成的两个概念，正如硬币的两面，彼此依存又彼此制约。因此，在对文化反哺研究之前，必然要对代沟有深入考察，甚至在某种程度上说，后者是前者的根本动因，前者是后者的终极指向。周晓虹的系列研究（1988，2000，2011，2015a，2017）正是站在中国社会代际鸿沟的角度思考文化反哺的独特意义。他认为，在造成社会代际鸿沟的诸多因素中，媒体（尤其是新媒体，其内涵与外延随着不同年代变化而不断变化）使用所造就的知识、观念、生活方式的差异起到巨大的作用，并且，"大众传播媒介的发展本身也可以是划分不同代际的利器"（周晓虹，2015a：321）。在数字时代，可以说社会的代际鸿沟在很大程度上具体表现为数字代沟，而与之相对应的文化反哺则主要以数字反哺的形式呈现在世人面前（周裕琼，2015）。

（二）数字反哺的发生场域

数字反哺作为代际互动，可以发生在宏观社会层面和中观群体层面，而最为常见的实现场景是在微观家庭层面。在以往的相关研究中，对于宏观和中观层面数字反哺的探讨，由于缺少科学明确的可操作化测量手段，故大多为思辨性的泛泛而谈，虽仍有其理论意义，但也仅限于讨论其社会意义和发展趋势（李凌凌、郭晨，2016；刘宏森，2013；周晓虹，2017）。而以实证方法开展的关于数字反哺的研究几乎都聚焦于家庭内部，一方面是由于微观层面数字反哺更加清晰可辨，具有更强的可操作性；另一方面则是因为数字反哺承袭于文化反哺，其最核心的作用场域就是家庭。在这里，数字反哺成为促进祖代、亲代、孙代角色扮演、关系维系、权力分配的重要手段。因此，只有以家庭为基础开展研究，数字反哺才能落到实处，应从家庭内部正在发生的"静悄悄的革命"出发，将学术的眼光延伸到中观层面的群体互动和宏观层面的社会变迁。

需要注意的是，采用家庭传播的视角来研究数字反哺不可忽视以下几点。首先，要借鉴西方已有的家庭传播研究的范式（Baxter，2014；Braithwaite et al.，2017），目的在于通过数字反哺来洞悉家庭成员对家庭的意义建构，即数字反哺不仅是目的，更是维持家庭正常运转的手段和工具。其次，对家庭传播的研究不能局限于对空间意义的考察，它更是一种关系意义上的传播活动（杨席珍，2015），它一定发生在家庭成员之间，但不一定发生在家这个物理空间中（李红艳，2022），因此，对数字反哺的测量和理解应以关系（祖孙、亲子）为主导，同时要考虑地理空间的差别（面对面实体交流与电话和网络等虚拟交流）。最后，中国的文化传统已刻在每个人的基因中，如今中国家庭也处在转型期。一方面，重血亲、讲孝道的传统"家文化"仍然作为主流意识维护着长辈们的天然权威（费孝通，2008；周晓虹，2015a）；另一方面，现代化导致的家庭的流动化与核心化必然引起代际倾斜与重心下移（风笑天，1994；刘桂莉，2005；阎云翔、杨雯琦，2017）。因此，对数字反哺的考察，必须考虑这两种趋势之间的角力，只有这样才能更深刻地理解与讲述"中国故事"。

（三）数字反哺的三个维度

鉴于数字代沟与数字反哺两个概念的互相依存性与制约性，它们的概念维度理应具有天然的对应关系。但这两个概念又有各自独立的理论源泉，前者来自传播学，后者来自社会学。因此，相同概念维度下互相对应的概念内涵可能会存在一定区别。前文我们借鉴经济学、传播学领域关于数字鸿沟的研究，提出数字代沟的三个具体维度，分别为接入代沟、使用代沟和素养代沟。与之相对应的数字反哺也应包含三个相对应的维度，但具体每个维度的内涵是什么，则应根据社会学文化反哺的研究发现予以辨识和界定。

文化反哺概念在中国落地生根后的 30 年中，研究者注意到几乎每隔 10 年，文化反哺都会依托媒介而延伸出一个新维度，从 20 世纪 90 年代的"器物反哺"到 2000 年的"技能反哺"再到 2010 年以后的"观念反哺"，实现了从有形到无形、从物质到精神的层层深入，递进式地投射到社会生活的方方面面。周晓虹于 1993 年和 1995 年开展的研究发现，家庭中父母一辈在以数字媒介为代表的新器物——VCD、音箱、寻呼机、移动电话、传真机、扫描仪、电视机、录音机等——的购买与使用方面几乎没有发言的余地。从 20 世纪 90 年代开始在中国普及的个人计算机，更是让父母遭遇了"滑铁卢"：对于怎么买、买什么好等问题，往往是孩子占主导地位，子女开好"配置单"，父母只管掏钱。年青一代成为中国家庭数字化进程的领军人。进入 21 世纪后的第一个 10 年，互联网的发展和普及引起更多学者对文化反哺现象的关注，学者注意到存在技能层面的反哺。杨立、郜键（2002）通过对南京市大学生进行调查研究，发现在电脑及网络的操作和使用能力方面，子女明显优于父母，而且出现了很多由晚辈向长辈教授数字技能的情况。刘长城（2010）也通过研究得出相似的结论，认为在数字媒介的使用过程中，青少年依靠对父母的数字技能反哺，确立了自身在家庭亲子互动中的主导性地位。最近10年，数字媒介已然上升为“宰制性”的社会力量，而在数字化社会成长并熟谙数字媒介的年轻人必然成为社会潮流的创造者和引领者。所以，年轻世代对年长世代的反哺也从行为上升到观念、从生活方式上升到思维方式。观念的反哺多种多样，其中就包括潮流的反哺，在既往的研究中潮流反哺往往被操作化为流行语（陈云松等，2017；周裕琼，2014）、表情包（陆瑶、王思宇，2018）和网络常用语（赵呈晨，2018）的反哺。但是，如果从长远来看，促使年长世代理解并融入数字社会，不能仅仅靠符号化的潮流反哺，而是必须通过数字素养的反哺全方位提升他们的自我效能感（万丽慧等，2018）。

综合前文对数字代沟的概念化（数字接入代沟、数字使用代沟、数字素养代沟）与文化反哺的已有研究成果，我们提出数字反哺的三大维度，即数字接入反哺、数字技能反哺、数字素养反哺，分别对应数字代沟的三大维度（见图3-5）。

图 3-5　数字反哺与数字代沟的维度对应关系

由于缺少概念化的工具和可操作化的指南，既往的数字反哺研究无论是数量还是质量都存在较大的局限。我们相信，图 3-5 能够弥补数字反哺概念化的不足。与此同时，在操作化层面，我们注意到既往研究普遍存在的两个问题，并提出我们的解决方案。首先，出于调查的便利性考虑，加之研究者本身多为中青年，过去的研究大多从年轻人的视角观察反哺，无论是问卷调查还是深入访谈，大多以年轻世代数据为基础展开分析，体现了年轻世代的主观感受，但这种研究从本质上来说反映的是"给出去的反哺"（年轻世代声称或自认为自己对年长世代的反哺）。我们的研究则同时调查年轻世代和年长世代，并且以前者为辅，后者为主，重点考察"接受到的反哺"（年长世代真实接受到的来自年轻世代的反哺）。其次，过去的研究大多只局限于亲子两代（青少年对中年家长的反哺），无视了老年人这一最需要数字反哺的人群存在，这也与传统中国家庭常见的三代同堂的社会现实不符。在中国的实际情境下，即使家庭中的子女组建了新的核心家庭，其父母依然会深度参与到子女的家庭生活中，所以也就出现了隔代家庭、留守家庭、临时主干家庭等新型家庭结构。加之中国家庭内的隔代亲的传统，祖辈与孙辈这一隔代组合特别值得我们关注。所以，我们将研究对象划分为祖代（约等于老年人）、亲代（约等于中年人）、孙代（约等于青少年），穷尽家庭代际组合，分别考察并对比祖—亲、亲—子、祖—孙三种对应关系中的数字反哺情况。

本章小结

本章首先论述了研究的价值取向，提出要以"对比"和"对话"兼顾的双重视角来看待数字社会中的代际差异与互动。唯有如此，才能跳出"老年歧视"的现代化陷阱，将年长世代与年轻世代结合起来，以一种全人口全生命周期的思维方式求解当前中国老年数字融入问题。作为承上启下的一章，我们在文献回顾的基础上，完成了代、数字代沟、数字反哺的概念化与操作化，实现了从数字鸿沟到数字代沟，从文化反哺到数字反哺的理论创新。

在老龄化与数字化双重影响下的中国社会，呈现过往从未有过的景象。在"数字原住民"所引领的新媒体浪潮中，中年"数字移民"亦步亦趋，而老年"数字弱势群体"则被日益边缘化。不同世代在媒介素养（尤其是新媒体素养）上的巨大差距，使系统性的社会排斥随处可见：小到打车抢红包、大到看病交朋友，不断遭遇数字排斥的年长世代可谓举步维艰。因新媒体接入和使用差距所导致的知识、文化乃至价值观差异，不仅引发家庭亲子间的摩擦与矛盾，也诱发社会群体间的误解与冲突。家长抱怨孩子沉溺于网络，孩子嘲笑家长是技术白痴；老人批评年轻人刷手机不让座，年轻人吐槽大妈跳广场舞扰民。无论是在家庭还是社会层面，既有的伦理关系与权力结构被挑战、被消解、被颠覆，失衡无序成为一种常态。

人口老龄化与生活数字化之间的矛盾注定无解吗？如果我们跳出人口统计的陷阱，聚焦于不同世代日常的传播实践，不难发现其中孕育着勃勃生机。代与代之间围绕新媒体采纳与使用展开的互动，尤其是年轻世代对年长世代在新媒体技能、知识以及与之相关的流行文化和价值观上的反哺（数字反哺），为数字代沟的弥合创造了机遇。如何在家庭、社区乃至国家各层面建立灵活有效的反哺机制，以"润物细无声"的方式弥合数字代沟，提高全社会媒体素养、促进家庭和睦与社会和谐，正是本书所要解决的终极命题。

第四章　研究设计

第一节　研究过程

虽然与本书相关的课题"数字代沟、数字反哺与老龄化社会媒体素养提升研究"（16BXW048）获得国家社科基金立项的时间是 2016 年，但早在 2012 年，我们就开始了相关的探索。此后 10 年，我们在这片学术土壤中"精耕细作"，先后进行了大大小小的十余项研究，发表中文 CSSCI 期刊论文 10 篇，Q1 区 SSCI 期刊论文 2 篇，ICA 顶级会议论文 2 篇，《人民日报》和《光明日报》署名文章 2 篇，在国内新闻传播学术界开创了一个新的研究热点。数字代沟与数字反哺现象不仅被传播学者广泛讨论（洪杰文、李欣，2019；李彪，2020；朱秀凌，2018b），也引发人口学（陆杰华、韦晓丹，2021）、社会学（王斌，2019）、经济学（于潇、刘澍，2021）等不同领域学者的关注，中国特色的代际互动和家庭传播对老年数字融入的正面影响被反复证实。

我们的系列研究时间跨度大、混合方法多，每个阶段的研究目的不同，使用的研究方法也不一样。如图 4-1 所示，2012 年 1 月~2017 年 8 月是早期的探索研究阶段。其间，我们组织了 1 次针对深圳老年人的配额抽样调查，进行了 2 次小规模的家庭亲子配对调查，并在深圳 BH 社区开展了老年人新媒体工作坊，还穿插了大量深入访谈和对朋友圈信息的内容分析。通过前期探索，摸底中国家庭的数字代沟与数字反哺情况，了解当代老年人对新媒体的认知、态度和采纳使用行为。

2017 年 9 月~2019 年 8 月是核心研究阶段。其间，我们开展了全国祖孙三代家庭问卷调查，收集了 54 个城市共 948 个家庭的 3282 个样本数据，以及 40 份有效的自传式家庭数字反哺报告，涉及祖孙三代共 163 位家庭成员。与此同时，在汕尾市田家炳中学开展了为期三个月的家庭数字反哺工作坊，涉及 4 个祖孙三代家庭。这个阶段综合采用量化、质化及行动研究方法，旨在勾勒中国老年人数字化生活以及家庭数字代沟与数字反哺的全貌，探究其影响因素与作用机制。

2020 年 4 月~2022 年 2 月是补充研究阶段。考虑到新冠疫情对中国社会（尤其是老年人）数字化进程的深远影响，我们对 226 个家庭的祖孙三代进行了追加调查，考察疫情期间的数字健康代沟与数字健康反哺。与此同时，针对上阶段研究发现展开对策研究。我们还积极接受媒体访问、发表公开演讲，让学术成果转化为社会认知、服务于社会实践，尝试提出数字适老的中国方案，建构具有中国特色的老龄化传播体系。

与纵向/时间维度相交叉，我们也在横向/空间维度上沿着家庭—社会—国家的路径层层递进地展开研究。

在家庭层面主要进行实证研究。量化部分包括 4 次小规模的问卷调查以及 1 次全国性调查。数据用于计算中国家庭的数字代沟指数、描述中国家庭的数字代沟及数字反哺状况，然后

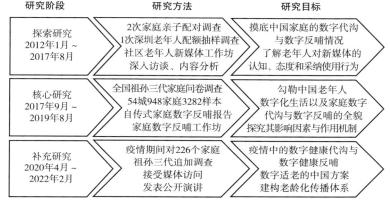

研究阶段	研究方法	研究目标
探索研究 2012年1月~ 2017年8月	2次家庭亲子配对调查 1次深圳老年人配额抽样调查 社区老年人新媒体工作坊 深入访谈、内容分析	摸底中国家庭的数字代沟 与数字反哺情况 了解老年人对新媒体的 认知、态度和采纳使用行为
核心研究 2017年9月~ 2019年8月	全国祖孙三代家庭问卷调查 54城948家庭3282样本 自传式家庭数字反哺报告 家庭数字反哺工作坊	勾勒中国老年人 数字化生活以及家庭数字 代沟与数字反哺的全貌 探究其影响因素与作用机制
补充研究 2020年4月~ 2022年2月	疫情期间对226个家庭 祖孙三代追加调查 接受媒体访问 发表公开演讲	疫情中的数字健康代沟与 数字健康反哺 数字适老的中国方案 建构老龄化传播体系

图 4-1 研究阶段、方法及目标

进行假设检验与模型建构，考察数字代沟与数字反哺背后的影响因素。另外，辅以深入访谈、自传式家庭数字反哺报告的质化材料，生动呈现反哺之后的故事。

在社区层面主要开展行动研究。我们联合腾讯研究院，在经济发达地区（深圳）与落后地区（汕尾）开展数字反哺试点工作，开设系列化新媒体工作坊，并与社区/学校管理人员合作进行数字反哺的入户干预。经过半年左右的实践，对老年人数字融入的效果以及家庭内数字代沟、数字反哺与亲子关系进行评估，并结合访谈与座谈数据，总结出可供推广的经验。

在国家层面主要进行对策研究。综合分析国家统计局、民政部和中国互联网络信息中心等机构公布的统计数据，从战略上讨论数字代沟与数字反哺给老龄化社会带来的挑战与机遇。具体研究国家政策、行业规范、社区保障等领域的新动向，寻找适合中国国情的全社会数字融入路径。

下面，我们将对每个阶段的研究设计进行详细介绍，具体的研究发现将在后面的章节详细阐述。

第二节　探索研究阶段

一　2012 年的首次尝试——静悄悄的革命

机缘巧合之下，笔者在 2012 年指导本科生做了一个与数字代沟和数字反哺相关的毕业设计，从此与这个选题结下了不解之缘。在那段时间，智能手机开始普及，使用手机上网成为年轻人的一种风尚。从 CNNIC 当年发布的报告可以看到，在 5.28 亿网民中，10~29 岁（主要是 80 后、90 后）的占比接近六成，而在 3.88 亿手机网民中，80 后和 90 后所占的比例更高（CNN-IC，2012）。除了智能手机，Mp3、Mp4、iPod、平板电脑（如 iPad）等新型的电子媒体百花齐放，数字化生活已经成为社会中大多数人实实在在的生活体验。正是在这种大背景下，我们注意到年轻人和中老年人在数字设备采纳和使用上的巨大差异。在前期访谈中，年轻人纷纷表示，自己才是数字时代的弄潮儿，而父母一辈全都"out"了。新媒体似乎正在家庭内部掀起一场"静悄悄的革命"，现实果真如此吗？未来又将何去何从？我们决定在深圳做一次探索性的调研。

之所以选择深圳，除了地理上的便利性，也由于这座城市有代表性。作为首个国家创新型城市，深圳新媒体产业发展与应用在全国遥遥领先。早在 2010 年，深圳的互联网普及率就达到 78.37%，网民规模达到 698.5 万人，其中手机网民占网民总数的 72.8%（深圳市网络媒体协会，2010）。深圳的数字化程度如此之高，与人口的年轻化有着密切关系。深圳是全国最年轻的城市，1980 年以后出生的一代是深圳人口的主体。因此，在深圳家庭中，不断上演着数字代沟与数字反哺剧目。对深圳的研究，能够帮助我们管窥中国家庭未来的变化趋势。

调查于 2012 年 1 月开展，在深圳 6 个行政区（南山、福田、罗湖、宝安、龙岗、盐田）的书城、培训中心、图书馆、学校门口等家长和子女较多成对出现的地点，以便利抽样的方式发放问卷给家庭内的亲子两代成员。最终成功访问 200 个家庭，样本中，亲代中有 116 个父亲、84 个母亲，子代中有 77 个儿子、123 个女儿。表 4-1 为受访家庭中亲代和子代的年龄、受教育程度、每月收入的分布情况。

表 4-1　2012 年调查受访家庭（n = 200）中亲代与子代的人口特征

单位：%

亲代年龄		子代年龄	
50 后	8.5	80 后	37.5
60 后	63.3	90 后	52.0
70 后	28.1	00 后	10.5
受教育程度		亲代	子代
大学及以上		23.1	56.0
大专		25.1	3.0
高中		33.3	23.5
初中及以下		18.5	17.5
收入		亲代	子代
无收入		6.4	76.3
≤2000 元		4.8	9.6
2001~4000 元		14.9	4.0
4001~6000 元		17.6	1.5
6001~8000 元		21.8	5.1
8001~10000 元		17.6	2.0
≥10000 元		17.0	1.5

问卷共有 35 个题目，分成四部分：（1）亲子两代新媒体采纳和使用情况，这一部分主要用于分析家庭的媒介生态和媒介使用特征，以及家庭内部与家庭之间媒介使用的代际差异；（2）与新媒体有关的亲子互动（哺育与反哺）情况，包括三个方面，分别是家庭媒介的购买权分配、亲代与子代对于新媒体使用的态度、亲代与子代关于新媒体学习与家庭内部话语地位改变的态度认知；（3）文化反哺对家庭内亲子关系和权力分配的影响，通过对两代人对网络流行语的了解程度进行调查，来分析新媒体对家庭成员的具体影响；（4）受访者的个人情况，包括性别、户籍、居住地、年龄、受教育程度、职业、收入。问卷分为父母和子女两个版本，在结构和内容上基本相同，但在一些问题的措辞上会根据各自所扮演的家庭角色进行调整。比如，问子代"你一般教父母哪方面的新媒体知识"，问亲代则是"您一般向孩子请教哪方面的新媒体知识"。

二 2015 年的再次尝试——同一个家庭，不同的微信

在 2012 年首次研究数字代沟与数字反哺时，我们将互联网、智能手机、平板电脑等都囊括在新媒体的范围内。三年之后，我们注意到，微信已经成为一种"宰制性"媒体，并独领风骚。当时微信每月活跃用户已达到 5.49 亿人（腾讯，2015），而全国网民人数也不过 6.68 亿人（CNNIC，2015）。此外，微信功能的扩充和完善，也让人们可以通过微信享受更多的数字化便利。当时，微信还是一个非常"年轻化"的媒体，用户平均年龄只有 26 岁，97.7% 的用户在 50 岁以下。作为一个正在兴起的"全民应用"，微信的光芒能否覆盖到中老年群体？年

轻世代又该如何帮助他们的父母使用微信？我们决定用调研数据回答上述问题。

这一次，我们的研究对象不局限于深圳，而是根据地域、两代人的年龄和受教育程度、家庭收入等因素，利用滚雪球的方式选择性地添加了 126 个家庭（子代均为在校大学生）中亲子两代的微信，共计 271 人作为此次研究的样本，此项工作相对比较烦琐，用了近 2 个月才陆续完成。在全部样本中，父亲 33 人，母亲 112 人，儿子 42 人，女儿 84 人。这些大学生（20 岁左右）以及他们的父母（40~60 岁）正好形成了"数字原住民"和"数字移民"的对比，为我们提供了一个较为典型的数字代沟样本。大部分家庭只添加了一位亲代（父亲或母亲）的微信，有 19 个家庭同时添加了父亲和母亲的微信，后者被拆分为两对亲子家庭（父亲与儿女、母亲与儿女）。最终，得到 145 个亲子配对家庭，表 4-2 为样本家庭中两代人的年龄、受教育程度的分布情况，表 4-3 为样本家庭所在城市等级和是否为独生子女家庭的分布情况。

表 4-2　2015 年调查样本家庭中亲代与子代的人口特征

单位：%

年龄	亲代（$n=145$）	子代（$n=126$）
31~40 岁	1.4	
41~50 岁	53.8	
51~60 岁	44.8	
18~25 岁		57.9
25~30 岁		42.1

受教育程度	亲代（$n=145$）	子代（$n=126$）
初中及以下	2.1	
高中	24.8	
大学本科	66.9	65.5
硕士研究生	6.2	34.5

表 4-3　2015 年调查样本家庭（$n=126$）的特征

单位：%

所在城市等级	占比	独生子女情况	占比
一线城市	20.0	独生子女	73.5
二线城市	33.1	非独生子女	26.5
三线城市	46.9		

数字代沟与数字反哺

首先，我们对样本家庭亲子两代在 2015 年 2 月和 3 月发布的共计 5609 条朋友圈进行了内容分析。编码类目包括：发布朋友圈的数量、朋友圈内容种类（健康养生类、知识教育类、鸡汤哲学类、爱国相关类、生活心情类、新闻评论类、娱乐消遣类、广告消费类、音乐分享类、亲情友情类、美食烹饪类和其他类）、是否原创、若为转发是否有添加评论、原创形式（纯文字、纯图片、图文并茂、小视频）、亲子有无互动、互动形式（点赞、评论、点赞并评论）、评论形式（文字、表情、文字加表情）以及有无被删帖（发布者删帖、被举报删帖、被封号）。

其次，再邀请上述 271 人填写问卷，问卷分为亲代和子代两个版本，参照 2012 年的亲子调查问卷，并根据此次调研对象进行了相应的修改。两个版本的问卷都涉及微信使用情况、互动情况、对亲子关系的评价、微信使用对家庭权力关系的影响、家庭情况、人口统计学变量。亲代问卷共 36 个题目，子代问卷共 28 个题目。

考虑到以自我报告为主的问卷调查必然会受到主观规范（尤其是社会期许）的影响，因此，我们在 2015 年的研究中，有意识地将问卷调查数据与朋友圈内容分析数据互相对比、印证。前者反映主观感知的数字代沟与数字反哺，后者则体现客观存在的数字代沟与数字反哺。在 2015 年，微信朋友圈是向微信好友全面敞开的，这也让我们得以翻阅并保存受访者发布的所有朋友圈信息（已征得受访者同意）。微信于 2017 年开始陆续推出"最近三天可见""最近一个月可见""最近半年可见"功能，之后的研究者很难像我们在 2015 年那样看到受访者的全部朋友圈信息，这也使我们收集到的数据显得尤为珍贵。

三　2016 年的第三次尝试——数字弱势群体的崛起

前两次调研并没有真实地接触到老年人，一方面是因为研究老年人很困难，同一份问卷，老年人填写起来花费的时间是年轻人的几倍；另一方面是因为我们作为中青年学者，很难做到年龄上的价值中立，会天然地重视年轻人的看法，而忽视老年人的需求。我们认为，年轻世代的经验可以在年长世代中推而广之，但事实并非如此。站在老年人的立场上，智能手机是不是确有必要，数字融入到底有哪些困难，这些都是需要我们反思的问题。于是就有了聚焦老年人的第三次尝试。本次研究于 2016 年 8 月开始，一直到 2017 年春节前才完成全部调查。其间，我们开展了深圳老年人问卷调查，并对一部分受访者进行了深入访谈，另外，还在小区内组织了为期两个月的新媒体工作坊，教老年人使用智能手机。

(一) 问卷调查

针对老年人的新媒体调查，除了要考虑便利性因素，还要考虑调查城市的老年群体对新媒体的认知和使用程度，否则很难接触到足够多的有效样本。已有关于老年人与新媒体的问卷调查，基本是在上海、北京、哈尔滨等（吴信训、丁卓菁，2011；张硕、陈功，2013；甘勇灿、盖龙涛，2013）大城市进行。深圳作为一座创新之城、移民之城，吸引了大量的年轻人来此工作、打拼、定居，而他们的父母则像候鸟一样周期性地往返于家乡与深圳，一般开学过来深圳带孙辈，寒暑假回老家。我们相信，这些"老漂"在深圳的新媒体体验极有可能被带回故乡，影响那里的老年人。因此，在深圳的研究发现未来有可能在全国范围内逐渐推而广之。

调查采取配额抽样，按照当年深圳官方数据中的老年人性别（男女比 48.5：51.5）和年龄结构（60~64 岁占 41.0%，65~69 岁占 26.5%，70~74 岁占 14.3%，75~79 岁占 9.7%，80 岁及以上占 8.5%）等比例进行配额抽样（深圳政府在线，2016），并于 2016 年 12 月~2017 年 1 月开展调查。其间，调查团队（深圳大学研究生及本科生）走访深圳各地的公园、广场、社区等老年人聚集场所，完成了对 208 位老人的面访，另外还通过子女线上代老人填写问卷的方式完成了 105 份问卷，总计完成了 313 份问卷。剔除掉 33 份无效问卷，最终得到 280 个有效样本，其年龄结构符合官方数据，但男女比（52.5：47.5）略高于官方数据。有必要指出的是，类似的非随机抽样数据在进行回归分析时，可以分析样本中不同变量之间的关系，但这些关系能在多大程度上推及总体则取决于样本的代表性（Backer et al.，2013）。2016 年调查因客观条件所限，未能实现完全的随机抽样，而是采用配额加便利抽样。为了使样本更好地匹配总体，我们根据官方公布的性别比和年龄比例，推算出两者的联合分布，在此基础上对样本进行总量不变（$n = 280$）的加权处理。受访者的具体情况如表 4-4 所示。

表 4-4　2016 年调查受访者的情况 （$n = 280$）

单位：%

项目	选项	占比
性别	男	48.5
	女	51.5
年龄	60~64 岁	41.0
	65~69 岁	26.5
	70~74 岁	14.3
	75~79 岁	9.7
	80 岁及以上	8.5
收入	2000 元以下	35.0
	2001~4000 元	36.9
	4001~6000 元	15.8
	6001~8000 元	4.5
	8000 元以上	7.8
（退休前）职业	公职人员/事业单位	36.4
	企业管理人员/职员	13.0
	工人	13.7
	农民	25.7
	个体户	8.8
	其他	2.4

项目	选项	占比
受教育程度	小学及以下	33.1
	初中	21.3
	高中/中专/技校	22.1
	大专	10.8
	本科	12.0
	硕士及以上	0.7
婚姻状况	已婚/同居	80.9
	离异/鳏寡/分居/未婚	19.1
健康状况	非常差	2.4
	比较差	11.8
	比较好	59.2
	非常好	26.6
子女户籍	深户	72.1
	非深户	27.9

2016 年的调查问卷共含 27 个问题，主要包括以下四个方面。

客观因素。包括性别、年龄、收入、（退休前）职业、受教育程度、婚姻状况等常见的人口统计学变量，还询问了健康状况以及子女户籍（深圳市民政局数据显示，深圳 79.8% 的常住老年人没有深圳户籍，所以子女的户籍比本人户籍更能体现其城市融入程度）。

微信的主观感知因素。这里借鉴祝建华与何舟（Zhu and He，2002）所提出的 PCI、PPI、PNI 概念，结合微信则变成PCW、PPW、PNW。在预调查时，我们试图询问受访老人对微信特征（优越性、兼容性、易用性、效果可观察性、社会地位）、风行程度、需求的感知，发现大多数老年人对 PNW（需求）相关问题很费解，不能给出明确的回答或乱答。所以，最终调查所使用的问卷中取消了这个变量。来自 280 个样本的正式调查数据显示，对微信特征感知的五个维度中，优越性、兼容性、易用性可合成一个变量 PCW（Cronbach's α = 0.778），在五级量表上，该变量的均值为 3.21（SD = 0.93），受访者对微信特征的感知稍倾向于正面。对微信风行程度的感知（PPW）的均值为 3.52（SD = 1.17），受访者认为微信在同龄人中比较流行。

微信采纳。除了用二分法（58.4% 的采纳者与 41.6% 的非采纳者）体现受访者的微信采纳状况，我们针对未使用微信的老年人，进一步询问他们是否知道微信；针对采纳者，则进一步记录了他们首次使用微信的时间。

微信使用。对于已经开始使用微信的老年人，记录每天使用微信的时长、频率，同时还询问了他们对 19 项微信常用功能的使用娴熟程度（见附录 1 Q14），分为"不会用""用得不熟""用得很熟"三个选项，分别计为 0 分、1 分、2 分，将 19 项功能的分值相加获得一个综合变量娴熟度（Cronbach's α = 0.997），其理论最高值为 38 分（所有功能都用得很熟），最低值为 1 分（只会使用一项功能且用得不熟）。受访者的最高值为 38 分，最低值为 2 分，均值为 20.75 分（SD = 8.60），基本符合正态分布。

（二）深入访谈

在调查过程中，我们很清楚地感受到，老年人的思维方式与年轻人存在很大差别，很多对于年轻人来说很直白的表述，对于老年人来说则是听起来云里雾里，而且老年人似乎更喜欢倾诉，经常就一个话题自顾自地打开话匣子。因此，对老年人的研究，除了问卷调查，一定要配合以深入访谈。在问卷调查结束后，我们又选取了非采纳者、轻度使用者、中度使用者、重度使用者等不同类型的老年人共计18位进行了深入访谈，了解老年人的真实所想。

（三）新媒体工作坊

卜卫（2014）曾经呼吁研究者走出书斋，从事行动传播，赋权边缘群体，老年人正是数字社会的边缘群体。在老年研究中，走入社区、展开行动，既可以学术观照社会，又能提高数据采集的质量。因此，我们决定以新媒体工作坊的形式教老年人使用微信，在此过程中与他们建立合作伙伴关系，深入观察新媒体对老年人的影响。

通过前期摸底，我们发现不少社区都与公益团队合作开展过面向老年人的微信教学活动，但大多时间不固定、频率不高、学员经常变动，对老年人的帮助有限，也不利于研究者长期观察。所以我们决定以社区学习小组的方式，开展周期性的新媒体工作坊教学。我们选取了深圳的 BH 社区开展工作坊，该社区尚未开设过老年人微信课。该社区面积0.7平方公里，内有6个住宅小区，业主多为30~40岁的中产阶级白领，而老人则大多是从老家过来帮儿女照顾孙辈的随迁老人。在社工的帮助下，我们通过线上线下两种方式发布了招募广告，线上通过社区居民 QQ 群进行文字宣传，线下由课题组成员到老年活动中心和广场进行推介，最终吸引了 5 位老人前来上课（55～80 岁）。在 2016 年 8～9 月，进行了 11 次授课，每节课程结束后记录老人遇到的困难，完成田野笔记。在全部课程结束后，又对学员进行了深入访谈。

第三节　核心研究阶段

在探索研究阶段，我们既对亲子两代（青年人、中年人）进行了调查，也针对老年人开展了专项的调研；我们既进行了全国性的滚雪球抽样，也针对深圳的人口特征展开了配额抽样；我们既制定出成熟的代际配对问卷，也针对中国老年人的新媒体使用情况开发了信效度俱佳的量表。随着研究经验的不断累积，我们认为，是时候进行覆盖全国、横跨三代的大型解释性调查了。我们与近年来一直致力于数字适老研究与实践的腾讯研究院达成合作，在他们的支持下完成了全国祖孙三代家庭的问卷调查，以及家庭数字反哺工作坊的行动研究，并于 2018 年 7 月面向社会发布了科普版的研究成果（具体参见我们共同发布的报告《吾老之域：老年人微信生活与家庭微信反哺》）。

一　全国祖孙三代家庭问卷调查

（一）设计思路

由于仅从事过小规模样本调查，全国范围的调查对我们来说是不小的挑战。在已有的关于数字代沟和数字反哺的研究中，大多采用问卷调查（杨立、郜键，2002；江宇，2008；周裕琼，

2014；黄志坤等，2014；Correa，2015；朱秀凌，2015，2018a；Cáceres and Chaparro，2019；Nelissen and Bulck，2018），少量采用质化访谈（张煜麟，2015；朱丽丽、李灵琳，2017）。但普遍存在一些问题。首先，研究的规模较小，多局限于某座城市、某个社区、某所学校，且样本一般不超过 500 个。其次，研究对象单一，大多集中于学生群体。再次，通常是"就地取材"，以滚雪球便利抽样的方式寻找样本，如涉及父母，也大多是由学生代填问卷，很少进入家庭采集中老年人的一手数据。包括我们的探索调查在内，所有从学生群体出发的调研，都只关注了亲子两代的代沟与反哺，仅涉及青年人和中年人，将真正的老年人排除在外，并且遗漏了三代同堂这种典型的中国家庭内部的"隔代亲"反哺现象。为了弥补这个缺陷，我们的调查决定以老年人为抽样的原点，根据老年人（祖代）来抽取家庭，然后再辐射到中年人（亲代）和青年人（孙代）。

中国有关老年人的调查及研究主要集中在人口学领域，最有影响力的当属由北京大学健康老龄与发展研究中心组织的中国老年健康影响因素跟踪调查（China Longitudinal Healthy Longevity Survey，CLHLS），以及由中国人民大学中国调查与数据中心组织的中国老年社会追踪调查（China Longitudinal Aging Social Survey，CLASS），我们参考它们进行了配额抽样和问卷设计。

（二）城市抽样

本次调查的抽样分为三个阶段。第一个阶段综合考虑经济发展水平、人口数量和地理位置，确定配额，共抽取 54 个城市。第二个阶段在每个城市中根据人口的年龄和性别分布，确定配额，抽取符合条件的老人，而这个老人所在的家庭就成为样本户。第三个阶段，调查员入户，调查该家庭中祖孙三代成员。

大量研究证明了经济发展和数字接入之间的关系（Hargittai，1999；Norris，2001），宏观层面数字鸿沟产生的根源在于地区之间经济发展水平的不平衡（柯惠新、王锡苓，2005）。地区经济发展水平的落后会导致技术接入和数字思维的落后，反之，经济发达地区的人们则更容易也更愿意融入数字化生活。所以，首先将城市的经济发展水平作为第一个阶段抽样的依据，另外综合考虑人口数量以及城市地理位置等因素，把全国（22个省、4个自治区、4个直辖市；不包含西藏、港澳台）的城市划分为东部、中部、西部三个区域，并建立抽样框，从中抽取4个一线城市（北京、上海、广州、深圳）、8个二线城市（福州、石家庄、哈尔滨、武汉、太原、西安、成都、重庆）、14个东部普通城市（分别来自广东、福建、浙江、山东、河北、辽宁）、21个中部普通城市（分别来自湖南、湖北、江西、安徽、山西、河南、黑龙江）和7个西部普通城市（分别来自广西、贵州、四川、内蒙古）（见表4-5）。

表4-5 各抽样框抽样城市数量

单位：个

抽样框	城市类型	城市数量
1	一线城市	4
2	二线城市	8
3	东部普通城市	14
4	中部普通城市	21
5	西部普通城市	7
共　计		54

（三）入户调查

本次调查以调查员上门入户的方式进行。确定样本城市后，在深圳大学招募来自该城市的研究生，同时也在该城市本地的大学进行招募，总计 65 位调查员，并在 2017 年 12 月进行了两轮集中培训。我们要求每位调查员根据预先给定的性别（1：1）和年龄（根据全国人口统计数据指定）配额，在当地选取 20 位符合条件的老年人（55 岁以上），调查他们及所在家庭成员。进入三代家庭后，原则上祖代（老年人）需全部访问，其他每代至少访问 1 个，如受访者愿意配合，则应尽可能访问家庭所有成员。二代或四代家庭也以此类推。

根据受访者在家庭中扮演的不同角色，我们设计了三个版本问卷。其中，问卷Ⅰ为老年版问卷，由家庭中 55 岁以上祖代填写；问卷Ⅱ为中年版问卷，由亲代填写；问卷Ⅲ为青年版问卷，由二代家庭中的子代、三代家庭中年满 14 岁的孙代填写。老年版问卷见附录 2。

本次问卷调查范围广、样本大，且需要调查员进入家庭内部访问多名成员，调查难度非常大。所以，调查集中于春节期间（2018 年 1～3 月）开展，在阖家团圆之际，调查员最容易接触到一个家庭中的各代人。在具体操作过程中，祖代和部分不会上网的亲代由调查员持纸质版问卷逐一询问，并代为录入系统，其他受访者则在调查员的辅助下完成在线问卷。2018 年 4～6 月，我们针对样本量不足的地区进行了补充调查。最终收回 954 个家庭（拒访率为 17.8%）共计 3291 份有效问卷，其中，老年版问卷（问卷Ⅰ）1475 份，中年版问卷（问卷Ⅱ）611

份，青年版问卷（问卷Ⅲ）1205 份。经过整理后，老中青三个年龄段的样本数分别为 953、1155、1174；如果按照家庭角色分类，则祖代、亲代和孙代样本数分别为 1103、1420、759。

为了以对比和对话的双重视角来研究家庭成员之间的代沟与反哺，我们需要建立长辈和晚辈的一一对应关系。所以，我们对这些样本进一步根据不同的家庭角色进行拆分配对，形成 3479 个一对一的组合，包括 674 个祖孙隔代配对和 2805 个亲子邻代配对。考虑到子代的年龄从 14 岁横跨到 55 岁，所以我们再进一步将亲子邻代配对按照子代年龄区分为中高龄亲子配对（40 岁及以上中年人和其父/母）、中低龄亲子配对（14 岁以上、40 岁以下青年、少年和其父/母）。最终用于分析的组合为：674 个祖孙隔代配对，958 个中高龄亲子配对，1847 个中低龄亲子配对。

（四）问卷设计

1. 个人因素

（1）个人特征

在 954 个家庭中，所有受访者基本的人口学特征（性别、年龄、受教育程度等）如表 4-6 所示。

（2）身心特征

随着年龄的增长，老年人的生理及心理状态也会逐渐下滑，进而影响到数字融入的程度（张硕、陈功，2013）。在老年版本的问卷中，我们参考 CLHLS 调查和 CLASS 调查中关于老年生理健康评估的量表，将其精简为 6 个问题，以测量受访者自评的

表 4-6　受访者的基本人口学特征

单位：%

		问卷 I	问卷 II	问卷 III
城市等级	一线城市	9.8	6.8	10.9
	二线城市	12.3	14.4	12.4
	东部普通城市	25.7	24.5	26.0
	中部普通城市	42.1	42.4	41.0
	西部普通城市	10.1	11.9	9.7
性别	男	47.9	48.4	46.4
	女	52.1	51.6	53.6
年龄	14~20 岁	—	—	41.8
	21~30 岁	—	—	52.5
	31~40 岁	—	6.7	5.1
	41~50 岁	—	68.7	0.6
	51~60 岁	35.3	24.1	—
	61~70 岁	32.7	0.5	—
	71~80 岁	24.5	—	—
	80 岁以上	7.5	—	—
受教育程度	小学及以下	37.8	12.9	1.5
	初中	27.2	28.2	12.1
	高中及中专	22.2	31.6	17.3
	大专及本科	12.3	25.2	57.3
	研究生及以上	0.5	2.1	11.8
样本数		1475	611	1205

健康状况、相对健康状况、视力、听力、行动能力、认知能力（见附录 2 问题 B1~B5、B8）。

心理健康方面涉及的主观幸福感，采用 Likert 五级量表测量，其中包含 18 个问题（见附录 2 问题 B9），用以测量自我完满感、生活满足感、家庭适宜感三个维度的幸福感（鲍谧清、阮海莹，2014）。经检验，Cronbach's α 系数为 0.839，信度良好；*KMO* 值为 0.913，Bartlett 球形检验结果显著。因子分析显示，上述 18 个问题按照理论预期体现在三个维度上，效度良好。

（3）社交情况

参考了相关研究的分类（包括广场舞、运动、书法绘画等），分别测量老年人与他人交往以及参与社会活动的频率（见附录 2 问题 B6、B7）。

（4）感知特征

对受访者对微信主观感知的测量与 2016 年调查类似，同样分三个维度：对微信特点的感知（PCW）、风行程度的感知（PPW）、需求的感知（PNW）。问题采用 Likert 五级量表（分别见附录 2 问题 C12、C11、C24），经检验，上述三个变量均具有良好信度（Cronbach's α 系数分别为 0.984、0.969、0.982），Bartlett 球形检验结果显著（*KMO* 值分别为 0.785、0.954、0.973）。因子分析显示，相关问题按照理论预期体现在三个维度上，效度良好。

（5）主观意愿

主观意愿问题主要针对数字反哺设置，在不同版本的问卷中呈现形式不同。在老年版问卷中，主观意愿是指年长世代在数字反哺过程中的学习意愿，包括"这些新事物，我想学也学不会""这些新事物，我学会了也没啥用"等 7 个问题（见附录 2 问题 D4），采用 Likert 五级量表。经检验，Cronbach's α 系数为 0.920，信度良好。在效度方面，*KMO* 值为 0.917，Bartlett

球形检验结果显著。因子分析显示，7个问题按照理论预期体现在一个维度上，效度良好。

中年版和青年版问卷则测量年轻世代对年长世代的反哺意愿，包括"我很愿意给长辈介绍新事物""我会主动提出教长辈一些新事物"等6个问题，采用Likert五级量表，经检验信度良好（Cronbach's α = 0.890）。在效度方面，*KMO*值为0.889，Bartlett球形检验结果显著。因子分析显示，6个问题按照理论预期体现在一个维度上，效度良好。

另外，年长世代接受数字反哺时可能会产生心理障碍，老年版问卷（问卷Ⅰ）和中年版问卷（问卷Ⅱ）对此进行了测量。包括"我担心他们会笑话我这也不懂那也不懂"等6个（中年版问卷为5个）问题（见附录2问题D6），采用Likert五级量表。经检验，Cronbach's α系数为0.809，信度良好。在效度方面，*KMO*值为0.708，Bartlett球形检验结果显著。因子分析显示，6个问题可提取出2个因子，体现在两个维度上（考虑自身和考虑对方）。

2. 数字代沟

（1）接入代沟

因为超高的普及率和强大的功能，微信这个"全民应用"已经成为数字化生活的代名词（中国社会科学院社会学研究所、腾讯研究院，2017）。所以，我们的调研以微信为数字化生活的准入门槛，将受访者的微信采纳程度（见附录2问题C10）作为接入代沟的计算依据。此题设置了三个选项，分别为"是""否，但知道微信""否，不知道微信"，用以区分采纳者、潜在采纳者以及非采纳者。

（2）使用代沟

这个变量涉及微信使用深度、微信社交广度以及微信使用强度三个维度。微信使用深度主要询问受访者对微信某项功能的掌握情况，这里罗列出微信的 18 个常见功能，"不会"计 0 分，"会"计 1 分，求和所得即为微信使用深度（见附录 2 问题 D8）。微信社交广度通过询问或查看受访者的微信好友数量得出（见附录 2 问题 C16）。对微信使用强度的测量借鉴了国外学者针对 Facebook 等社交媒体构建的量表（Orosz et al., 2016），并加以改进，包含十个问题（见附录 2 问题 C28），经检验，Cronbach's $\alpha = 0.875$，信度良好。

除了上述具有明确理论导向（theory-driven）的概念，针对受访者使用微信时长、信息偏好、浏览朋友圈频率等描述性问题（如附录 2 问题 C1、C15、C20、C23 等），我们也进行了调查，相关数据可以用来说明三代人在微信生活状态上的差异。此外，调查员在征得同意后，通过截屏或拍照的方式对受访老人最近发的五条朋友圈予以记录，剔除无效截图后，共获得 386 位老人的朋友圈截图。

（3）素养代沟

新媒体素养通常包含能力、知识和理解三个维度（高萍，2015）。我们结合社会背景和微信特征，将上述维度具体化为三个指标——信息评估素养（能力）、谣言分辨素养（知识）、流行文化素养（理解）——用以测量受访者使用微信以后在思维和认知上出现的变化。

在本研究中，我们通过让受访者辨别八张有关微信谣言的截图进行谣言分辨素养的测量，能分辨谣言计 1 分，不能分辨计-1分，不好说计0分，求和所得数值越高则表示此项素养越高（见附录2问题C25）。关于流行文化素养，问卷中罗列出当时社会上大热的11个网络流行词句，让受访者识别，"懂"计1分，"不懂"计0分，求和所得的数值越高则表示此项素养越高（见附录2问题D7）。关于信息评估素养，我们参照前人研究（李金城，2017），请受访者从内容、信息、社会、主观感知等四个方面评估自己的能力，总计涉及16个问题（见附录2问题C26、C27）。经检验，Cronbach's α=0.914，信度良好。在效度方面，KMO 值为0.908，Bartlett 球形检验结果显著。因子分析显示，16个问题很好地分布在四个维度上，进一步证明量表的效度良好。

3. 数字反哺

根据前文的概念化，数字反哺的三个维度与数字代沟的三个维度一一对应，分别为数字接入反哺、数字技能反哺、数字素养反哺。对数字接入反哺的测量，是在询问受访者是否使用微信的基础上，再进一步询问最早是谁教受访者使用微信的。数字技能反哺是在询问受访者是否掌握微信的各项使用功能（18项）之后，再进一步询问那些会用的人是自己学会的还是别人教会的，如果是别人教会的，具体是谁教的。数字素养反哺主要从流行文化反哺和信息素养反哺两个方面测量。信息素养反哺通过询问受访者在使用微信时，晚辈是否会提醒不要信谣传谣等（见附录2问题D9）进行测量。在流行文化反哺方面，在询问受访者是否理解11个流行词句（见附录2问题D7）的含义之后，进一步询问那些理解的受访者，是自己学会的还是别人教会的，如果是别人教会的，具体是谁教的。

最后采用主成分分析法把流行文化反哺及信息素养反哺汇聚，形成数字素养反哺值。

4. 家庭因素

本研究采用代际团结的范式与测量维度（Bengtson and Roberts，1991）——居住结构、互动强度、共同活动、代际支持及共同价值观五个方面（见附录 2 问题 E1~E5）——测量家庭关系。其中，居住结构主要考察受访者是否与家人共同居住，如不同住则询问距离多远（同一个区或县、同一个城市、同一个省内、其他省份等）。互动强度指的是与家人沟通的方式及联系频率。共同活动包含居家共同活动如吃晚饭、看电视，外出共同活动如散步、锻炼、逛街等，以此体现家庭的紧密度。代际支持包括经济支持和工具性支持两个方面，采用二分变量测量。共同价值观主要考察受访者对老年人家庭地位、孝道等传统价值观的认同程度，由 6 道问题组成，采用求和求差值的方法计算统计，代际差值越小则表示价值观越趋近相同。

二 自传式家庭数字反哺报告

数字反哺多发生在家庭这个相对封闭且隐私的场域，是家庭内部成员间的日常互动行为。作为一个"局外人"，研究者很难进入他人家庭、亲历自然条件下的反哺，遑论对反哺进行长期的观察和细致的挖掘。为了获得真实而深入的数据，我们招募研究生来完成此项研究，要求他们在给定的框架下，结合自己家庭实际情况，进行观察与感悟，撰写自传式家庭数字反哺报告。这种报告形式脱胎于质化研究方法中的自我民族志，是一种将个人与文化相联系的自传式个人叙事，既可以对个人亲身经历进行描述，也可以对个人的文化经历进行反思性说明（蒋逸民，2011）。在本研究中，自述者对反哺过程的观察、体验及感悟能在一定程度上弥补问卷调查法存在的宏观、武断等不足，达到"见森林又见树木"的目的。

我们给定的框架具体包括以下六个方面。

第一，家庭人口结构图。按照家庭树的方式绘制家庭结构，并标明家庭成员的人生履历，如出生年份、成长经历、兴趣爱好、日常生活轨迹等。

第二，家庭媒介结构图。绘制家庭的房屋结构，把家庭中的所有媒体（报纸、杂志、收音机、电视、电话、iPad、手机等）在图中标出，并介绍每种媒体的特征及使用者。

第三，家庭成员关系。家庭成员之间的互动模式、家庭氛围、亲子关系等。

第四，家庭成员对新媒体的看法，对新事物（新观念、新技术等）的看法。

第五，家庭成员围绕媒体采纳与使用产生的互动。着重关注成员之间围绕新媒体的教学行为，以及行为背后的心理动因、行为发生的具体情境、对家庭关系的影响等。

第六，印象最深刻的反哺故事。在教父母或（外）祖父母时有哪些令人感动的细节、难忘的瞬间。新媒体拉近了亲子关系还是让不同世代变得更疏远了？

我们共回收了 55 份自传式家庭数字反哺报告，经过对报告内容的严格筛查，剔除 15 份，最终保留 40 份，共来自 38 个市/县。出于隐私保护需要，我们对家庭以 1~40 重新编码，在每个家庭中，自述人性别为女性则以 D（Daughter）表示，为男性则以 S（Son）表示。家庭中父亲以 F（Father）、母亲以 M（Mother）、（外）祖父以 GF（Grandfather）、（外）祖母以 GM（Grandmother）来表示。例如，1 号家庭的祖父的编号就是 1GF。在 40 份报告中，具体的家庭成员构成如表 4-7 所示。

表 4-7　自传式家庭数字反哺报告家庭成员构成

家庭	自述人	父	母	（外）祖父	（外）祖母
1	1D	1F，49 岁，国企管理人员	1M，52 岁，工程师		
2	2D	2F，52 岁，工人	2M，47 岁，工人	2GF，72 岁，已退休	2GM，71 岁，农民
3	3S	3F，53 岁，经商	3M，53 岁，经商		
4	4S	4F，53 岁，经商	4M，50 岁，家庭主妇		
5	5D	5F，48 岁，农民	5M，44 岁，农民	5GF，70 岁，已退休	5GM，69 岁，农民
6	6D		6M，45 岁，公司职员	6GF，73 岁，已退休	5GM，70 岁，已退休
7	7S	7F，52 岁，公司管理人员	7M，52 岁，公司职员		
8	8S	8F，55 岁，个体户	8M，56 岁，个体户		
9	9S	9F，53 岁，公司职员	9M，49 岁，公司职员	9GF，89 岁，已退休	9GM，81 岁，已退休
10	10D	10F，53 岁，法官	10M，55 岁，医生	10GF，85 岁，农民	10GM，81 岁，农民
11	11D	11F，52 岁，个体户	11M，51 岁，公务员		
12	12D	12F，52 岁，经商	12M，51 岁，经商	12GF，92 岁，已退休	12GM，82 岁，家庭主妇

家庭	自述人	父	母	（外）祖父	（外）祖母
13	13D	13F，52 岁，公司职工	13M，52 岁，公司职工		13GM
14	14D	14F，51 岁，经商	14M，48 岁，经商	14GF，77 岁，农民	14GM，73 岁，农民
15	15D	15F，47 岁，公司职员	15M，48 岁，公司职员	15GF	15GM
16	16D	16F，55 岁，普通上班族	16M，54 岁，已退休		16GM，83 岁，已退休
17	17S	17F，54 岁，司机	17M，54 岁，家庭主妇	17GF，80 岁，已退休	
18	18D		18M，53 岁，农民		
19	19D	19F，48 岁，司机	19M，50 岁，家庭主妇		
20	20D	20F，55 岁，普通上班族	20M，51 岁，家庭主妇	20GF，79 岁	20GM，75 岁
21	21D	21F，50 岁，务工	21M，46 岁，务工	21GF，77 岁，已退休	21GM，82 岁，农民
22	22D	22F，49 岁，务工	22M，47 岁，务工		22GM，77 岁，农民
23	23D	23F，50 岁，经商	23M，49 岁，经商		
24	24D	24F	24M	24GF	24GM
25	25D	25F，57 岁，农民	25M，53 岁，农民		
26	26D	26F，49 岁，普通上班族	26M，48 岁，普通上班族		

数字代沟与数字反哺

家庭	自述人	父	母	（外）祖父	（外）祖母
27	27D	27F，48 岁，农民	27M，48 岁，农民	27GF，68 岁，农民	
28	28D	28F，49 岁，工人	28M，49 岁，工人	28GF，82 岁，农民	28GM，74 岁，农民
29	29D	29F，50 岁，公司职工	29M，49 岁，工厂职工	29GF，85 岁，已退休	
30	30D	30F，49 岁，务工	30M，49 岁，家庭主妇	30GF，78 岁，农民	
31	31D	31F，51 岁，警察	31M，50 岁，银行职员	31GF，78 岁，已退休	31GM，74 岁，已退休
32	32D	32F，47 岁，司机	32M，47 岁，家庭主妇		32GM，73 岁
33	33D	33F，51 岁，司机	33M，49 岁，家庭主妇		
34	34D	34F，55 岁，公务员	34M，55 岁，家庭主妇		
35	35D	35F，50 岁，经商	35M，50 岁，公司职工	35GF，75 岁，已退休	35GM，71 岁，已退休
36	36D	36F，49 岁，国企职工	36M，49 岁，国企职工		
37	37D	37F，52 岁，个体户	37M，50 岁，个体户		
38	38D	38F，52 岁，农民	38M，49 岁，农民	38GF，75 岁，农民	38GM，70 岁，农民
39	39D	39F，51 岁，自由职业	39M，52 岁	39GF，81 岁，已退休	39GM，74 岁，已退休
40	40D	40F，50 岁，务工	40M，49 岁，务工		

三 家庭数字反哺工作坊

纸上得来终觉浅，绝知此事要躬行。2016年的新媒体工作坊利用行动研究，将研究成果付诸具体实践，并总结经验反哺学术，令我们获益匪浅。但那次研究主要在社区层面展开，仅能惠及热衷于参与社区活动的老人。而我们主张，家庭才是数字代沟与数字反哺发生的主要场域。所以，有必要在家庭层面进行一次行动研究，以便更直观且深刻地了解数字反哺的发生过程、作用机制、痛点难点，并在实践中总结经验，形成可供推广的家庭数字反哺指导手册。

本次工作坊在广东省汕尾市田家炳中学开展。汕尾市地处广东省东南部，经济发展较为缓慢，同时又是处于变迁中的典型城市。之所以选择这里，一方面，是因为数字设备并未在这里普及，城市的数字生态较为落后，相较于深圳等经济发达且高度数字化的城市，在汕尾市开展工作坊具有更高的社会价值；另一方面，相较于乡镇、农村等在数字化方面过于落后的地区，在汕尾市开展研究又具有更高的可操作性。同时，在汕尾开展的工作坊还可以和之前的深圳工作坊形成对照，体现欠发达城市和一线城市之间的差异。

工作坊以中学为切入点，有以下两点原因。首先，从可操作性上来讲，我们的工作坊可以与校方的德育活动相结合，校方的支持大幅降低了志愿者招募的难度。其次，中学生这个年龄段的青少年所在家庭通常是三代同堂，是最适宜开展反哺行动的家庭类型。另外，诸如手机、电脑等数字设备的使用对于有中学阶段孩子的家庭来说，一直都是个敏感问题。家长担心孩子过度使用手机影响学习；而孩子作为数字原生代，认为家长缺乏对数字技术的理解，加之处于青春叛逆期，时常反抗家长的管教。因此，选择中学生家庭开展工作坊，还可以观察工作坊是否能促进代际互相理解，缓解家庭内部矛盾，使科技成为家庭关系的"润滑剂"。

为了尽可能激发志愿者家庭参与的积极性，除了每两周一次的教学座谈外，我们还设计了一系列辅助机制，保证工作坊的顺利开展。包括激励机制、保障机制和制约机制。

一是激励机制。针对学习目标设定奖学金、亲子基金和荣誉证书等奖励，间接促使家庭间形成良性竞争，提升参与效能。每次课后根据作业完成情况，为优秀作品的作者颁发奖学金；每次课程家庭全员到场则可以获得阶段性奖励基金，随课程深入进行奖金累加，工作坊结束后一次性发放；在工作坊系列课程结束后为志愿者家庭颁发"数字社会优秀公民"荣誉证书。

二是保障机制。尽可能提供活动开展所需的基本物质保障，为没有智能手机的老人预支亲子基金用以采购智能手机。此外，活动开展场地、课程中用到的互动道具等均由工作组提供。

三是制约机制。工作组与志愿者家庭签订合作承诺书，约定双方义务，约束双方行为，以书面形式规避可能出现的因违背约定导致工作坊中断的情况。

第四节　补充研究阶段

补充研究阶段的主要工作是疫情期间对祖孙三代家庭的追加调查。突如其来的新冠疫情加快了中国社会的数字化进程，互联网（尤其是大数据）也在疫情防控中发挥了重要作用。因为防疫的需要，越来越多人开始"触网"。截至 2020 年 12 月，全国网民人数达到 9.89 亿人，相比 2020 年 3 月增加 8540 万人。其中，50 岁及以上网民群体占比由 2020 年 3 月的 16.9% 提升至 26.3%（CNNIC，2021）。可见，互联网进一步向中老年群体渗透，与之相伴的数字代沟问题也更加凸显。

而在疫情常态化的社会背景下，健康相关的话题开始为更多人所关注，这也为我们的研究增加了一个新的角度——健康代沟。在中国，"健康"从来都是家庭的头等大事，由于受教育程度、社会经历、生活方式不同，家庭成员关于"健康"的认知、态度和行为都各不相同，这也导致"健康""养生"等成为最容易引发家庭矛盾的话题。疫情发生以来，年轻人一边吐槽长辈"不戴口罩""不洗手"等行为，一边又努力通过各种媒介（特别是新媒体）传播健康信息影响长辈，数字代沟与健康代沟在这个特殊的时期交汇在一起。探究两者之间将产生怎样的"化学反应"，正是我们开展追加调查的初衷。

疫情期间的追加调查以 2018 年全国性调查为基准，但是以孙代为核心辐射亲代和祖代，邀请深圳大学传播学院的在读本科生及研究生填写在线问卷，并访问自己的父母或祖父母。原始样本数据有祖代 232 人、亲代 386 人、孙代 762 人，总计 1380 人。剔除了部分仅有一代或二代的家庭，最终得到包含 226 个"三代同堂"家庭的样本库，两次调查的基本信息对比如表 4-8 所示。

表 4-8　2018 年调查与 2020 年调查基本信息对比

		2018 年调查	2020 年调查
抽样方式		配额抽样	便利抽样
填写方式		调查员代填	孙代自填及代填
个人样本数	祖代	1103	232
	亲代	1420	386
	孙代	759	762
家庭样本数		954	226
家庭地域分布	一线城市	9.5%	5.3%
	二线城市	12.5%	9.3%
	东部普通城市	22.5%	65.9%
	中部普通城市	48.4%	14.6%
	西部普通城市	7.1%	4.9%

2020 年的问卷设计仍参照 2018 年调查，设有老年版、中年版、青年版三个版本。其实 2018 年调查也包含健康传播相关的问题，如"是否通过微信浏览养生健康信息""是否通过微信转发养生健康信息给家人"，以及对健康谣言的评估与分享。2020 年调查则主要涉及新冠疫情所引发的认知、态度、情感、行为等变化，同时调查了新冠疫情期间祖孙三代的数字媒介使用，以及与新冠疫情相关健康信息的评估与分享等情况。

我们借用 2018 年调查对数字代沟操作化的做法，从三个层次对同一个家庭内部样本进行两两配对，考察他们在新冠疫情信息传播上的数字代沟：①祖孙代沟：（外）祖父母与孙儿女之间的代沟；②祖亲代沟：（外）祖父母与父母之间的代沟；③亲子代沟：父母与儿女之间的代沟。在具体每一个层次的代沟内部，又包含三个维度。①使用代沟，使用网站及社交媒体了解新冠疫情的频率（2 项指标，Cronbach's α = 0.886）。②素养代沟，对健康信息的评估能力（6 项指标，Cronbach's α = 0.840）和分享程度（3 项指标，Cronbach's α = 0.822）。③健康代沟：一是健康风险感知，在多大程度上认为自己面临新冠疫情的风险（10 项指标，Cronbach's α = 0.890）；二是健康效能感，在多大程度上相信自己能够有效预防新冠病毒感染（6 项指标，Cronbach's α = 0.923）；三是健康日常实践，在日常生活中采用各种方式预防新冠病毒感染的程度（6 项指标，Cronbach's α = 0.891）。

第五节　各阶段研究的联系与演进

从 2012 年起，我们的系列研究持续 10 年，耗时之久，远超最初的预期。之所以战线越拉越长，研究越做越深，一方面是因为数字化与老龄化之间的矛盾在过去 10 年间不断激化，导致数字代沟与数字反哺问题变得更加复杂，不可能通过一两次"短平快"的研究就交出令人满意的答卷；另一方面是因为每一次研究的发现都让我们产生新的灵感，推动我们迫不及待地投入到下一次研究中去。在此过程中，我们真切地体会到"学海无涯苦作舟"的艰辛与快乐。

10 年的研究分为探索研究、核心研究和补充研究三个阶段，在时序上有先后，在逻辑上也层层递进。从 2012 年调查关注新媒体到 2015 年调查聚焦微信，从早期仅关注亲子两代到后期关注祖孙三代，从研究数字代沟与数字反哺到关注健康代沟与健康反哺，时代在变，我们的研究也在不断调整，最终形成了一个较为完整的研究体系。

在此过程中，我们不断改进研究方法和测量手段。以数字代沟为例，在 2012 年问卷中，对这个概念的测量非常粗略。我们罗列了电脑、智能手机、MP3、平板电脑等 10 种新媒体，询问受访者的使用时长。虽然最终可以通过对比体现亲子两代差异，但也仅限于类别描述，无法进行更高层次的统计分析。2015 年调查聚焦于微信，全面而深入地考察了微信使用中的各种表现。比如，询问受访者"一般会使用微信的哪些功能"（罗列了 11 项），用数字大小表示受访者对微信功能的掌握程度高低；询问受访者关注的网络信息类型，考察代际兴趣偏好差异。2016 年调查则将微信好友数量引入问卷，以此体现受访者的数字社交程度。另外，还罗列了几则典型的网络谣言（如"央视沉痛发声：再不养生就晚了！"），考察老年人对于网络谣言的辨识和传播情况（见附录 1 问题 Q16），为我们后续调查数字素养提供了依据。

2018 年的全国调查充分吸取了之前三次调查的经验，在问卷设计（详见附录 2）上博采众长，将数字代沟概念化为接入代沟、使用代沟、素养代沟，其中每个"代沟"都借鉴了之前的研究成果，且做了进一步的完善。例如，接入代沟的测量就与 2016 年调查类似，但我们进一步追问未采纳者是否"知道微信"，以此来区分潜在采纳者和非采纳者。在使用代沟方面，我们将其操作化为使用深度、社交广度、使用强度三个维度。其中，对于使用深度的测量就与 2015 年调查中询问常用功能相同，只不过由于微信技术发展，功能数增加到 18 项；社交广度则来自 2016 年调查中的"微信好友数量"；使用强度是全国调查中新增的操作化概念，关于使用强度的问题由国外对社交媒体使用强度测量的成型量表改良而成，信效度都良好。除了微信的接入和使用，全国调查首次提出素养代沟的概念，将数字素养作为衡量年长世代和年轻世代新媒体使用能力强弱的重要指标，其中关于"谣言分辨素养"的问题就是在 2016 年调查的相关问题基础上改良而成的，又进一步将之细化为受谣、信谣、传谣三个阶段。

对个人特征的测量，我们最开始只关注人口统计学变量，后来则将社会经济地位、个人身心状况、社会参与情况、主观态度等纳入考察，以便从更广阔的社会背景考察数字代沟与数字反哺的影响因素。事实上，几乎所有的变量都经过了"摸索试错—逐渐明晰—改进提升—臻于完善"的概念化及操作化过程，几经检验，研究方法日趋成熟。

本章小结

本章回顾了为期 10 年的研究历程，包括探索研究阶段的三次小规模的问卷调查及一次工作坊，核心研究阶段的全国性调查和行动研究，补充研究阶段的追加调查。针对每一次调查，我们介绍了抽样方案、样本构成和问卷设计（尤其是关键变量的操作化），以供后来者参考。从小样本到大样本，从个体到家庭、从单一方法到多元方法，从微观到宏观，从年轻人视角到老年人视角，从关注两代到关注三代，我们对于数字化和老龄化问题的思考通过一次次实践得以不断深入，思想体系也愈加完善。通过反复检验、修正与提升，我们最终实现了数字代沟与数字反哺的概念化与操作化，为后续研究者提供了"趁手"的概念工具和操作手段，推动这一领域的研究成为学界热点。

第五章　老年人的数字化生活
及其影响因素

第一节　老年人的数字化生活

要想了解中国数字代沟与数字反哺之现状，必须先摸清年长世代和年轻世代各自的数字化生活情况，然后再做对比。针对年轻世代（青年数字原住民、中年数字移民）的各类调查已多如牛毛，但鲜有研究者注意到数量庞大且沉默的年长世代（尤其是老年数字弱势群体），我们也是一点点地将目光投向老年群体的。在最开始的 2012 年调查中，我们关注的是少年/中年的代际组合，在受访的亲代中，时年 53~62 岁的"50 后"仅占 9.4%。在 2015 年调查中，我们关注的是青年/中老年代际组合，在受访的亲代中，时年 51~60 岁的中老年人占比达到44.8%。2016 年调查首次以老年人为研究对象。此后的 2018 年全国调查和 2020 年补充调查涉及祖孙三代，其中，老年人是我们抽样的原点、研究的重心。在这一章，我们将以国家有关部门的统计数据为背景，通过对比分析我们的调查数据，展现中国老年人丰富多彩的数字化生活。

一 老年人的数字接入状况

近 10 年，互联网在中国的扩散进入起飞期，网民人数翻了一番。其中，老年网民的增速呈现阶段性"厚积薄发"的有趣态势。我们综合中国互联网络信息中心（以下简称 CNNIC）和国家统计局的数据，绘制了表 5-1。相比前一年，互联网在老年人口中的普及率在 2012 年有一次小爆发，从可怜的 1.9% 升至 5.2%。此后经过两年的缓慢提升，在 2015 年又出现一次小爆发，从 2014 年的 7.4% 升至 12.1%，终于进入创新扩散论所定义的起飞期（采纳率为 10%~20%，出现"临界数量"）。

表 5-1　互联网在全国人口中的普及率与互联网在老年人口中的普及率

单位：亿人，%

年份	全国网民数	互联网在全国人口中的普及率	老年网民占全国网民比例	老年网民数	老年人口	互联网在老年人口中的普及率
2011	5.13	38.3	0.7	0.04	1.85	1.9
2012	5.64	42.1	1.8	0.10	1.94	5.2
2013	6.18	45.8	1.9	0.12	2.02	5.8
2014	6.49	47.9	2.4	0.16	2.12	7.4
2015	6.88	50.3	3.9	0.27	2.22	12.1
2016	7.31	53.2	4.0	0.29	2.31	12.7
2017	7.72	55.8	5.2	0.40	2.41	16.6
2018	8.29	59.6	6.6	0.55	2.49	22.1
2019	9.04	64.5	6.7	0.61	2.54	24.0
2020	9.89	70.4	11.2	1.11	2.64	42.0
2021	10.32	73.0	11.5	1.19	2.67	43.2
2022	10.67	75.6	14.3	1.53	2.80	54.6

资料来源：综合 CNNIC 报告和国家统计局数据。

数字代沟与数字反哺

然后又是两年缓慢提升，在 2018 年再次迎来小爆发，互联网在老年人口中的普及率从 2017 年的 16.6%升至 22.1%，突破 20%的关口。两年后的 2020 年，迎来大爆发，老年网民数几乎翻倍，普及率突破 40%大关。自此，老年人成为中国网民的主要新增点。

2012 年、2015 年、2018 年、2020 年这四次"爆发"可以说事出有因、有迹可循。根据我们的观察与推测，2012 年或许是因为微信的逐渐普及，2015 年可能是因为智能手机的普及，2018 年是因为微信在老年人中的扩散，而 2020 年大概是因为疫情倒逼老年人上网。CNNIC 调查是真正意义上覆盖全国，无论城乡的调查。而我们的调查主要针对城市/城镇老年人。2016 年调查在深圳这个数字化程度最高的城市进行，2018 年调查样本来自全国 54 座城市。因此，将我们的数据与 CNNIC 数据进行对比，就能够直观看出中国城乡数字化生活差距（所谓的"数字鸿沟"）。

2016 年，互联网在老年人口中的普及率仅有 12.7%，但我们的调查发现，近六成（58.4%）深圳老年人已经开始使用微信（见图 5-1），而尚未采纳微信的老年人也大多知道微信（27.0%），仅有少数老年人没有使用也没有听说过微信（14.6%）。2014 年是微信在深圳老年人中的扩散起飞点，调查中有 16.8%的受访老年人从那一年开始使用微信。在我们接触的老年人中，大部分老年人的智能手机是子女或孙辈淘汰的旧手机。2011 年以 iPhone 4s 为首的智能手机在年轻人中大火，至 2014 年，那批手机在年轻人手中"光荣下岗"，并在老年人手中"焕发新生"。智能手机和微信，一"硬"一"软"，都是互联网技术集群（technology cluster，参见 Sooryamoorthy et al.，2008）中的代表和领头羊，它们的普及会带动一系列新媒体技术和应用的普及。2016 年的深圳调查中率先使用智能手机和微信的老年人，可以被视作中国老年人中的"创新者"（innovators）和"早期采纳者"（early adopters），且其中大部分是来往于深圳和全国各地城乡的"候鸟"老人，他们极有可能将新媒体的影响带给身边的老人、故乡的老人，从而带动大批"早期多数跟进者"（early majority）推开数字化生活的大门。

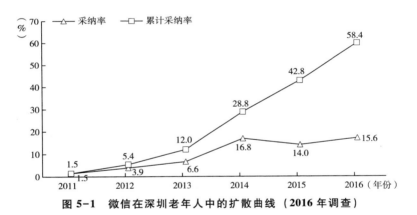

图 5-1 微信在深圳老年人中的扩散曲线（2016 年调查）

综合 CNNIC 和国家统计局数据，截至 2017 年底，老年网民超过 4000 万人，互联网在老年人口中的普及率为 16.6%。而我们于 2018 年针对中国 54 座城市的调查数据则显示，截至 2017 年底，微信在城市老年人中的采纳率已接近一半，虽然略低于 2016 年调查中的深圳数据，但却远远高于 CNNIC 的统计数据。中国城乡老年人的数字接入鸿沟由此可见一斑。对比 2018 年调查（全国）（见图 5-2）和 2016 年调查（深圳）（见图 5-1），从趋势上来看，微信在全国城市老年人中的采纳率几乎正好落后深圳一年。这也从一个侧面证明，在深圳这样数字发达地区发现的趋势，假以时日，是有可能辐射到全国其他城市的。

图5-2　微信在全国城市老年人中的扩散曲线（2018年调查）

除了微信的采纳，我们在2018年还调查了老年人对其他媒体的使用情况。在所有受访老人中，家中有数字电视的占86.0%，家中有宽带的占75.7%，家中有Wi-Fi的占77.2%，总体来说，中国城市家庭的数字环境是比较好的，接近八成的家庭接入了互联网，这为老年人采纳和使用数字媒体奠定了良好的物质基础。老年人对各种媒体的使用情况如表5-2所示，几乎每个老人都拥有自己的手机（智能手机58.2%，非智能手机39.6%），可见手机已经成为当今社会的生活必需品，但仍有近四成老人用的是非智能手机，除了基本的接打电话、发短信等功能外，再无他用，更说不上使用微信。由此可见缺乏数字接入设备仍然是阻碍老年人数字接入的最主要因素。

表 5-2 老年人的媒体使用情况 （2018 年调查）

单位：人，%

媒体	使用人数	占比
报纸	394	28.1
收音机/音乐机/看戏机	445	31.8
电视	1366	97.6
台式电脑	445	31.8
平板电脑	282	20.2
非智能手机	554	39.6
智能手机	814	58.2

"有"并不等于"用"，对于老年人来说，他们多年养成的习惯决定了他们的媒体选择。进一步调查显示，相较于数字媒体，老人们还是更加青睐传统媒体，每天看电视的老人占比高达 97.6%。如表 5-3 所示，电视是他们获取新闻（70.1%）和进行娱乐（67.0%）的主要途径，其次才是手机，有 20.7% 的老人用它获取新闻、23.4% 的老人用它进行娱乐。对于老年人来说，"大屏幕"电视仍然比"小屏幕"手机更有吸引力。在他们未来的数字化生活中，这大、小两块屏幕，仍然需要不断争夺他们有限的精力和时间。

表 5-3 老年人获取新闻和进行娱乐的媒体选择 （2018 年调查）

单位：%

媒体	新闻	娱乐
报纸	3.2	0.9
收音机/音乐机/看戏机	2.9	3.9
电视	70.1	67.0
电脑	3.1	4.8
手机	20.7	23.4

通过 2016 年调查和 2018 年调查，我们对老年微信用户有了基本的认识，并形成以下用户画像（见图 5-3），下面我们将详细介绍两次调查中老年人微信使用的具体情况。

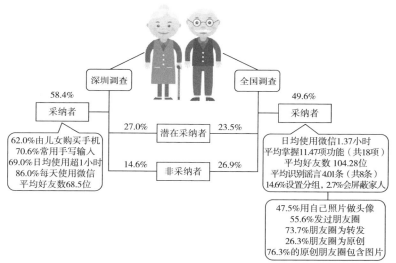

图 5-3　2016 年深圳与 2018 年全国调查中的老年微信用户画像

二　老年人的微信使用情况

数字接入只需要购买（或者被孩子赠予）一个能上网的设备就行，而后续的使用则意味着持续的时间、精力和脑力的投入。即便老年人能克服科技恐惧症（Ziefle and Bay，2005），开始使用以微信为代表的新媒体，他们是否能充分享受数字媒体带来的便利？

在 2016 年调查中，163 名已经采纳微信的老年人无论是微信使用时长还是使用频率，都比我们预想的高。如图 5-4 所示，接近七成的受访老人每天使用微信时长超过 1 小时，甚至有

20%的老人每天使用微信 3 小时以上，几乎可以算作重度用户。在微信使用频率方面（见图 5-5），86%的老年人每天都用微信，超过 40%的老人甚至每天无数次打开微信，如此高的卷入度已经接近"网瘾老年"。在 2018 年调查中，为了减少自我报告数据的统计偏差，我们改用更为客观的方式——查询手机应用使用时长——测量微信使用时长。结果显示，老年人日均使用微信 1.37 小时，中年人日均时长为 1.78 小时，年轻人日均时长为 1.86 小时，年长世代与年轻世代之间的差距比想象中小很多。

数字代沟与数字反哺

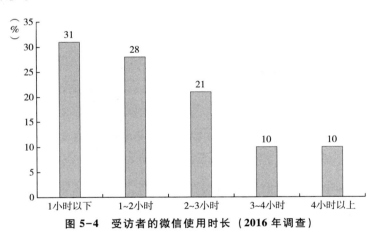

图 5-4　受访者的微信使用时长（2016 年调查）

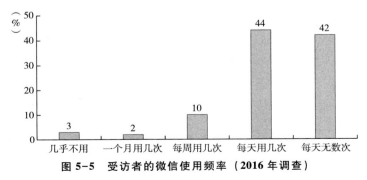

图 5-5　受访者的微信使用频率（2016 年调查）

如此高频率地打开并使用微信，老年人想得到什么？2016年深圳调查显示，受访老年人的微信好友平均为68.5位（SD=36.72）。超过1/4（26.5%）的老年人微信联系人不到25位；另有1/4（24.5%）的老年人微信联系人为26~50位；17.7%的老年人有51~75位微信联系人；11.4%的老年人有76~100位微信联系人；19.9%的老年人微信联系人在100位以上。在2018年全国调查中，老年人的微信好友数量远超深圳调查，平均有104.28位，其中家人仅占23.1%。两次调查仅间隔一年时间，按理说不会有这么大幅度的提升，这或许和深圳老年人的"候鸟型"特征有关。深圳老年人大多背井离乡随子女迁居于此，脱离了原来的生活环境和朋友圈子。在他们眼中，微信是基于强关系的熟人社交，所以他们的微信联系人少而精，大多为故乡的亲朋好友，较少添加刚认识的人。而全国调查中的老年人本就生于斯、长于斯，微信好友成为他们线上版的社交圈，将各种强关系和弱关系汇聚在一起，人数自然不少。

在微信层出不穷的功能中，老年人最常用的是哪些？如图5-6所示，在2016年调查中，深圳老年人用得比较熟练的都是和人际交往有关的功能，包括接受好友邀请、视频即时聊天、语音输入聊天、语音即时聊天、文字输入聊天等。虽然他们不是很会订阅公众号，却比较擅长阅读和转发公众号文章。另外，超过六成的老年人能熟练地发布原创朋友圈、给他人朋友圈点赞及评论。一个有趣的发现是，在涉及金钱的三项功能中，只有具有中国文化特色且社交属性最强的红包功能获得老年人的青睐，使用微信转账和面对面付款的不多。显然，微信对于老年人来说，最被看重的是社交属性，这也是老年人开始使用微信的主要推动力。另一个有趣的发现在于，老年人对于各项功能的掌握，似乎很少有"中间地带"（会用但用得不熟），也就是说，对于那些自己感兴趣的功能，他们只要用起来，就可以很快掌握，并且往往能达到熟练的程度。可见，只要有足够强大的动机，学习新技能对于大部分老年人来说并没有想象中那么难。

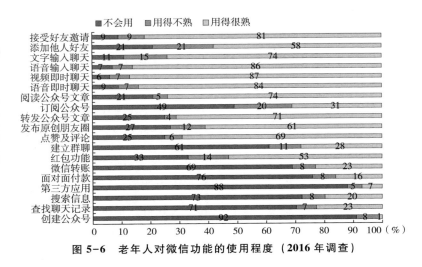

图 5-6　老年人对微信功能的使用程度（2016 年调查）

2018 年全国调查的结果与 2016 年深圳调查非常接近。已采纳微信的老人（$n = 694$）平均掌握 11.47 项微信功能。从图 5-7 可以看出，在 18 项微信功能中（"接受好友邀请"和"添加他人好友"合并为"添加他人好友"），发语音聊天、视频即时聊天、语音即时聊天、发文字聊天、添加他人好友等几项操作简单的基本功能掌握人数较多，而一些需要多步操作且相对复杂的功能比如创建公众号、第三方应用/小程序、搜索信息/搜一搜等掌握的人数最少。除了聊天、红包、朋友圈等社交功能外，阅读公众号也备受老年人青睐，那老年人都喜欢看什么样的公众号文章？2018 年全国调查请老人选择三个最关注的公众号文章类型，发现他们的偏好依次是新闻时事、养生健康以及生活相关文章（见表 5-4）。

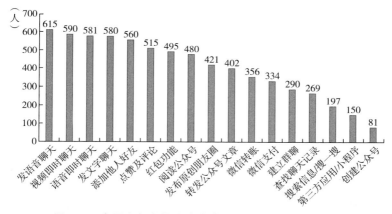

图 5-7 全国老年人微信功能掌握情况（2018 年调查）

表 5-4 老年人公众号文章偏好（2018 年调查）

单位：%

文章主题	占比
新闻时事	24.1
养生健康	21.6
生活相关	16.8
轻松搞笑	11.5
政务要闻	10.8
影视八卦	4.1
人生哲学	5.2
工作信息	2.4
专业知识	1.8
文学艺术	1.7
合　计	100.0

三 老年人的朋友圈概览

无论是深圳调查还是全国调查，都显示朋友圈功能深受老年人喜爱，发布、转发、点赞、评论等相关功能的日常使用率都超过五成，有的甚至达到七成（具体参见图5-6和图5-7）。"天不怕，地不怕，就怕老人会发圈"，很多年轻人对老年人的朋友圈抱有成见，认为他们的朋友圈都是没有营养的转发，不值得一看。所以，即使大家都有朋友圈，年轻人和老年人也往往各玩各的，很难实现代际的"破壁""破次元"互动，数字融入并没有打破数字区隔。事实果真如此吗？仅靠问卷调查是不足以得出答案的，我们在2018年调查中，要求调查员对所有受访老年人的朋友圈进行截屏，再予以内容分析。在接受问卷调查时，有421位老年人表示自己会发原创朋友圈，402位老年人表示自己会转发公众号文章，但最终我们截屏成功的只有386位老年人。这说明，"会用"（知道怎么用）和"会用"（日常真正使用）之间还是有差距的。主观报告的问卷的确需要客观记录的内容予以补充。

（一）老年人的微信名

"未见其人，先闻其名"。在虚拟世界中，网名/微信名最能彰显人们的个性。年轻人会绞尽脑汁地想一个好名字，老年人也会这么在乎自己的微信名吗？通过朋友圈截图，我们一共收集到232个受访老年人的微信名（见表5-5）。分析显示，老年人的微信名往往简单好记，少则2字，多则5字，没有繁体字或生僻字，几乎没有英文。尽管名字不长，但老人们还是尽量在其中彰显自己的个性，35.3%的老年人微信名彰显个性。他们或以"流星""白雪""夕阳"这样的意象来表明心迹，或用"正能量""家和万事兴""开心就好"这样的表述来自我鼓励，或以"临海听风""踏雪寻梅""庄生晓梦"这样的雅言来抒发情感，或以"傻老头""家庭主厨""大当家"这样的"人设"来快乐自嘲。33.6%的老人干脆使用自己的真名，相当有诚意。12.9%的老人将自己的家庭角色作为微信名，如"怡宝爷爷""悠墨奶奶""崔妈妈"等。9.9%的老人将自己的社会角色作为微信名，如"老孙""琼姐""陈老师"等。

表 5-5 老年人微信名分类（2018 年调查）

单位：%

名字类型	占比
彰显个性	35.3
真名	33.6
家庭角色	12.9
社会角色	9.9
其他	8.3
合　计	100.0

（二）老年人的微信头像

在 386 位有微信朋友圈截图的老人中，179 位设置了微信头像。这些头像可以分为六类：自己照片（47.5%）、植物图片（14.5%）、孙辈照片（14.0%）、风景照（12.9%）、动物图片（6.1%）以及其他（5.0%）（见表 5-6）。使用自己照片做头像的 85 位老人，其中，71 位用的是自己的单人照，14 位用的合影（主要是与家人的合影，与朋友的合影仅 1 张）；除与朋友的合影外，42 张为户外场景（主要是公园或旅游地点），35 张为居家场景，7 张难以判断；而且这些照片几乎都没有进行美颜加工，老人也大多素装素颜。老年人的微信头像朴实无华，体现了他们返璞归真的生活态度。

表 5-6　老年人微信头像分类（2018 年调查）

单位：%

头像类型	占比
自己照片	47.5
植物图片	14.5
孙辈照片	14.0
风景照	12.9
动物图片	6.1
其他	5.0
合　计	100.0

（三）老年人的微信个性签名

在 386 位有微信朋友圈截图的老人中，有 55 位设置了个性签名。所谓"言为心声"，老人的个性签名体现出他们豁达乐观的人生智慧。词频分析显示，出现频率较高的字词为"开心""好""人生""真名""快乐""笑""福""缘"，一些代表性签名文本如表 5-7 所示（签名后的括号内为样本编号）。

表 5-7　老年人微信个性签名示例（2018 年调查）

开心快乐类签名	积极励志类签名	豁达祈福类签名
乐逍遥（8071）；喜洋洋（9113）；开心活好每一天（24152）；开心过好每一天（26081）；开心快乐每一天（26111）；一切皆为过往，快乐才是人生（29102）；快乐人生（47041）；开心了，就健康了！玩风（疯）了，那就愉快了（50131）；开心就好（55081）	有志者事竟成（10054）；与智者为伍，与信者同行（13101）；活到老，学到老！（14151）；致力为公，做有心人（26102）；天行健，君子以自强不息；地势坤，君子以厚德载物（36161）；学会爱自己（37161）；坚强的人是不畏前路的（39011）；做好每顿饭，伺候好家中每个人，努力搞好后勤，做好孩子们的后盾（47022）	有追求，不苛求（9104）；当我们懂得珍惜平凡的幸福时，就已经成了人生的赢家！（17141）；身体健健康康（19081）；宠辱不惊，任庭前花开花落；去留无意，看天上云卷云舒（24082）；知忍者长安，知足者长（常）乐（26112）；相识是缘，感谢今生相遇的每个朋友（28072）；如果一滴水代表一个祝福，那我送您的是一片大海（30111）；人生在世，还不是有时笑笑人家，有时给人家笑笑。（40062）；知足常乐，平安是福（40072）；走自己想走的路，让别人说呗（42202）

（四）老年人朋友圈内容分析

2018 年调查对 386 位老年人的朋友圈进行了截屏，涉及 1912 条朋友圈。其中，转发类朋友圈有 1410 条（占比 73.7%），原创朋友圈仅有 502 条（占比 26.3%），转发远远多于原创。

再来看转发类朋友圈的具体内容，如表 5-8 所示，广告（20.0%）和鸡汤哲理（19.9%）占了大头，其次是时政风云（16.6%）和八卦谣言（9.6%）。

表 5-8　老年人朋友圈转发的内容分类（2018 年调查）

单位：%

类别	占比
广告	20.0
鸡汤哲理	19.9
时政风云	16.6
八卦谣言	9.6
健康养生	8.2
宗教祈福	6.3
娱乐搞笑	5.5
文学艺术	4.8
生活技巧	4.3
其他	4.8
合　计	100.0

推文标题的高频词呈现两大特征：其一，强调亲情绑架，如"为了家人的幸福，不转会后悔终生"；其二，强调道德优势和正能量，如"刷爆朋友圈，这才是高级的善良"（见表 5-9）。总体而言，老年人转发的朋友圈的确是刚刚体/震惊体/提醒体/重磅系/正能量系的重灾区。

表 5-9　老年人所转发推文的标题高频词（2018 年调查）

词性	示例
名词	朋友、大家、孩子、家人、女人、好消息、大事、专家、喜讯
动词	赶紧、震惊、曝光、震撼、注意、赶快、提醒、小心、感动、含泪、必看、公认
形容词副词	快乐、幸福、可怕、最好、健康、最新、善良、紧急、特大、重大、吓人、最新、太美了、刚刚、实用、厉害了、亏大了、错了

再来看看老年人所发的 502 条原创朋友圈，其中，纯图片的有 202 条（占比 40.2%），图片＋文字的有 181 条（占比 36.1%），纯视频的有 63 条（占比 12.5%），视频＋文字的有 36 条（占比 7.2%），纯文字的有 19 条（占比 3.8%），还有 1 条是纯表情（占比 0.2%）。进一步分析 383 条有图片的朋友圈，如表 5－10 所示，约 1/3（34.6%）是人物照，其次是风景照（19.7%），且图片近半在户外拍摄（45.9%），居家场景只占约 1/4（24.3%）。老年人发布的 99 条小视频也和图片内容类似，人物视频占比最高（35.4%），其次是风景视频（22.2%）。总体而言，这些图文视频朋友圈忠实记录了老年人日常的美好生活，或者他们对"美好生活的向往"。

表 5－10　老年人所发图片朋友圈的内容分析（2018 年调查）

单位：%

图片主题		占比	图片场景	占比
原创拍摄	人物	34.6	户外	45.9
	风景	19.7	居家	24.3
	物件	16.9	消费	3.9
	场面	6.2	交通	2.4
	美食	4.3	工作	1.0
	动物	1.7	无法判断	22.5
	其他	4.9	合计	100.0
网络图片		11.7		
合　计		100.0		

四　数字化生活与主观幸福感

幸福的老人总是相似的，不幸的老人各有各的不幸。幸福的老人，往往具有较高的自我效能感和主观能动性，乐于拥抱新鲜事物（如微信）。而反过来，他们在数字世界的不断探索又能丰富老年生活、拓宽社交圈，带来更富有成就感的社会参与，并因此感到更加幸福。我们的数据充分证明了数字化生活与主观幸福感之间的正向关系。我们对所有受访老人（$n = 1399$）进行了单因素 ANOVA 分析（$df = 2$，$F = 26.146$，$p = 0.000$），发现采纳微信的老人比不采纳微信的老人主观感觉更幸福（见表 5-11）。然后将微信使用的三个维度作为自变量预测老人的主观幸福感，结果显示，微信使用深度和社交广度越高的老人主观幸福感越强（表 5-12）。我们很难说清楚数字化生活与主观幸福感之间谁为因谁为果，但却有理由相信两者互为因果，形成良性循环，即越幸福越用微信，越用微信越幸福。

表 5-11　微信采纳与主观幸福感的组间比较

	均差（$I-J$）	标准误	p
采纳者—潜在采纳者	0.150	0.036	0.000
采纳者—非采纳者	0.240	0.034	0.000
潜在采纳者—非采纳者	0.089	0.041	0.072

表 5-12　预测主观幸福感的线性回归标准化系数汇总

	主观幸福感（$n = 694$）		
	非标准化系数（B）	标准化系数（β）	p
微信使用深度	0.014	0.111	0.009
微信社交广度	0.000	0.125	0.002
微信使用强度	0.027	0.042	0.293
常量	3.707		0.000
AdjustedR^2	0.042		

第二节　老年人数字化生活的影响因素

上文勾勒出老年人数字化生活的全景，那么，究竟是哪些因素在影响他们对数字媒体的采纳和使用呢？既往研究一般从客观、主观、社交三个方面予以考察（张硕、陈功，2013）：（1）客观因素，包括人口学因素（性别、年龄、受教育程度、是不是干部）、经济状况（存款、家中有无电脑/手机）、身体条件（健康程度、照料情况、视力情况）；（2）主观因素，即老年人对待新媒体的态度和观念，包括对衰老的观念、创新性和个性三项指标；（3）社交因素，包括与社会上各类人的交流频率以及参与社会活动的频率。研究表明，生理障碍（行动不便、手指不灵活等）和感官退化（视觉、听觉、触觉退化）等客观因素拖了老年人迈入数字化生活的"后腿"（甘勇灿、盖龙涛，2013；Evans and Minocha，2014；McGaughey et al.，2013）。毫无疑问，随着年龄的增长，老年人所面临的客观障碍只会越来越多，这是否能通过主观努力和社会交往克服？其实，经典的创新扩散论和使用与满足理论，都强调了主观因素（对创新的五个方面特性的评价、对媒体的心理及社会需求）对新媒体采纳与使用的正面影响。2002年一项对中国人互联网采纳与使用的研究也证明，在控制客观因素（人口变量和经济状况）之后，对互联网特征的感知（Perceived Characteristics of the Internet，PCI）、对互联网风行程度的感知（Perceived Popularity of the Internet，PPI）、对互联网需求的感知（Perceived Needs of the Internet，PNI）这三大主观因素的影响力仍然非常显著（Zhu and He，2002）。以微信为代表的新媒体应用，往往具有鲜明的社交属性，所以，社交越频繁的人越有可能采纳和使用它。所以，我们提出以下研究框架，将客观因素的影响与主观因素和社交因素的影响进行对比（见图5-8）。如果前者的影响超过后者，则结果比较悲观，因为后天的努力不能推倒先天的障碍；如果后者的影响超过前者，则结果比较乐观，只要老年人积极地看待新媒体、积极地进行社交，就有可能突破身体老化所带来的各种问题，跨越数字化生活的门槛，享受繁荣的数字化生活。

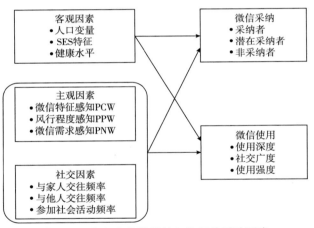

图 5-8　老年人微信采纳与使用的影响因素

一　老年人微信采纳的影响因素

2016 年调查首次聚焦老年人，问卷设计相对比较简单，对微信采纳仅用二分法区别（采纳者与非采纳者），且没有调查社交因素。表5-13以微信采纳为因变量，客观因素和主观因素为自变量，进行三次逻辑回归（Binary Logistic Regression，BLR）：回归1仅将客观因素作为自变量，回归2仅将主观因素作为自变量，回归3将两类因素都作为自变量。通过对比三次回归的总体解释力（McFadden pseudo R^2 值）来比较主客观因素对微信采纳的影响。

表 5-13 预测微信采纳的逻辑回归系数汇总（2016年调查）

	采纳者（$n=163$）与非采纳者（$n=117$）		
	回归 1	回归 2	回归 3
客观因素			
性别（女 = 0）	-0.562*		-0.994*
年龄	-0.078**		-0.061
收入	0.164		0.212
受教育程度	0.539***		0.179
婚姻状况（单身 = 0）	0.544		0.084
职业（其他 = 0）			
公职人员/事业单位	0.408		-1.462
企业管理/公司员工	0.284		-1.877
工人	0.176		-1.932
农民	-0.954		-2.326
个体户	0.387		-1.364
儿女户籍（非深户 = 0）	-0.214		0.167
健康状况	0.210		0.044
常数	3.279	-7.164***	-1.058
主观因素			
对微信特征的感知（PCW）		2.014***	1.953***
对风行程度的感知（PPW）		0.473***	0.315*
McFadden pseudo R^2	0.257	0.405	0.461

注：* $p<0.05$，** $p<0.01$，*** $p<0.001$。

表格中罗列的回归系数，可解读为自变量对因变量的影响（非采纳者为基准组），如其为正，则表示随着自变量的增加，样本成为采纳者的可能性越大；如其为负，则表示随着自变量的增加，样本成为采纳者的可能性越小。回归 1 仅考虑客观因素，所有自变量对方程的解释力为 25.7%。回归 2 仅考虑主观因素，解释力高达 40.5%。回归 3 同时考虑主客观因素，解释力为 46.1%，仅比回归 2 提高了 5.6 个百分点。综合比较可见，主观因素和客观因素同时作用时，主观因素的影响力大大超过客观因素，并成为影响老年人微信采纳的主要因素。在所有自变量中最引人关注的是，性别对采纳的影响方向与经典创新扩散研究的发现竟然相反，即老年女性比老年男性更有可能采纳微信。

在 2016 年调查的辅助访谈中，我们发现很多老年人是基于社交需求才用微信的，所以，我们决定在 2018 年调查中增加一批关于社交的问题，分别为与他人日常交往的频率，以及参加广场舞、运动健身、老年大学等 10 项社会活动的频率。针对客观因素，2018 年调查也比 2016 年调查测量得更细致，尤其是对老年人的健康状况，我们不仅测量老年人总体健康水平和相对同龄人的健康水平，还使用通用量表测量了他们的视力、听力、行动能力、认知能力。此外，2016 年调查中的深圳老年人几乎都听说过微信（即使没有采纳），所以可以回答各种关于微信主观感知的问题。2018 年调查的 1399 位老年人中，采纳者（$n=694$）占比为 49.6%、潜在采纳者（听说过微信但还没有用过，$n=329$）占比为 23.5%、非采纳者（没有听说过微信，$n=376$）占比为 26.9%。最后一类老年人无法回答关于微信主观感知（微信特征 PCW、风行程度 PPW）的问题。为了更准确地比较客观因素与主观因素和社交因素的影响力，我们决定聚焦采纳者和潜在采纳者，看看是什么因素推动那些听说过微信的老年人采纳微信。我们以潜在采纳者为基准组，进行三次逻辑回归。回归 1 仅将客观因素作为自变量，回归 2 仅将 PCW、PPW 和社交因素作为自变量，回归 3 将上述因素都作为自变量。通过对比三次回归的总体解释力比较客观因素和主观因素及社交因素对微信采纳的影响，结果如表 5-14 所示。

表 5-14　预测微信采纳的逻辑回归系数汇总（2018 年调查）

	采纳者（$n=694$）与潜在采纳者（$n=329$）		
	回归 1	回归 2	回归 3
客观因素			
个人特征			
性别（女＝0）	−0.476 **		−0.196
年龄	−0.087 ***		−0.079 ***
收入	0.000		0.000
受教育程度	0.740 ***		0.540 ***
子女数量	0.079		0.108
身心特征			
身体健康状况	0.062		0.121
相对健康状况	0.082		−0.041
视力	0.079		−0.140
听力	−0.109		0.030
行动能力	0.217		−0.020
认知能力	0.041		0.010

	采纳者（$n=694$）与潜在采纳者（$n=329$）		
	回归 1	回归 2	回归 3
主观因素			
PPW		0. 386**	0. 241
PCW		2. 496***	2. 335***
社交因素		0. 266*	0. 161
与他人交往频率		0. 659**	0. 566*
参加社会活动频率	0. 278	−10. 709	−6. 365
McFadden pseudo R^2	0. 215	0. 394	0. 448

注：* $p<0.05$，** $p<0.01$，*** $p<0.001$。

回归 1 仅考虑客观因素，所有自变量对方程的解释力为 21. 5%。回归 2 仅考虑主观因素和社交因素，解释力高达 39. 4%。回归 3 同时考虑客观因素、主观因素及社交因素，解释力为 44. 8%，仅比回归 2 提高 5. 4 个百分点。综合比较可见，客观因素和主观因素及社交因素同时作用时，客观因素的影响力远远小于主观因素及社交因素。客观因素的影响具体表现为，受教育程度越高、越年轻的老年女性越有可能采纳微信。而测量主观因素和社交因素的 4 个指标中的 3 个对微信采纳有显著影响，与他人交往和参加社会活动越多、对微信特征和风行程度评价越正面的老年人，越有可能采纳微信。

综合 2016 年及 2018 年调查的分析结果，我们可以得出一个乐观的结论，并有了一点儿意外发现。尽管客观因素会对微信采纳产生影响，但只要老年人对微信持有开放的心态并积极社交，就有可能克服客观障碍而开始数字化生活。但出乎我们意料

数字代沟与数字反哺

的是，性别对老年人微信采纳的预测方向，与针对社会大众的创新扩散研究相反。老年女性比老年男性更有可能采纳微信，对于这一点无论是 2016 年深圳调查还是 2018 年全国调查都是一致的。

二 老年人微信使用的影响因素

在 2016 年深圳调查中，我们将微信使用深度（掌握了多少项微信功能）作为因变量，将客观因素和主观因素作为自变量，进行三次一般线性回归。汇总结果如表 5-15 所示。

表 5-15 预测微信使用的线性回归标准化系数汇总

	微信使用深度 （n = 163）		
	回归 1	回归 2	回归 3
客观因素			
性别 （女 = 0）	-0.052		-0.094
年龄	-0.178*		-0.174*
收入	0.047		0.059
受教育程度	0.217*		0.157
婚姻状况 （单身 = 0）	0.077		0.057
职业 （公职人员/事业单位 = 0）			
企业管理/公司员工	0.095		0.070
工人	0.053		0.047
农民	-0.174		-0.127
个体户	0.042		0.044
其他	0.063		0.106
儿女户籍 （非深户 = 0）	-0.001		0.006
健康状况	0.094		0.078

	微信使用深度（$n=163$)		
	回归 1	回归 2	回归 3
主观因素			
对微信特征的感知（PCW）		0.415***	0.330***
对风行程度的感知（PPW）		0.029	-0.102
Adjusted R^2	0.147	0.168	0.233

注：* $p<0.05$，*** $p<0.001$。

在回归 1 中，仅将客观因素作为自变量，所得到的方程解释力达到 14.7%。回归 2 仅将主观因素作为自变量，所得到的方程解释力达到 16.8%。当将主客观因素同时作为自变量进行回归 3 时，解释力为 23.3%，比回归 2 高 6.5 个百分点。综合比较可见，在微信使用方面，主观因素的影响要大于客观因素，但两者之间的解释力差距不如预测微信采纳时明显。在客观因素中，受教育程度越高、越年轻的老年人掌握越多的微信功能，但性别的影响不再显著；在主观因素中，对微信特征评价越正面的老年人会使用越多的微信功能，对风行程度的感知表现不显著。

针对 2018 年全国调查中 694 位老年用户的微信使用深度、微信社交广度、微信使用强度这三个连续因变量分别进行三次线性回归，第一次仅将客观因素作为自变量，第二次仅将主观因素（PCW、PPW、PNW）和社交因素作为自变量，第三次将上述因素都作为自变量。通过对比三次回归的总体解释力（Adjusted R^2 值）来比较主客观因素对微信使用的影响。所有自变量都通过了共线性检验，彼此之间不存在多重共线性。表 5-

16 汇总了 9 次回归结果。

首先，针对微信使用深度，回归 1 仅考虑客观因素，所有自变量对微信使用深度的解释力为 23.7%。回归 2 仅考虑主观因素和社交因素，解释力高达 30.0%。回归 3 同时考虑客观因素、主观因素及社交因素，解释力为 40.4%，比回归 2 提高了 10.4 个百分点。综合比较可见，客观因素和主观因素及社交因素同时作用时，客观因素的影响力小于主观因素和社交因素，但两者差距不如之前预测微信采纳时大。客观因素的影响具体表现为，受教育程度越高、越年轻、收入越高的老年人掌握的微信功能越多。而测量主观因素和社交因素的 5 个指标都对微信使用深度有显著影响，与他人交往和参加社会活动越多，对微信特征、风行程度评价越正面，对微信需求越大的老年人，掌握的微信功能越多。

其次，针对微信社交广度，回归 4 仅考虑客观因素，所有自变量对微信社交广度的解释力为 13.6%。回归 5 仅考虑主观因素和社交因素，解释力为 11.2%。回归 6 同时考虑客观因素、主观因素及社交因素，解释力为 19.0%，比回归 4 提高 5.4 个百分点。综合比较可见，客观因素和主观因素及社交因素同时作用时，主观因素及社交因素的影响力略小于客观因素。客观因素的影响具体表现为，受教育程度越高、越年轻的老年人微信社交越广。主观因素和社交因素的影响具体表现为，参加社会活动越多及对微信特征、风行程度评价越正面的老年人，微信社交越广。

最后，针对微信使用强度，回归 7 仅考虑客观因素，所有自变量对微信使用强度的解释力为 5.7%。回归 8 仅考虑主观因

表 5-16 预测微信使用的线性回归系数汇总 （n=694）

	微信使用深度			微信社交广度			微信使用强度		
	回归 1	回归 2	回归 3	回归 4	回归 5	回归 6	回归 7	回归 8	回归 9
客观因素									
个人特征									
性别（女=0）	-0.403		0.024	19.080		29.033**	-0.067		-0.006
年龄	-0.177***		-0.165***	-2.960***		-2.728**	-0.005		0.001
收入	0.079*		0.040	0.006***		0.005***	0.003		-0.020
受教育程度	1.237***		0.812***	27.583***		18.104***	0.072*		0.008
子女数量	-0.185		-0.068	-3.026		-0.613	-0.072*		-0.052
身心特征									
身体健康状况	0.089		-0.016	3.175		1.675	-0.047		-0.074*
相对健康状况	0.294		0.089	1.343		-3.795	0.065		0.051
视力	0.145		-0.065	-1.834		-6.407	0.129***		0.075**
听力	-0.243		-0.122	14.077		14.379	-0.171		-0.150
行动能力	0.293		-0.314	4.618		-9.814	0.044		-0.052
认知能力	0.132		0.065	0.772		-0.491	0.007		-0.011

	微信使用深度			微信社交广度			微信使用强度		
	回归 1	回归 2	回归 3	回归 4	回归 5	回归 6	回归 7	回归 8	回归 9
主观因素									
PPW		0.668***	0.385*		17.917*	13.519*		0.047	0.029
PCW		1.846***	1.286***		42.277***	29.910**		0.424***	0.399***
PNW		1.188***	1.209***		9.899	10.288		0.332***	0.334***
社交因素									
与他人交往频率		0.588*	0.460		10.683	11.079		0.061	0.086
参加社会活动频率		1.863***	1.561***		53.286***	42.220***		-0.009	-0.032
常数	10.220	-7.768	2.066	47.695	-295.183	-112.236	2.306	-0.443	0.415
Adjusted R^2	0.237	0.300	0.404	0.136	0.112	0.190	0.057	0.296	0.306

注：* $p<0.05$，** $p<0.01$，*** $p<0.001$。

素和社交因素，解释力为 29.6%。回归 9 同时考虑客观因素、主观因素及社交因素，解释力为 30.6%，比回归 8 仅提高 1.0 个百分点。综合比较可见，主观因素及社交因素对微信使用强度的影响远远大于客观因素。客观因素的影响具体表现为，受教育程度越高、子女数量越少、视力越好的老年人微信使用强度越高。主观因素的影响具体表现为，对微信特征评价越积极、对微信需求越大的老年人微信使用强度越高。社交因素的影响则不显著。

综合微信使用三个维度的数据，我们可以得到以下结论：总体而言，主观因素和社交因素的影响比客观因素大，唯有对微信社交广度的影响是相反的。预测微信采纳时出现的性别逆转情况，在预测微信使用时没有出现。

第三节　对量化发现的质化阐释

量化分析固然可以直观地呈现变量之间的关系，但数据背后究竟隐藏了多少鲜活的故事？统计分析只阐明了总体趋势，却未能解释特殊现象（如性别的逆转影响），也不能明确老年人在数字化时代生存需要跨越的障碍。为了获得相对完整的学术拼图，我们结合质化研究发现进行更进一步的分析。

一　女性对男性的反超

有关创新扩散的大量学术研究以及历年 CNNIC 报告，都显示男性在以互联网为代表的新技术、新媒体面前相比女性更加游刃有余，男性对创新的接受度似乎天然优于女性。然而，我们的两次调查都证明，性别对新媒体采纳的影响在老年群体中——或者更确切地说，在城市老年人中——出现了逆转。我们的研究发现并非孤例，社会蓝皮书《2018年中国社会形势分析与预测》对中国8座城市的老年人抽样调查也显示，在已采纳微信的老年人中，女性（53.2%）要高于男性（46.8%）（朱迪等，2018）。为什么会出现这种性别上的逆转？这需要从老年人自身特点以及微信的社交媒体属性两个方面进行解读。就中国的现实情况来看，退休（男性法定退休年龄是60岁，女性则为50岁或55岁）是城市人口生活中的重要分水岭。对于男性，退休往往意味着脱离社会生活并回归家庭，很多习惯在社会舞台上大展拳脚、在工作中如鱼得水的老年男性突然之间陷入无所事事、无所适从的窘境。"每天在家里就像'坐牢'，走出去又人生地不熟，我只好关起门来写字、下棋，打发时间。"一位深圳的老先生这样形容他的退休生活。而对于女性来说，退休却意味着人生又一次"小高潮"的开始，充满活力的"广场舞大妈"显然就是最好的例子。我们在对一群老姐妹采访时，将她们此起彼伏的回答汇总在一起，就是"忙"："我们忙着呢。接送完小孩，上午我们老姐妹有一个合唱团每天要练歌，晚上我们要跳广场舞，前段时间还通过海选上电视了，每个周末我们小区的老年协会都会组织出去玩儿。"

曾有人口学者以"脱离理论"（disengagement theory）和"活动理论"（activity theory）两大范式来解读老年人的心态，前者认为老年人应该主动为代际更替让路，后者认为老年人应该通过参与社会，用新的角色取代因退休而失去的旧角色（王莉莉，2011）。显然，老年男性的"消极老龄化"心态可以用

"脱离理论"解释，而"活动理论"则能解释老年女性的"积极老龄化"心态。当面临自然老化所带来的生活变动时，老年人的心态决定了其后续的行动。有调查数据显示，城市老年女性的社会交往程度显著高于男性（王颖，2015）。从广场舞到合唱团、从老年大学到社区义工，老年女性积极走出家庭，以一种全新的面貌融入社会。这不仅提高了她们的自我效能感和幸福感（唐丹、陈章明，2011），而且扩大了她们的生活圈子和活动范围。线下的社会参与必然影响线上的数字融入。一方面，老年女性更愿意也更有可能参与社区层面的数字推广。我们在社区招募新媒体工作坊学员时，前来询问的人几乎全是女性，而最后参加的 5 名学员也是清一色的奶奶。另一方面，微信作为一种社交媒体，很容易通过现实的社交网络扩散传播，社交越广泛，则越有可能知晓微信。另外，微信使用简单，容易掌握，老姐妹之间互相口头讲授就能学会，采纳也就自然而然发生了。"我的微信是跳舞的老姐妹帮忙弄的，我们有个群，通知时间地点方便，跳舞的都进了这个群。"

《2018 年中国社会形势分析与预测》的量化数据也印证了我们的猜想：参与舞蹈（广场舞、交际舞等）、唱歌类活动的老年女性比例远高于男性，参与社区活动和志愿者服务也是女性更积极，这些活动主要靠微信联络；而老年男性则更多地参与书法绘画、读书写作等活动，这些活动对微信的需求没那么大。舞蹈、唱歌类活动"组织性较强、人员较为固定，所在地又相对集中"，正契合微信的传播优势。可见，退休后不同的社会参与方式，会产生不同的媒介需求，进而导致不同的媒介接触，从而使老年女性更有可能主动或被动地采纳微信。当然，

数字代沟与数字反哺

采纳只是第一步，后续的使用熟练度在很大程度上取决于个体已有的知识和技能储备，而在这一点上，老年女性并不占优势。因此，性别的反超在微信采纳上的表现比微信使用要突出。

二　数字排斥三部曲

我们研究发现，大多数老年人面对数字化生活，会经历从身体排斥到心理排斥，再到数字排斥的过程。过往关于老年人新媒体采纳与使用的研究，几乎都强调生理退化和心理障碍所导致的排斥。与客观的身体排斥相比，主观的心理排斥或许才是阻碍老年人数字融入的"拦路虎"。老年人的年龄虽然是一个客观尺度，但对年龄的感知却是老年人自己的主观认知，变老不仅仅是一个生理老化过程，更是一个在心理上认同自己变老的过程。换言之，"衰老是一个被灌输的概念，老年人的虚弱、无助、多病，常常是一种习得性无助，而不是必然的生理过程"（Langer，2009）。在实际接触老年人的过程中，我们发现"习得性无助"使有些老年人在对微信所知甚少的情况下就自我否认，"微信这些东西我一概不懂，我不想学这些东西。人老了，记不了这么多事了，能记得自己吃、自己喝就算不错了"；"不行，不搞不搞。什么也不搞了"。令人吃惊的是，他们把微信所代表的新生活与习惯了的日常生活对立起来，仿佛"搞"微信就会破坏原有的生活，就是不务正业，而对于退休在家的老年人来说，养生才是正业。有老年人表示："我们老了也不搞这些名堂，我们不求其他，一句话，有命就好。这么好的生活，这么享福的日子，能好好过就好，不想参与其他了。"一些老人因为将微信视作对"正常"生活的烦扰，而决定和微信划清界限，不让这种"新玩意儿"影响"好日子"。另一些老人虽然接受了微信，却把它视作了解养生信息的重要窗口，因此极有可能成为健康谣言的传播者和受害者（腾讯，2017）。

三　数字融入三道坎

对于老年人来说，在融入数字化生活的征途中至少需要跨越三道坎，而且一道比一道更困难。缺乏数字接入设备，是阻碍老年人数字化的第一道坎。2018 年全国调查数据显示，有六成的老年人拥有智能手机，这些手机大部分是子女淘汰下来的。智能手机更新频率越来越快，所以越往后，子女淘汰下来给父母的设备越多，数字接入代沟越容易跨越。尽管我们的全国调查仅限于城市家庭，但这种现象在农村也相当普遍。李红艳（2022）对 100 个农民工家庭的调研显示，年长者使用的手机往往是年青一代淘汰下来的，而且不是一次行为，而是多次行为，随着子女更换手机，父母的手机也跟着升级换代，她把这种现象称作"家庭技术多元淘汰中的扩散行为"。由此可见，无论是城市还是农村，跨越数字接入代沟主要依靠客观（数字基础设施和家庭数字设备）条件的改善。

但是，老年人是否能跨越第二道数字技能坎则更多地取决于他们的主观能动性。当前中国老年人受教育程度普遍不高，对于新媒体层出不穷的功能缺乏探索欲，他们倾向于使用微信中最简单的聊天功能，说白了就是"把微信当作电话用"。对于微信支付、滴滴打车等附加功能则不愿意进一步挑战自己。有老人在深度访谈中表示："根本不搞（微信支付），就是到时候需要什么，女儿、外孙女都会给买。不用，到时候收就行了，收快递就行了，需要什么她们买啊。"另一位退休干部则表示："我自己捣鼓着，也捣鼓得出来，就是没有花精力去捣鼓它。"此外，"科技恐惧"（具体表现为对上当受骗、隐私泄露等负面影响的担忧）也会阻碍老年人的互联网行动（朱迪等，2018）。比如有位老人拒绝参加工作坊的原因就很简单："现在我连信息都不收，电话号码不熟的一概不接，因为老年人容易受骗啊。这个（微信）我不知道，但肯定也有很多诈骗，我不想学。"

　　需求不强、精力有限，再加上对科技的过度恐惧，导致老年人的数字技能难以实现质的飞跃（全国城市老年人平均掌握18项微信功能中的11.4项）。深究背后的原因，数字思维或数字素养的匮乏（第三道坎）或许才是罪魁祸首。深圳新媒体工作坊开展11次课程之后，有一位老奶奶还是未能熟练使用微信，她略带自责地告诉我们："我们这些人吧，基本上是一张白纸。在微信上，你教我们什么，我们就是什么，你画一道我们就是一道，你画两道我们就是两道。"中国大部分老年人的生活经历使他们更加习惯于机械式的、命令式的灌输，而当今社会的数字思维方式恰恰与之背道而驰。因此，围绕微信出现的代际鸿沟，更多地表现为数字思维与传统思维的碰撞与摩擦、数字化生活方式对传统生活方式的挑战与颠覆。一些固守传统生活的老年人，免不了怀疑微信这类创新的意义何在："打车啊，购物啊，还有就是我口袋没拿钱，我拿手机就可以把钱给你那个。那个没意思，搞那个干啥？装点现金，能给人家就给人家，不给就算了，何苦搞那个？"

本章小结

本章综合 2016 年深圳调查和 2018 年全国调查的数据，勾勒出老年人数字化生活的全景图，并探讨了老年人微信采纳与使用的影响因素。早在 2016 年，深圳近六成的老年人就经由微信开启了数字化生活，而两年后的全国调查数据也显示，城市老年人中的近一半已经跨越数字化门槛。老年微信用户画像显示，他们日均使用微信时长为 1.37 小时、微信好友数为 104.28 位、掌握 11.47 项微信功能、能辨别出 4.01 条谣言（$n = 8$）。正如我们 2018 年和腾讯研究院合作公布调查报告时的戏言："原以为老年人都是青铜，却没有想到隐藏着许多王者。"年长世代的数字化生活比我们想象的精彩。但是，具体到朋友圈功能的使用，我们的调查也发现年轻人吐槽的那些"刻板印象"——老年人的朋友圈没营养，转发远多于原创，广告鸡汤太多，遍地都是标题党——并非言过其实。这表明，老年人在数字化世界仍然处于被动输入的地位，缺乏主动输出的能力与素养。他们虽然入了圈，却破不了壁，被主流的数字文化"区隔"在一旁。尽管只是"有限入圈"，统计分析仍然显示，微信的采纳和使用与老年人的主观幸福感之间存在显著的正向关系，越幸福越用微信，越用微信越幸福。

关于老年人数字化生活的影响因素，我们着重比较了客观因素和主观因素及社交因素各自的解释力。结果显示，无论是微信采纳还是微信使用，那些通过后天努力能够改变的主观因素及社交因素的解释力都显著高于随着年龄增长而无法改变的客观因素。这让我们对老年人的数字融入充满乐观的期待，从城市到农村，从女性到男性，从青老年到老老年，老年人正以他们特定的步调努力跟上潮流，拥抱数字媒体。随后，我们结合质化研究发现，进一步讨论了统计分析显示出来的性别逆转现象——具体表现为老年女性比老年男性更积极主动地拥抱数字化生活——背后的真实原因，并探究从身体排斥到心理排斥再到数字排斥的发生机制。老年人的数字融入需要跨越数字设备/接入、数字技能/使用和数字思维/素养三道坎，而在这个过程中，"积极老龄化"的心态与行动至关重要。

第六章 老年人的受谣、信谣、传谣状况及其影响因素

第一节 作为谣言易感人群的老年人

第五章所展现的老年人数字化生活大体上是积极阳光的，然而这只是硬币的一面。在另一面，由于缺乏必要的数字思维和数字素养，不少老年人沦为网络谣言、网络诈骗的受害者，以至于"谣言易感人群"成为老年人的一个重要群体标签。北京地区网站联合辟谣平台与腾讯较真平台于 2017 年 4 月公布的报告称，"老人退休在家，对社会消息的敏锐度降低……他们对谣言的辨别能力不足，更加容易受到谣言的影响……60 岁以上的老人超过三成都是谣言易感人群。而防骗高手这个群体中，60 岁以上的老人所占比例也最低，同时，他们对于谣言的鉴别能力低于其他年龄段的群体"。中山大学的何凌南研究团队与腾讯在 2019 年 1 月发布的《中老年人易感谣言分析报告》再次印证了上述发现，并指出 50 岁以上的中老年人最爱传播的谣言主要有四类：饮食养生类、疾病医疗类、公共安全类、公共管理政策类。上述调研报告的发现与我们的日常感知也基本相符。

的确，在朋友圈和微信群（尤其是家族群）里有不少老人在转发这些谣言，这也引起了很多年轻人的反感，甚至因此屏蔽老人的朋友圈，将群消息设为免打扰，落个清静。

与其吐槽老年人爱传谣，不如分析是哪些因素把老年人变成了这样的人。给老年群体贴上"谣言易感人群"的标签并不能解决问题，反而会把网络谣言泛滥成灾的现象归咎于老年人自身的不足，而忽视了背后的心理作用机制以及社会排斥问题。事实上，在2012年转向数字代沟与数字反哺的研究之际，笔者正好将自己多年的谣言研究成果整理出书。在《当代中国社会的网络谣言研究》一书中，笔者认为，应该摒弃对谣言负面狭义的学术偏见，对谣言给予中立和广义的定义，即"谣言是未经官方证实却在民间广为流传的对现实世界的假设，或人们在议论过程中产生的即兴新闻，它可以作为一种工具性说法，帮助人们解读当前模糊而重要的情境"（周裕琼，2012：14）。发掘事实（fact-finding）、发展人际关系（relationship-enhance-ment）、提升自我（self-enhancement）是人们传播谣言的三大动机。毋庸置疑，造谣、传谣会产生很多负面影响，但是，对于个体而言，他们也会借助这个过程缓解焦虑、释放紧张、提示风险、激发求知、辅助归因。

遗憾的是，在《当代中国社会的网络谣言研究》一书中，笔者进行的8次实证研究都是围绕谣言事件展开的，没有聚焦特定人群。我们检索了此后发表在新闻传播学四大刊（《国际新闻界》《现代传播》《新闻大学》《新闻与传播研究》）上的论文，发现谣言（尤其是网络谣言）已经成为研究的热点。2012年初至2022年10月，总计发表了44篇论文，但大部分研究仍然是以具体事件为导向，分析谣言本身的产生背景、传播机制和应对策略。只有零星的研究关注人们信谣传谣、识谣辨谣背后的个人特质和心理动机，比如刘鸣筝和孔泽鸣（2017）的问卷调查发现，公众谣言辨别能力与性别、学历、对意见领袖的选择偏好显著相关，与生活地域和收入水平无关，与社交网络密度中的微博关注数量呈正相关关系。楚亚杰（2020）通过对问卷数据的分析则发现了谣言辨识力的"U"形特征：中国网民对不实信息的判断能力呈现"两端高中间低"的趋势，即客观知识水平最高和最低的两个群体鉴别力相当，反倒是中等教育水平和中等知识水平的网民鉴别力最低。

什么样的谣言更容易被传播？奥波尔特和波斯特曼（Allport and Postman，1947）曾经提出一个经典的公式：谣言的流传 = 重要性（importance）×模糊性（ambiguity）。此后，学者们进行了多次修正，比如，用"involvement"（个体感觉对此事件/情境的卷入程度）取代重要性，用"uncertainty"（个体感觉到的不确定性）或 anxiety（个体在心理上的焦虑与担忧）取代模糊性（Rosnow，1988），加入参与者表现（活跃度、可信度、态度等，参见徐速，2014）、信息不对称性（匡文波、郭育丰，2012）、公众情绪（匡文波、武晓立，2021），并进一步引入判断能力（王灿发，2010）、批判能力（王倩、于风，2017）作为公式中的分子。关于谣言的内容特征，熊炎（2013）认为，内容相关突发事件的动荡性与内容求证难度能预测谣言活跃度，辟谣主体层级越高则谣言活跃度下降幅度越大。进一步，他通过问卷调查构建出一个保守的谣言传播力预测或评估模型：谣言传播力 = 负面+指示−情色+正面+知名来源

+知名主体+反驳+图片或视频-正面×排外+负面×暴力（熊炎，2016）。赵文晶和王馨慧（2014）对"十大网络谣言"的分析则显示，谣言传播与信源、渠道的信任指数呈正相关，谣言传播范围与辟谣时效成反比。

作为"谣言易感人群"，老年人的受谣、信谣、传谣有何具体的表现，又会受到哪些因素的影响？我们遗憾地发现，除了前面提到的调研报告，新闻传播学者很少对这个问题进行有理论意义的探究。吴静等（2019）发现老年受众易感谣言主要为健康类、社会类、时政类和经济类，其中健康类占比（85%）遥遥领先，性别、居住地、年龄、社交程度、身体健康水平、SES 特征、媒介偏好不同的老人对谣言的易感程度也不同。但必须指出的是，上述结论都是基于描述性数据的分析而非推断性统计分析，学术价值不高。在新冠疫情的大背景下，吴静（2022）又进一步通过问卷调查，解析出健康谣言易感老年群体的特征指数，发现社交特征强、财富水平高、能动性强的老年人对健康谣言更易感，而反制特征越强（性格外向开朗，听力敏锐，思维能力强，运用电脑和手机检索、查询信息等操作能力强）的老年人对健康谣言的甄别能力越强。仔细比较上述结论，不难发现其自相矛盾之处颇多。比如，社交特征强、能动性强的老人往往也是性格外向开朗、思维能力强的反制特征强的老人，而前后表现不同。究其原因，一方面是概念界定不够明晰，另一方面是研究设计是数据驱动（data-driven）而非理论驱动（theory-driven）。

有鉴于此，我们决定在国内外大量的谣言研究文献基础上，提出一个针对老年人的谣言传播理论框架，并在微信情境下验证。如图 6-1 所示，我们认为老年人的人口特征、社会交往、微信使用、评估能力（前述文献提到的判断和批判能力在微信情境下的一个操作化指标）、上网焦虑（老年人日常上网时对谣言、隐私等问题的担心程度）会影响他们对微信谣言的接触程度（受谣）、相信程度（信谣）和转发程度（传谣）。同时，我们也相信，不同类型——卫生健康、食品安全、社会治安、政策法规、娱乐八卦、野史秘闻、网络安全、科学常识——的网络谣言会在老年群体中有不同的受谣、信谣和传谣表现。具体到特定的谣言，老年人的转发程度既取决于他们的接触程度和相信程度，也取决于他们认为谣言涉及的信息对于自己而言有多重要（重要性），或者会引发自己多大程度的焦虑（焦虑度）。最后，公文（2018）对老年人的健康信息回避行为的研究发现，代际支持能够对老年人进行有效的信息干预与补偿，我们

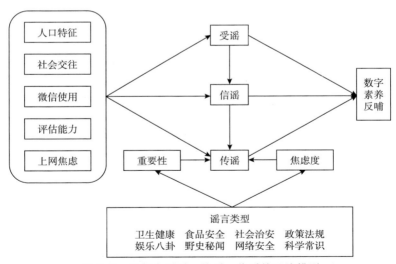

图 6-1 老年人受谣、信谣、传谣的理论模型

认为类似的机制也有可能发生在老年人受谣、信谣、传谣行为中：老年人的谣言易感表现，有可能"唤起"晚辈对他们的数字素养（尤其是安全上网）方面的反哺，借此抵消与预防谣言对老年人的负面影响。

第二节　研究设计

一　出示给受访者的八条谣言

根据《2017 腾讯公司谣言治理报告》罗列的最常见谣言类型，我们设计了八条网络谣言，分别涉及卫生健康、食品安全、社会治安、政策法规、娱乐八卦、野史秘闻、网络安全、科学常识等话题（见表 6-1）。在 2018 年的入户调查中，调查员向已经采纳了微信的受访者（其中包括 694 位老年人）相继出示八张微信推文/朋友圈截图，并请他们在看完每一张图片后回答 5 个问题（参见附录 2 问题 C25）：1. 您经常看到这类信息吗？（受谣程度）2. 您认为这条信息可靠吗？（信谣程度）3. 您认为这条信息重要吗？（重要性）4. 这条信息会让您感到焦虑吗？（焦虑度）5. 您会转发这条信息给谁？（传谣程度）。在上述 5 个问题中，前 4 个采用 Likert 五级量表，最后 1 个是多选题。需要说明的是，向受访者出示图片的时候，我们并没有使用"谣言"这个负面引导性的说法，而是使用了"信息"这个中立的说法。

表 6-1　八条谣言标题及内容

类别	标题	具体内容
卫生健康	H7N9 来势汹汹！已有多人感染，马上发给你关心的人！	河南省洛阳市，昨天下午一人因吃大盘鸡感染 H7N9 死亡，年龄 25 岁，参与抢救的医生已经被隔离，紧急通知，暂时别吃鸡肉、鸭肉，因河南省洛阳市 5570 头家禽已感染。收到马上发给你关心的人，预防永远胜过治疗
食品安全	大米竟然是塑料袋做出来的？看完，太可怕了！	一个视频
社会治安	急找孩子，求转，求帮忙	福州市实验小学寻人启事，1394029×××× ，有线索酬金 10 万，帮忙扩散。今天上午一个三岁多小女孩在锦绣花园小区附近被人拐走了，小女孩能说出她爸爸的手机号码，从监控上看是被一个四十多岁男人抱走了，现大人都急疯了，有知情者请告之（知），万分感谢，看到信息的兄弟姐妹留意一下，联系人宁××1394029×××× ，如果看一眼懒得转的冷漠的人也请你伸出手指按 3 秒，看到就转转吧
政策法规	各位司机朋友注意了！小孩坐副驾，六分三百元！今年开始实施	交通新规 2016 年 3 月 1 日施行：1. 闯红灯，记 6 分，罚 200 元。2. 酒驾，记 12 分，5 年内不得再考取驾照。3. 不系安全带，记 3 分，罚 200 元。4. 副驾不系安全带，记 1 分，罚 50 元。5. 行驶中拨打手机，记 3 分，罚 200 元。6. 行驶中抽烟，记 1 分，罚 200 元。7. 有意遮挡号牌，记 12 分，顶额处罚。8. 超速驾驶，记 6 分。9. 副驾驶有不满 14 周岁乘坐（客）的，记 6 分，罚 300 元。
娱乐八卦	国际巨星李某某如今重病缠身，最想去世后回国安葬	众所周知，国际巨星李某某在早些时候把自己的国籍改为了外国籍，而这一举动是很多人如今都不喜欢他的理由。但究其原因，该明星改国籍竟是因为想为国……

类别	标题	具体内容
野史秘闻	揭秘三年自然灾害与苏联逼债!	一个历史事件冠名的改变,往往表示社会共识对这个历史事件认知的改变。在共和国的历史上,大体上从1959年下半年到1962年上半年这3年时间,经济严重衰退,人民生活困苦,许多地方出现大量"非正常死亡"。这是一段令人刻骨铭心的历史,是中国肌肤上曾经严重创伤而留下的不可消去的疤痕
网络安全	亲测微信严重漏洞:发俩数字就能废掉对方微信!	微信又出Bug啦!!安卓用户如果在聊天内容中发送任意"两位数字+15个标点符号"(如:15。。。。。。。。。。。。。。。),会触发过滤器的Bug导致内存泄露,发消息和读消息的人手机都会卡死,微信会出现无响应的情况
科学常识	家里的这两种液体一旦合体,马上死亡!速速扩散!	前段时间,家住北京丰台区的王女士正在清洁自家的卫生间和马桶,在倒入洁厕灵后随手将84消毒液也倒入其中,没想到打扫完毕走出卫生间后,突然晕倒,被送往医院,经抢救无效,死亡!

二　关键自变量的测量

人口特征、社会交往、微信使用等变量的测量已经在第四章中做过详细阐述,在此就不予赘述。除此之外,我们还对受访者的评估能力、上网焦虑,以及受访者对每条谣言的重要性感知和焦虑度感知进行了测量。

对于评估能力,采用Likert五级量表,包括"查看文章是不是新近发表的""查看文章写的内容是否全面""考虑发布文章的平台够不够权威"等10个问题(见附录2问题C26),分别从文章时效性、内容风格、来源等不同角度测量受访者对信息的评估能力。694 位老人的评估能力均值为 2.35（SD = 0.95），在五级量表上，这个表现是令人沮丧的。经检验，Cronbach's $\alpha = 0.928$，量表信度良好。在效度方面，*KMO* 值为 0.922，Bartlett 球形检验结果显著，因子分析发现，10 个问题可以很好地体现在两个维度上，证明量表效度良好。

关于上网焦虑，我们询问受访者在使用电脑或者智能手机上网时，是否担心诸如"听信谣言""上当受骗"等 5 种上网安全问题（见附录 2 问题 C6）。694 位老人的上网焦虑均值为 2.59（SD = 1.66），经检验，Cronbach's $\alpha = 0.950$，量表信度良好。在效度方面，*KMO* 值为 0.885，Bartlett 球形检验结果显著，因子分析显示，5 个问题按照理论预期体现在同一维度上，效度良好。

第三节　不同类型谣言的受谣、信谣与传谣

参考生成期—评估期—扩散期这个经典的三阶段谣言研究框架（Difonzo and Bordia，2007），我们把老年人的谣言行为分成受谣（接触谣言，对应生成期）、信谣（相信谣言，对应评估期）和传谣（转发谣言，对应扩散期）三个阶段来考察。在具体分析受访者对每一条谣言的反应之前，我们先要做一个整体统计，即对于 8 条谣言，受访者曾接触几条、相信几条、打算传播几条。在原先的问卷中，每条谣言下面关于受谣、信谣、传谣的问题有 2 个是 5 级量表，1 个是多选题，在整体统计中，我们对这些选项重新计分。针对"您经常看到这类信息吗"这个问题，选择了"经常""有时""偶尔"的计作受谣 1 分；针

对"您认为这条信息可靠吗"这个问题，选择了"很可靠""比较可靠"的计作信谣 1 分，而选择"很不可靠""较不可靠"的则计作辨谣 1 分，信谣和辨谣可以视作相同概念的一体两面；针对"您会转发这条信息给谁"这个问题（多选题），选择"家人""亲戚""朋友""所有人"的计作传谣 1 分。8 条谣言累计，则受谣、信谣/辨谣、传谣的最高值为 8、最低值为 0。

如表 6-2 所示，在我们出示的 8 条谣言中，694 位老人平均接触过 4.88 条，相信 1.64 条（辨别谣言 4.11 条，无法判断 2.25 条），打算传播 1.48 条。面对参差不齐的网络信息，老年人虽然有些"猝不及防"，但却不至于"老眼昏花"。虽然他们接触的谣言较多，但他们能辨别出一半以上的谣言，所以真正相信和传播的谣言并不多，大部分谣言止于自己，只看不信，更不会传。

表 6-2　老年群体的受谣、信谣、传谣意愿

	总体 （ $n = 694$ ）	老年男性 （ $n = 347$ ）	老年女性 （ $n = 347$ ）	t	df	p
受谣	4.88	5.04	4.73	1.605	692	0.049
信谣	1.64	1.65	1.63	0.144	692	0.443
传谣	1.48	1.38	1.60	-1.546	692	0.062

在了解老年群体总体表现的基础上，我们又进一步探究了其中的性别差异。第五章对老年人数字化生活的分析显示，女性在微信采纳上实现了性别反超，老年女性比老年男性更多更早地采纳微信，但是在微信使用上男性仍然比女性更占优势。

所谓"头发长见识短",长期以来,人们都认为女性比男性更容易受到谣言影响,这种性别刻板印象在老年群体中是否仍然成立?在受谣阶段,老年男性平均接触过 8 条谣言中的 5.04 条,老年女性平均接触过 4.73 条,两者差异具有统计显著性($t = 1.605$,$p = 0.049$)。这或许是因为老年男性群体使用微信相比女性来说更频繁,所以接触到谣言的可能性更大。在信谣阶段,老年男性平均相信 1.65 条谣言,老年女性平均相信 1.63 条,两者差异不具有统计显著性($t = 0.144$,$p = 0.443$)。在传谣阶段,老年女性似乎比老年男性更积极,她们对 1.60 条谣言表示出转发意愿,而老年男性对 1.38 条有转发意愿,但两者差异也不具有统计显著性($t = -1.546$,$p = 0.062$)。总体看来,性别差异仅出现在受谣程度上,而且是男性比女性高,原有的"女性爱谣言"的刻板印象在这里显然不成立。

下面,我们再具体来看不同类型的谣言在老年群体中的传播情况。如表 6-3 所示,在受谣阶段,老年男性和老年女性对有些类别的谣言接触程度几乎相当,比如对卫生健康、社会治安、网络安全类谣言的关注差异很小(不到 3 个百分点),但在有些类别的谣言上却差异显著,比如老年男性接触的政策法规和野史秘闻类谣言远远多于老年女性(分别相差 12.5 个百分点和 21.1 个百分点),但是老年女性接触的食品安全和科学常识类谣言则多于老年男性(均相差 6.9%)。这也从一个侧面反映出老年男性和老年女性退休后迥然不同的日常生活,老年男性仍然热衷于国家大事、沉迷于历史风云,而老年女性则操心着一日三餐、关心着生活常识。

数字代沟与数字反哺

表 6-3　老年群体对八类谣言的受谣和信谣情况

单位：%

类别	受谣			信谣		
	总体	老年男性	老年女性	总体	老年男性	老年女性
	（n=694）	（n=347）	（n=347）	（n=694）	（n=347）	（n=347）
卫生健康	69.2	68.3	70.0	24.8	21.9	27.7
食品安全	69.5	66.0	72.9	15.4	14.4	16.4
社会治安	77.4	77.5	77.2	28.1	27.4	28.8
政策法规	59.8	66.1	53.6	37.2	38.9	35.4
娱乐八卦	53.3	58.5	48.1	7.9	10.4	5.5
野史秘闻	46.3	56.8	35.7	18.4	25.4	11.5
网络安全	46.7	48.1	45.2	7.9	8.4	7.5
科学常识	66.3	62.8	69.7	24.6	18.7	30.5

在信谣阶段，政策法规、社会治安、卫生健康类谣言对老年人来说最具迷惑性，而娱乐八卦和网络安全类谣言最容易被老年人辨别，相信它们的老年人不到一成。再来看性别差异，老年男性和老年女性在食品安全、社会治安、政策法规、网络安全这些谣言上的信谣差别不大（都在 4 个百分点以内），但是对于卫生健康和科学常识类谣言，老年女性明显比老年男性更相信（差距分别为 5.8 个百分点和 11.8 个百分点），而对于野史秘闻，老年男性则明显比老年女性更相信（相差 13.9 个百分点）。人们总是相信自己愿意相信的，即便它是谣言，显然，老年男性和老年女性各自的信息偏好也影响了他们对不同类型谣言的相信程度。

在传谣阶段（见图 6-2），政策法规类（比如我们调查时展示的"新交通法规"）谣言与人们的切身利益相关，受访者最愿意转发，即便它是假的，提醒一下亲朋好友总归没有坏处；其次是科学常识类、卫生健康类、食品安全类和社会治安类，这四类谣言涉及人们最底层的需求（生理和安全需求），非常容易引起老年群体的关注与焦虑，"宁信其有，不信其无"，转一下也无妨。而野史秘闻类、娱乐八卦类谣言更多起到娱乐自我的作用，贸然转发会显得"层次不高"，所以老年群体对这两类谣言的转发意愿最低。老年人一般会把谣言转发给谁？首先是家人（78.0%），其次是朋友（49.9%）和亲戚（49.5%）。难怪家族群成为谣言泛滥的重灾区。

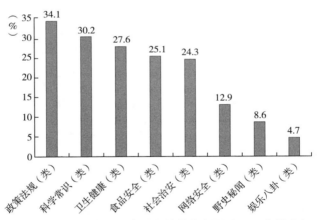

图6-2　老年群体对八类谣言的转发意愿（2018年调查）

受谣、信谣、传谣之间是否存在一定关系呢？我们对三者进行两两相关性分析，结果如表6-4所示。数据分析显示，所有相关系数均显著。也就是说，老年人接触的谣言越多，就越有可能相信它，也越有可能传播它。谎言说一万遍就变成真理，老年人面对谣言表现出来的受谣、信谣与传谣之间的关系符合经典的谣言研究发现。

表 6-4 老年群体的受谣、信谣、传谣两两相关性分析（2018 年调查）

	受谣	信谣	传谣
受谣		0.423**	0.425**
信谣	0.423**		0.633**
传谣	0.425**	0.633**	

注：** $p < 0.01$。

下面，我们将以更为精细化的数据（五分变量），考察老年群体中每个类型谣言的受谣、信谣、传谣程度。其中，受谣（5 为接触最多，1 为最少）和信谣（5 为最相信，1 为最不相信）原本就是通过五级量表测量。传谣在问卷中是多选题（所有人、朋友、亲戚、家人、不会转），这里将它们转化为五分变量，选了所有人，计 5 分；同时选了朋友和亲戚，计 4 分；朋友和亲戚只选了一个计 3 分；只选了家人计 2 分；不会转计 1 分。各类谣言的均值如表 6-5 所示。进一步把 8 个类型按照受谣、信谣、传谣三个维度做 ANOVA 分析，结果八类谣言的受谣（$df = 7$，$F = 34.784$，$p = 0.000$）、信谣（$df = 7$，$F = 48.905$，$p = 0.000$）、传谣（$df = 7$，$F = 40.420$，$p = 0.000$）均存在显著的组间差异。

表 6-5 八类谣言的受谣、信谣、传谣程度均值（$n = 694$）

类别	受谣	信谣	传谣
卫生健康	2.67	2.56	1.64
食品安全	2.74	2.20	1.52
社会治安	2.94	2.67	1.67
政策法规	2.59	2.97	1.70
娱乐八卦	2.21	2.10	1.07

类别	受谣	信谣	传谣
野史秘闻	2.16	2.47	1.19
网络安全	2.11	2.09	1.22
科学常识	2.66	2.52	1.63
ANOVA 分析	$df=7$，$F=34.784$，$p=0.000$	$df=7$，$F=48.905$，$p=0.000$	$df=7$，$F=40.420$，$p=0.000$

其中，社会治安、卫生健康、科学常识类谣言的受谣、信谣和传谣程度呈现"三高"趋势，老年人对它们接触较频繁，相信程度较高，传播意愿也较强。此外，政策法规类谣言虽然受谣程度居中，但信谣和传谣程度却最高；食品安全类谣言虽然信谣和传谣程度居中，但受谣程度很高。所以，社会治安、卫生健康、政策法规、食品安全、科学常识这五类谣言可以说是老年人最易感的谣言，这些谣言都与老年人的日常生活密切相关。与之相反，对于网络安全和娱乐八卦这样的谣言，可能年轻人会关注和谈论，但老年人却几乎"无感"，受谣、信谣和传谣程度呈现"三低"趋势。对于野史秘闻类谣言，虽然老年人的相信程度较高，但接触和传播程度都不高，所以对老年人的影响也不大。

进一步，我们还在每类谣言下进行了男女比较（$t-test$），如表6-6所示。在受谣阶段，老年男性对于政策法规、野史秘闻这两类谣言的接触程度显著高于老年女性，但对于科学常识类谣言的接触程度显著低于老年女性。在信谣阶段，老年女性对于卫生健康、食品安全、科学常识类谣言的相信程度显著高于老年男性，但对于野史秘闻类谣言的相信程度显著低于老年

表6-6 八类谣言的性别差异（男 $n=347$，女 $n=347$）

	受谣				信谣				传谣			
	男	女	t	p	男	女	t	p	男	女	t	p
卫生健康	2.69	2.64	0.532	0.595	2.42	2.70	-3.079	0.002	1.57	1.70	-1.310	0.191
食品安全	2.65	2.84	-1.713	0.087	2.09	2.31	-2.735	0.006	1.44	1.59	-1.812	0.070
社会治安	2.87	3.01	-1.330	0.184	2.64	2.70	-0.743	0.457	1.66	1.68	-0.250	0.803
政策法规	2.83	2.35	4.338	0.000	2.98	2.96	0.229	0.819	1.72	1.68	0.409	0.683
娱乐八卦	2.31	2.12	1.865	0.063	2.10	2.10	0.037	0.971	1.08	1.07	0.521	0.602
野史秘闻	2.44	1.89	5.703	0.000	2.56	2.38	2.094	0.037	1.23	1.14	1.619	0.106
网络安全	2.16	2.06	0.935	0.350	2.05	2.13	-0.936	0.350	1.24	1.20	0.779	0.436
科学常识	2.53	2.80	-2.461	0.014	2.36	2.68	-3.585	0.000	1.48	1.77	-3.154	0.002

男性。在传谣阶段，性别差异仅在科学常识类谣言上表现显著，老年女性对此类谣言的传播意愿显著高于老年男性，对于其他类型的谣言，老年男性和老年女性的传播意愿相当。总体而言，基于五级量表的性别差异统计分析，与前面基于二分法的描述性数据分析基本一致，这也从一个侧面证明了我们把五级量表用二分法处理的做法是可行的。

第四节　模型检验

根据前文中所提出的理论框架，我们将 2018 年全国调查中 694 名老年微信用户的受谣、信谣、传谣情况作为因变量，将人口特征、社会交往、微信使用、评估能力、上网焦虑作为自变量，进行三次一般线性回归，所有自变量都通过了共线性检验，彼此之间不存在多重共线性。因变量在这里转化为二分变量（有 1/无 0）并以累加的方式处理成为连续变量（最大值为 8，最小值为 0），即受访老年人接触过谣言的数量、轻信谣言的数量、转发谣言的数量。汇总结果如表 6-7 所示。

表 6-7　预测受谣、信谣、传谣的线性回归系数汇总（$n = 694$）

	受谣	信谣	传谣
	回归 1	回归 2	回归 3
人口特征			
性别（女 = 0）	0.038	0.034	−0.232
年龄	0.003	−0.009	−0.001
收入	0.027	0.080 *	0.030
受教育程度	0.084	−0.128	−0.048
子女数量	−0.097	−0.089	0.035

	受谣	信谣	传谣
	回归 1	回归 2	回归 3
社会交往			
与他人交往频率	0.074	0-.009	-0.086
参加社会活动频率	0.310	0.311*	0.222
微信使用			
微信使用深度	0.183***	-0.012	0.048*
微信社交广度	-0.001	-0.001	-0.001*
微信使用强度	0.023	0.134	0.108
评估能力	0.068	-0.160*	0.055
上网焦虑	0.366***	0.225***	0.250***
常数	0.528	2.062	0.254
Adjusted R^2	0.231	0.056	0.084

注：* $p<0.05$，*** $p<0.001$。

　　首先，哪些因素影响了老年人的谣言接触？回归 1 中所有自变量对受谣程度的解释力为 23.1%。虽然解释力比较理想，但是在所有自变量中，仅有微信使用深度和上网焦虑对受谣产生了显著的影响。具体表现为，掌握微信功能越多（使用深度越高）、对上网越感到焦虑的老人越有可能接触到各类谣言。

　　其次，哪些因素导致老年人轻信谣言？回归 2 中所有自变量对因变量的解释力为 5.6%。虽然整体解释力不高，但表现显著的却不少。具体来说，收入越高、参加社会活动越频繁、信息评估能力越低、上网越焦虑的老人越容易相信谣言。

　　最后，哪些因素会推动老年人传播谣言？回归 3 中的自变量可以解释因变量 8.4% 的变化。在具有显著影响的自变量中，上网焦虑仍然表现突出，贡献了最大的影响力。具体表现为，在上网过程中越感到焦虑的老人越会传谣。另外，微信使用也对传谣意愿产生较大影响，微信使用越深、社交广度越小的老人越容易产生传播谣言的意愿。

综合来看，我们可以得出以下结论：老年人的受谣和传谣主要与微信使用和上网焦虑有关，人口特征和社会交往并不会在受谣和传谣过程中产生影响；收入、评估能力、参加社会活动频率和上网焦虑会对信谣产生显著影响。在三次回归中，上网焦虑的表现最为显著且方向一致，即老年人越对上网感到焦虑，越有可能接触、相信和转发谣言。谣言是人们的精神口香糖，越是焦虑越需要"咀嚼"它。出于技术恐惧，老年人对互联网等新发明（或者说科学怪物）的担心比年轻人多很多，因此，需要通过谣言缓解自己的焦虑。从功能主义角度来说，谣言对于个体而言的重要功能就是缓解焦虑、释放紧张。这一点无可厚非，我们不应对老年人做出过多的道德批判，反而要借此认识到老年人面对新技术的无助，通过消除他们的上网焦虑来"治标治本"，减少他们的受谣、信谣和传谣行为。最近几年，社会层面对上网风险性的宣传越来越常见，很多社区会定期开展专门针对老年人的反诈宣传活动；在家庭中，子女也总是告诫长辈上网时注意不要上当受骗。"无处不在"的关怀让很多老年人在日常上网时对谣言、隐私等问题越发担心、越发焦虑。在我们看来，这种过分强调上网风险却不提供解决方案、不提高老年人的自我效能感的做法其实并不可取，甚至有可能适得其反。

对于受谣和传谣这一"头"一"尾"的两个环节，微信使用的影响值得进一步探讨。其中，微信使用深度对受谣和传谣有显著的正向影响，而微信社交广度则对传谣有显著的负向影

数字代沟与数字反哺

响。前者的影响很容易理解，老年人对微信用得越多，越有机会接触谣言，越有可能传播谣言。但为什么微信朋友少（社交广度小）的人更愿意传播谣言，而不是反之？其实，人们传播谣言的一个主要动机就是拓展人际关系（把谣言当作"社交敲门砖"），所以，越是社交圈小的人，越需要通过谣言认识新朋友、联系老朋友，获得社交上的认同感与成就感。

被我们寄予厚望的评估能力仅在信谣这个"中间环节"产生了显著的影响，评估能力越强的人，越不会相信谣言。但遗憾的是，评估能力并没有进一步影响老年人的传谣意愿。而线下的社会参与甚至在信谣这个环节上起到与理论相反的作用，这或许是因为老年人社会交往的对象主要是同龄人，错误的观念被大家共享和讨论，形成了谣言的"信息茧房"，而对于老年人来说，只有进行跨圈层的社会参与才能破茧而出。

最后，人口特征的表现（或者说"毫无表现"）既在意料之外，又在情理之中。既往研究总是强调年龄、性别、SES 等客观因素的影响，但在我们的回归分析中，控制其他因素的影响后，人口特征几乎对老年人的受谣、信谣、传谣行为没有影响（15 个回归系数中仅 1 个显著）。我们在描述性分析环节报告的老年男性和老年女性的差异在这里也消失了。相较于客观的人口特征，个体主观的感受（比如上网焦虑）、能力（比如评估能力）和行为（比如微信使用）才是影响受谣、信谣和传谣的关键变量。在这里，我们和第五章一样，又一次证明了主观能动的重要性，这对于老年人来说尤为重要。从客观上来说，老年人的确是谣言易感人群，但是只要我们想办法提高他们的主观能动性，就有可能降低他们的受谣、信谣和传谣风险。

　　根据我们在前文提出的研究框架，老年人的谣言传播意愿除了受到上述因素影响，还有可能因谣言的类型以及对谣言重要性的感知、对谣言焦虑度不同而有所变化。同时，传谣由于处于受谣和信谣之后，不可避免地受到受谣和信谣的影响。基于此，为了更准确地洞悉老年人谣言传播意愿背后的作用机制，我们决定聚焦每一类谣言的传播者和非传播者，看看是什么因素推动老年人传播各类谣言。我们以传谣为因变量，其中以对各类谣言没有传播意愿的老人为基准组（赋值为0），以受谣、信谣、重要性、焦虑度（均为五分变量）为自变量，进行了八次二元逻辑回归。结果如表6-8所示。

表6-8　预测各类谣言传播意愿的二元逻辑回归系数汇总（$n = 694$）

单位：人

项目	卫生健康	食品安全	社会治安	政策法规	娱乐八卦	野史秘闻	网络安全	科学常识
传谣人数	171	158	149	215	24	53	72	190
受谣	0.330***	0.475***	0.295**	0.449***	0.748***	0.461***	0.575***	0.508***
信谣	0.069	0.483**	0.585***	0.821***	0.772*	0.603*	1.137***	0.425*
重要性	0.710***	0.457**	0.552***	0.609***	0.535	0.556**	0.416*	0.843***
焦虑度	0.370**	0.370**	0.226*	0.097	0.373	-0.027	0.042	0.246*
常量	-5.187	-4.001	-3.582	-2.872	-5.707	-4.032	-2.184	-4.822
McFadden pseudo R^2	0.289	0.354	0.257	0.333	0.319	0.205	0.292	0.420

注：* $p < 0.05$，** $p < 0.01$，*** $p < 0.001$。

结果显示，四个自变量对各类谣言传播意愿的解释力都比较理想，大部分在30.0%左右，其中对科学常识类谣言传播意愿的解释力高达42.0%，即使是解释力最低的野史秘闻类谣言，也有20.5%。综合来看，受谣和信谣对各类谣言的传播意愿几乎都有显著影响，仅信谣对卫生健康类谣言的传播意愿影响不显著。总的来说，谣言接触越多、相信程度越高，越有可能传谣，这也与我们的理论预测相符。受访者对各类谣言重要性评估的预测力也非常突出，仅在娱乐八卦类谣言中表现不显著，对于其他谣言都是越重要越传播。谣言所引发的焦虑度对八类谣言传播意愿的预测力则一半显著一半不显著。针对卫生健康、食品安全、社会治安、科学常识等与老年人生活息息相关、老年人容易"感同身受"的谣言，焦虑度能够显著预测他们的传播意愿，对其他四类则无预测力。

根据我们的理论模型，长辈的受谣、信谣、传谣的负面经历，极有可能"唤起"晚辈们对他们的数字素养反哺。由于老年人首选的谣言传播对象是家人（78%），所以家中的晚辈最有可能成为谣言的"二次感染者"和"间接受害人"。无论是出于关心长辈的"孝道"，还是图耳根的清净，晚辈都有可能加强对长辈的安全上网反哺。在2018年全国调查问卷中，我们询问受访者是否接受过晚辈"不要轻易相信网上的信息""要学会判断信息的真假""不要信谣传谣"等六个方面的反哺（见附录2问题D9），合成了一个安全上网反哺变量（$M = 3.02$，$SD = 0.85$，Cronbach's $\alpha = 0.937$），并将它与受谣、信谣、传谣进行相关性分析，结果如表6-9所示。

表 6-9　受谣、信谣、传谣与安全上网反哺的相关性分析（$n=694$）

		受谣	信谣	传谣
安全上网反哺	Pearson 相关性	0.427***	0.125**	0.254***
	显著性（双侧）	0.000	0.001	0.000

注：** $p<0.01$，*** $p<0.001$。

不出所料，三个相关系数都为正向，且具有统计显著性。也就是说，老年人受谣、信谣、传谣越多，晚辈对他们的安全上网反哺也越多。虽然相关性分析无法支持因果推断，但按照事物发展的逻辑来看，老年人受谣、信谣、传谣在前，安全上网反哺在后，两者之间存在一个触发唤起的机制。

第五节　谣言背后的心理动因

量化分析永远存在"只见森林，不见树木"的局限，更何况老年人受谣、信谣、传谣的情境、理由和动机如此复杂，仅凭几个冷冰冰的数据不足以理解他们行为背后的逻辑。所以，我们在调研过程中，也辅助进行了一些质化访谈，尝试解读隐藏在谣言背后的心理动因。

一　关心则乱

虽然我们通过量化方法证明了老年人的年龄、性别等个人特征并不会对谣言传播有所影响，但这些人口统计学变量仅体现了受访者的生物属性，并没有将老年人复杂的社会属性涵盖其中。在一个家庭中，老年人最主要的社会属性就是为人父母的角色。每个特定的家庭角色都有其规范，在家庭这个微观组织中，父母作为家长，会自觉或不自觉地采取一系列行动以彰显自己的权力，并对自己的家庭角色产生特殊的地位期待。正是这种地位期待，让家长天然地产生领导、保护、照顾子女的欲望，承担起作为父母应尽的责任。

老年人作为家长，对孩子的保护和照顾对于他们来说是不需要思考就可以做出的"本能行为"。当老年群体在微信中看到科学常识、社会治安、食品安全、卫生健康等与日常生活密切相关的谣言时，哪怕内心不一定完全相信这些信息，强烈的相关性感知及不确定性感知，也会引发老年人对自己以及家人就相关话题的焦虑感，进一步触发他们作为家长保护和照顾孩子的潜在动机。一位受访老人表示："外面环境这么乱，女儿一个人在广州工作，真的很担心她，微信经常有报道出来拐卖妇女小孩，搞得我心慌慌，上次在微信上看到广州白云区（女儿工作地）出现拐卖年轻女仔到山区的文章，我马上发给她看，提醒她自己要注意安全，夜晚早点回家。"对社会风险的过度感知和对晚辈能力的"低估"——这也和传播学中的第三人效果有关，即认为负面信息对别人（包括子女）的影响比对自己的影响大——唤起了老年人保护子女的本能，所以他们才会主动将自认为有益的谣言转发给子女。

在我们接触的老年受访者中，很多父母乃至爷爷奶奶都会不约而同地提到一个词——"为人父母"，从中我们感受到的不仅有沉重的责任感，更有光荣的使命感。"养儿一百岁，长忧九十九。"在中国的传统观念中，照顾并保护孩子是父母的天职，在孩子小时候如此，小孩成年亦如此。一个人在成年步入社会后，虽然已经是相对独立的个体，但父母对子女的认知仍然会停留在青少年时期，认为子代不具备独立生活的能力，需要父母从旁"帮助"。因此，当老年人在微信谣言中感知到外界社会存在的潜在风险时，便自然而然地产生了保护欲。一个儿子已经 34 岁的母亲说道："他哪懂得照顾自己，熬夜对身体不好的嘛，他总是熬夜，你说叫不叫人担心，人家微信那里讲得很好，几点肝脏需要排毒，几点需要休息，好心好意转给他看，他不搭理你，没办法！"对于大多数老年传谣者来说，他们转发给晚辈的不是谣言，而是出于自身家庭角色规范对晚辈进行的保护和关爱。在微信谣言的家庭传播中，老年人信谣、传谣的动机大抵如此，是一种数字化社会中带有温度的"善意"之举。

二　担心则乱

在量化分析中，我们发现了"焦虑"这一关键词在老年谣言传播中的突出地位。无论是老年人对上网过程中许多未知风险的焦虑，还是他们对每类谣言产生的焦虑感，都对他们的受谣、信谣、传谣产生了显著影响。为何焦虑会促使谣言在老年群体中扩散，乃至向其他年龄群体蔓延？

霍夫兰在说服研究中提出恐惧诉求的概念，指一种运用"敲警钟"的方法唤起人们的紧张心理，进一步促成态度和行为转变的说服方法。这种方式通过对事物利害关系的强调，引起人们的注意。微信上广为流传的谣言大多涉及生命安全、社会安定等，通过夸张的语言、引人注目的图片和醒目的标签等强调该事件对人们日常生活的严重影响，从而唤起受谣人群的焦虑感知和情绪，促使他们信谣、传谣。老年群体的媒介素养水平相对较低，在接触谣言的第一时间难以辨别其真伪，短时间内会积聚大量焦虑情绪，造成强烈的"心理震荡"。这时，将信息转发给家人或朋友成为他们缓解焦虑的最快途径。所以，谣言像是"精神口香糖"，被老年人"咀嚼"之后再以发微信的方式"吐掉"，消息一经发出，焦虑感顿时消散大半。一位母亲在访谈中就提到："看到那些禽流感啊，真的很担心啊，传染这么快，都死人了。广州人流密集，赶紧转给女儿提醒她自己注意一下，也转给家庭群其他家人啊，朋友啊，让大家都知道这个病的严重性，预防一下，我才比较安心。"

除了自我慰藉似地图个"心安"，很多老年人还会通过进一步向家人朋友求证谣言真伪来消除焦虑感。相比于老年人这一数字弱势群体，年轻一辈的媒介素养水平相对较高，也对谣言有着更强的辨别能力。在我们接触的受访者中，就有老人刻意将谣言发送给年轻的家人朋友，以寻求事实真相。一位母亲提到："现在网络上很多谣言，真的很吓人，但是不确定是不是真的，转发给儿子问问情况，毕竟他们年轻人懂得比较多。很多东西我们这一辈人不懂，就来骗我们这辈人，问问儿子以后没那么怕。"

对于老年受谣群体来说，无论是信谣后的"利他"行为，还是向他人寻求信息辨别帮助，都可以缓解自身因谣言所产生的焦虑情绪。虽然动机不同，但殊途同归，传谣在无形中成为老年受谣人群焦虑情绪的最好宣泄途径。

三　重塑权威

在中国传统的家庭观念中，亲代享有很高的权威。自进入数字化时代以来，传统的家庭关系逐渐瓦解，又在网络世界中得以重新建构。通过微信远程串联起来的不同代际，关系更加趋于平等，而年长世代在数字接入、使用、素养等各个层次上处于弱势地位，这使他们会不自觉地寻求重新稳固自身地位的方式方法。微信谣言通常自带"鲜为人知""重大发现"的标签以诱惑人们传播，传谣者自认为借此可以在朋友圈中建立"无所不知""博古通今"的个人形象，以赢得他人尊重，在人际交往中获得满足感。正如一位受访老人所言："在微信上看到一些最新消息的时候就想马上转给家人、朋友，一方面觉得好东西要分享，另一方面大家都不知道的时候，从我这里知道这些消息我会很开心，感觉自己很厉害。"

在不少父母的认知里，子女永远都是"长不大的孩子"，是需要"被教育""被规训"的客体。但随着数字技术的不断发展，许多父母发现，自己的权威地位在社交网络中有被解构的趋势。越来越多的老年人在掌握使用数字媒体的能力后，会尝试夺回话语权，重新塑造自己在子女心目中"百科全书"的权威形象。一位老父亲在接受访谈的过程中表达出类似的想法："从小到大，孩子有什么问题都会问我，就当我是他的'百科全书'。这几年，什么微信、微博搞得我们父母好像什么都不会一样，用他们的话来说就是'out'了。我就有点儿纳闷了，我们吃盐比他们吃米都多，在很多为人处世、生活经验方面他们还很年轻，作为父母还是需要经常教导一下他们。"基于此，很多老年人会把自己认为"正确"的文章（哪怕是谣言）通过微信发送给子女亲朋，以此彰显自己在微信世界中的权威地位，可想而知，其结果往往事与愿违。

另外，也有一些老年人希望通过向晚辈发送文章塑造自己的正面形象，成为子代的榜样。自古以来，为人父母都讲究"言传身教"，在数字化社会，老年人能教给年轻人的经验越来越少，但仍有很多长辈希望能在晚辈心目中维持一个"全能""正能量""百事通"的正面形象："每个人都想将自己最好的一面展现给别人，特别是子女，平时聚少离多，我希望儿子觉得他妈妈我不是什么都不懂的，而是一个很有同情心、很善良的人，我希望我以前、未来都是儿子的榜样。"纵使初心有多么合情合理，老年人向外传播的如果是不真实的信息，最终往往都会产生反效果，甚至引发亲子间的冲突和矛盾。

四 亲情维系

对于亲子两代来说，血缘的伦理关系给两代人带来一种无法改变的确定性关系，能够为双方带来足够的安全感。但是由于现代社会的变迁，人们的时空观发生了改变，一个家庭中的各个成员不再生活在共同的物理空间中，子女外出求学、工作、成家，两代人的生活轨迹不再重合。亲子两代居住分离的情况越来越普遍，久而久之，不同代际原本基于血缘伦理的确定性关系发生了松动，空间和情感的疏离让亲代产生更强的孤独感和依赖感。这时，以微信为代表的数字化即时通信工具重新架起亲子两代沟通的桥梁，老年人得以跨越时空的限制，与子代进行沟通、维系感情。

微信作为一种远程通信工具，能够在不打扰对方的情况下进行一种间接式的沟通交流，满足情感需求。一位老人的回答印证了以上说法："她上课比较忙，不敢打电话给她，有时候转发一些我感兴趣的文章给她看，看不看倒无所谓，主要是能够吸引闺女出来跟我聊聊天。"向女儿发送谣言并不是这位老人的初衷，这些信息是对是错并不重要，它们只是亲子沟通的"引子"，老人需要通过有形的内容传递无形的情谊，实现亲情维系。

在对另一位父亲的访谈中，他也提到类似的情况："一个女孩跑这么远去读书，平时也很少会主动（用）微信（联系）我。我就时不时发个表情或者转篇文章给她看，接着问问她最近在做什么啊，还是挺想知道她最近过得怎么样的。"暂且不讨论父女间的互动效果，站在父亲的角度，发送文章为长辈和晚辈交流提供了一个"合理的借口"，哪怕发的是谣言。在这些案例中，微信谣言的家庭传播减轻了日常交流缺乏而给长辈带来的关系不确定感，并强化了亲子两代之间的联系。在这里，老人们传播谣言并不是因为相信谣言，而是通过谣言发出交流信号，增进代际互动，缓解两代人长期居住分离带来的情感疏离。

五 通过反哺来反谣

我们已经证明了老年人谣言传播与晚辈安全上网反哺之间的显著相关性，在质化研究中，我们也看到老年群体谣言传播后亲子互动最理想、最健康的状态。正如我们在第三章所提出的倡议，要看到老年人和年轻人之间存在的不仅仅是差距，更是一种差异。在人际交流中，交流者不能以减少人与人之间的差异为目的，而是要创建一个思想假定，寻求接受差异的方式，并以差异为依据认识关系中存在的同一性和差异性（王怡红，2006）。在数字化时代，老年人往往无法赶上信息的潮流，数字代沟不可避免，年轻世代充分认识并正视数字代沟，对老年群体的谣言传播行为进行换位思考，给予老年群体足够的耐心，进行积极的数字反哺互动，将有助于提升老年群体的谣言辨别能力，减少信谣、传谣的可能性。

一位女儿在接受访谈时提到："爸妈他们这一辈人在微信使用上不熟练，对网络上的信息也缺乏辨别能力，这也是正常的，等我们到这个年纪或许我们也跟不上未来的年代，所以我认为爸妈给我们转发一些谣言的时候，我们作为子女需要做的不是对他们转发谣言的行为进行批评，而是要教他们如何辨别谣言，一次不懂教两次，两次不懂教三次，不厌其烦地教他们，总有一天他们自己会判断哪些是谣言。"

家庭中的年轻人与长辈间原本就血脉相连、心意相通，如果年轻世代以温和、有耐心的沟通态度对长辈进行数字反哺，循循善诱地帮助长辈培养信息辨别的意识，不但可以实现家庭辟谣效果的最大化，还可以增强彼此之间的亲密关系。一位老人的话印证了子代良性反哺互动的效果："以前看到那些拐卖啊，食品健康文章的时候不懂得是假的，很害怕。转发给女儿看看，每次转发女儿总会耐心地跟我讲这些文章是假的，怎么看它是假的。我女儿还是挺孝顺的，能够不厌其烦地跟我解释，久而久之我也会看哪些文章是假的了。"

此外，部分子女还会向长辈推荐一些权威、可信的公众号，从源头上减少受谣、信谣、传谣的可能性。在访谈中，许多子代都表示向父母推荐过"谣言粉碎机""丁香医生服务号""果壳"等专业的微信辟谣平台。一位父亲表示："我现在都不看那些乱七八糟的公众号了，那个叫'丁香医生服务号'的公众号很多文章，每天都会讲一些微信上的谣言案例，我觉得挺好的，起码对我们这辈人来说是一个很好的增长知识的方式。"在老年人传谣以后，子代的数字反哺不仅能有效地提升老年群体的谣言辨别能力，减少老年群体的谣言传播行为，也能够有效缩小亲子之间的数字代沟，增进良好的代际关系。

本章小结

　　近年来，谣言（尤其是网络谣言）成为新闻传播研究的热点，然而，大部分论文是从事件出发，较少讨论特定人群的谣言心理与行为。在人们的刻板印象中，老年人是最常被谣言蛊惑的"易感人群"，事实果真如此吗？背后的影响因素又有哪些？我们在借鉴国内外文献的基础上，建构了一个理论模型，旨在探究人口特征、社会交往、微信使用、评估能力、上网焦虑等不同因素对老年人受谣、信谣、传谣全过程的影响。在2018年全国调查中，我们精心设计了卫生健康、食品安全、社会治安、政策法规、娱乐八卦、野史秘闻、网络安全、科学常识等八个类别的典型谣言，并出示给受访者。数据显示，老年人平均接触过其中的 4.88 条，相信 1.64 条（辨别谣言 4.11条，无法判断 2.25 条），打算传播 1.48 条。可见，老年人虽然接触的谣言较多，但真正相信和传播的谣言却不多，大部分谣言止于自己，只看不信，更不会传。

　　在八类谣言中，社会治安、卫生健康、科学常识属于老年人最易感的谣言，且老年男性和老年女性的谣言偏好有所不同。但是，在总体的回归模型中，包括性别、年龄、SES 变量在内的人口特征的影响几乎可以忽略不计，真正起作用的是老年人的上网焦虑、评估能力和微信使用。这再一次印证了我们在第五章的发现，对于老年人来说，主观感受比客观因素的预测力更强。毫无疑问，受谣和信谣程度会影响老年人的传谣意愿，而老年人对特定谣言的重要性和焦虑度感受也会影响他们的传谣行为，特别是那些与日常生活密切相关的谣言。最后，我们还发现，长辈们受谣、信谣、传谣的负面经历，极有可能"唤起"晚辈们对他们的数字素养反哺。借助质化研究，我们还在家庭情境中讨论了隐藏在谣言背后的长辈对晚辈的关心和担心，以及长辈试图通过谣言重塑权威和维系亲情的苦心。因此，我们提出，应该借助反哺来反谣，在代际亲密互动中消除谣言的负面影响。

第七章　数字代沟及其影响因素

第一节　中学生与父母的数字代沟

"万物有代谢，九天无朽摧""人事有代谢，往来成古今""江山代有才人出，各领风骚数百年"，代际更替是文人墨客反复吟咏的主题。作为一个学术概念，"代"问题一直都是生物学、历史学、社会学、人类学等众多学科研究的焦点。在不同的学科中，代的内涵和外延各不相同，从亲代到子代、从古代到现代、从朝代到时代、从年代到世代。无论从哪个学科出发，始终绕不开世代的更替与传承这一终极命题。玛格丽特·米德（1988）在 20 世纪六七十年代观察到代沟的存在，并注意到新兴技术——如电视、人造卫星、计算机等信息传播技术——正是代沟产生的重要因素之一。几十年过去后，以智能媒体为代表的 ICT 已然成为当今社会的"宰制性"力量。因此，我们亟须引入传播学的视角，从数字代沟这个核心概念出发，考察媒介化社会的代际更替与传承。

我们对这个问题的研究始于 2012 年。当时，中国有 5.64亿名网民（互联网普及率达到 42.1%），其中使用手机上网的有 4.20 亿人。我们选择深圳这座数字化程度最高的城市，对 200 个家庭中 400 位成员（亲代和子代各 200 位）进行问卷调查，将同一个家庭内亲子两代数据进行配对比较，对数字代沟进行了初次探索。

一　数字代沟在新媒体采纳上的表现

这里，我们从新媒体的采纳和使用两个维度，来表现数字代沟。在采纳方面，首先询问各个家庭是否拥有时兴的新媒体或开通了上网服务：电脑、电脑上网、普通手机、智能手机、手机上网、MP3、MP4、iPod、平板电脑、iTouch。结果显示，前五种几乎成为深圳家庭的必需品，采纳率都在 80% 以上，其中有电脑的比例更是达到 99.1%，电脑上网也因此高达 98.6%，可见对数字家庭来说，在家用电脑上网是"基本操作"；后五种相对娱乐化的媒体对于部分家庭来说还是"奢侈品"，除了 MP3 有五成家庭拥有，其余采纳率都不高。接着，我们分别询问父母与子女各自采纳了哪些新媒体，通过配对比较同一个家庭内两代人采纳的新媒体数量，经过配对样本 t 检验，我们发现两代人之间存在显著的采纳代沟（父母采纳 4.46 种，子女采纳 5.73 种）。

那么，亲子两代在新媒体采纳方面的数字代沟都与哪些因素有关？这里我们用子女采纳新媒体的数量与父母采纳新媒体的数量之差代表新媒体采纳代沟，将其作为因变量，分别考察父母和子女的人口特征对它的影响。结果发现，在父母为 50 后、子女为 80 后的家庭新媒体采纳代沟最大；其次是父母为 60 后、子女为 90 后的家庭；而父母为 70 后、子女为 00 后的家庭新媒体采纳代沟最小。由此可见，父母越年轻，学习新媒体的能力就越强，落后于子女的程度也越低；而子女年龄越大，就越有采纳新媒体的自主性，也就领先父母越多。

这里有一个出乎意料的发现，在 70 后父母与 00 后孩子这个最年轻的家庭组中（有 21 个这样的家庭），对新媒体的采纳出现了逆转，即父母的新媒体采纳数量要多于子女。一般来说，00 后这些青少年对新媒体应该充满兴趣，接触最积极且接受更容易，但在中国情境之下，读小学或初中的青少年仍然离不开家长的"管教"，时间和金钱都不能由自己做主，所以 00 后对新媒体的采纳必须得到父母的许可。反过来看，70 后的父母尽管不是在新媒体环境中出生成长，但需要在新媒体环境中工作生活，无论是主观能动性还是客观压迫性，都促使他们在新媒体采纳上更加积极。此消彼长之下，70 后父母与 00 后孩子这个家庭组中出现了负向的新媒体采纳代沟，即不是子代超越亲代，而是亲代超越子代（父母平均比子女多采纳 0.67 种新媒体）。

以两代人的受教育程度和收入为自变量，以新媒体采纳代沟为因变量，进行一般线性回归，得到的模型具有统计显著性（$p = 0.000$），能解释因变量 28% 的方差。结果发现，对于父母辈来说，受教育程度越高、收入越高，在新媒体采纳方面与孩子的差距越小；而对于子女来说，受教育程度越高，在新媒体采纳方面与父母的差距越大（见表 7-1）。子女受教育程度、父母受教育程度、父母收入依次为决定家庭内新媒体采纳代沟大小的最重要的三个因素。

数字代沟与数字反哺

表 7-1　新媒体采纳代沟的线性回归模型

自变量	非标准化系数（B）	标准化系数（β）	p
父母受教育程度	-0.45	-0.24	0.000
父母收入	-0.22	-0.19	0.007
子女受教育程度	0.64	0.39	0.000
子女收入	0.05	0.03	n. s.
常数	2.48		0.001
调整后 R^2	0.28		

二　数字代沟在新媒体使用上的表现

新媒体采纳是一次性的投入，而采纳后的使用涉及需求、动机、能力、效果等诸多因素。青少年作为生长于新媒体环境中的一代人，在使用新媒体方面会比出生成长于传统媒体环境中的亲代更加得心应手。调查问卷对受访者各种媒介使用时间的考察结果，证实了这种代际媒介偏好差异，将同一家庭内父母与子女听广播、看电视、读报、电脑上网和手机上网的时间进行配对比较，可以得到显著且一致的差异（见表7-2）。子女一辈对三种传统媒体（报纸、广播、电视）的使用时间显著少于父母，而使用新媒体的时间显著多于父母。其中，传统媒体中的电视在两代人使用时间上的差距最大，而手机上网是使用时间差距最大的新媒体，父母对电视的偏好和子女对手机上网的热衷已经成为很多家庭媒介生活的常态。

表 7-2　传统媒体和新媒体使用时间差异

传统媒体使用代沟（子女-父母）			新媒体使用代沟（子女-父母）	
报纸	广播	电视	电脑上网	手机上网
$t=-6.32$, $p=0.000$	$t=-2.78$, $p=0.006$	$t=-8.91$, $p=0.000$	$t=3.89$, $p=0.000$	$t=5.61$, $p=0.000$

　　为了进一步考察受访者对于新媒体的使用娴熟程度，我们进一步询问了亲子两代会使用哪些网络服务，并罗列了搜索引擎、网络新闻、即时通信、电子邮件等 18 种最常见的网络服务。平均而言，父母能掌握 4.74 种网络服务，而子女则会使用 8.23 种网络服务，并且这个差距在统计学意义上非常显著（$t=9.11$，$p=0.000$）。亲代最常使用的 4 种网络服务分别是网络新闻、搜索引擎、即时通信和网上便民服务，而在子代中普及程度最高的 4 种网络服务分别是即时通信、搜索引擎、网络新闻和微博。除了网上便民服务和网上炒股以外，子女对其他所有网络服务的使用娴熟程度都显著超过父母。无论是使用新媒体的时间，还是实际使用的网络服务，父母和子女两代人的差异都非常明显，我们在亲子两代的新媒体使用方面看到一条明显的代沟。

　　新媒体使用方面的数字代沟是否也与亲子两代人的人口特征有关呢？我们将新媒体使用代沟（子女使用的网络服务数量-父母使用的网络服务数量）作为因变量，分别考察父母和子女的人口特征对它的影响。受教育程度和收入这两个连续变量对新媒体使用代沟的影响与它们对新媒体采纳代沟的影响很接近。以两代人的受教育程度和收入为自变量，以新媒体使用代沟为因变量，进行一般线性回归，所得模型具有统计显著性（$p=$

0.000），能解释因变量 37% 的方差。受教育程度越高的父母，在新媒体使用方面与孩子的差距越小；受教育程度越高、收入越高的子女，在新媒体使用方面与父母的差距越大（见表 7-3）。年龄对新媒体使用代沟的影响与它对新媒体采纳代沟的影响几乎完全一样，即父母为 50 后、子女为 80 后的家庭新媒体使用代沟最大；父母为 60 后、子女为 90 后的家庭新媒体使用代沟次之；而父母为 70 后、子女为 00 后的家庭新媒体使用代沟最小。

表 7-3　新媒体使用代沟的线性回归模型

自变量	非标准化系数（B）	标准化系数（β）	p
父母受教育程度	-1.23	-0.25	0.000
父母收入	-0.15	-0.05	n. s.
子女受教育程度	2.09	0.48	0.000
子女收入	0.53	0.14	0.030
常数	5.73		0.002
调整后 R^2	0.37		

三　总结与反思

作为系列研究的第一步，也是笔者对于数字代沟问题的首次涉入，2012 年的调查研究印证了"数字鸿沟是人们的社会经济地位差距在新媒体领域的延伸"这一观点，同时量化考察证明了人口统计学变量和社会经济地位在数字代沟议题中的重要性，并促使我们将这些客观因素作为贯穿整个数字代沟与数字反哺研究的核心变量。同时，过往对于数字鸿沟的研究大多注重区域或人群的对比，关注宏观层次的差异。而我们在 2012 年调查中，则率先采取了一种微观视角，即家庭内亲子两代配对，这种研究思路可以让我们更细致地洞察家庭内两代人因数字媒介而产生的采纳、使用、认知差异，而不会让所有特殊情况平均化。在后续调查中，这种"配对"的思路被继续沿用，并且进一步得到完善。

亲子两代的教育差距是造成数字代沟的最主要原因。由于中国高等教育的普及，在相当长的一段时间里，中国家庭亲子两代受教育程度的差距还将持续加大，这将继续拉大数字代沟，引发更激烈的代际冲突。同时，我们不但看到持续拉大的数字代沟对中国家庭的巨大挑战，而且发现了可能会缓和亲子冲突、改革家庭结构的机遇，即数字反哺。在子代对亲代日益频繁的文化反哺过程中，施教与受教角色的互换非但没有对家庭产生破坏性的影响，反而富有建设性地改造了被"三纲五常"固化甚至异化的亲子关系。

第二节　大学生与父母的数字代沟研究

2011年，微信正式上线，在短短几年内迅速扩散，成为一款全民应用。微信的普及在一定程度上带动了互联网的普及，使一些原本不具备"上网条件和技能"的人为了用微信而上网。简单易用的微信似乎为弱势群体的数字突围提供了一条低成本、可复制、易推广的路径。所以，2015年的研究不再像2012年那样考察广泛意义上的新媒体，而是聚焦微信，从这个平台型应用管窥亲子两代人的数字化生活差异。

2015 年的研究框架如图 7-1 所示，为了延续并再次验证 2012 年调查的发现，我们继续探究了亲子两代的个人社会经济地位（SES）及家庭状况对数字代沟的影响。而数字代沟又包括两个维度：其一，客观呈现维度，即通过对亲子两代朋友圈的内容分析呈现出来的客观数字代沟（Objective Generation Digital Gap，OGDG）；其二，主观认知维度，即通过对亲子两代配对问卷调查数据的分析揭示出来的主观数字代沟（Subjective Generation Digital Gap，SGDG）。无论是客观数字代沟还是主观数字代沟，都涉及使用频率、使用功能和信息偏好三个方面数据。

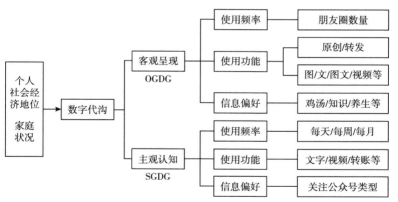

图 7-1　2015 年对微信数字代沟的研究框架

一　数字代沟在微信使用上的呈现

首先，我们先通过内容分析从客观角度考察家庭内的数字代沟。从所有受访者的微信朋友圈数量来看，存在两个极端：不发朋友圈和发得特别多。平均而言，亲代朋友圈数量为

23.18 条，子代朋友圈数量为 17.05 条，但这种差异不具备统计上的显著性。在发朋友圈的方式上，两者差异显著，亲代朋友圈中原创占比只有 14.5%，转发占比却达到 85.5%。子代的朋友圈与亲代恰好相反：原创占比达到 69.6%，转发占比仅为 30.4%（见图 7-2）。以家庭配对为单位进行亲子两代发朋友圈方式的配对样本 t 检验，结果进一步证实亲代朋友圈原创数（$M = 3.25$，$SD = 6.65$）显著少于子代朋友圈原创数（$M = 11.45$，$SD = 18.19$），亲代（$M = 19.97$，$SD = 33.46$）转发数明显多于子代转发数（$M = 5.56$，$SD = 10.16$）。亲代的朋友圈大多是转发各类公众号文章，而子代则更多是对自己生活的记录。另外，两代人的朋友圈形式也存在差异，亲代的朋友圈形式排序为：图文并茂（57.7%）＞纯文字（19.2%）＞纯图片（12.9%）＞视频（10.2%）。子代的朋友圈形式排序为：图文并茂（70.8%）＞纯文字（18.9%）＞视频（7.4%）＞纯图片（2.9%）。可见两代人在朋友圈功能选择上的差异。

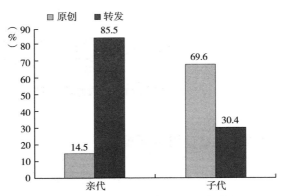

图 7-2　亲子两代朋友圈原创性对比

为了更进一步探索两代人在使用微信功能上的差别，我们仿照 2012 年调查的思路，列出 11 种微信常用的功能供受访者选择，包括发文字、发图片、发视频、发语音、语音聊天、视频聊天、朋友圈、转账、付款、购物和发定位。统计后发现，在绝大部分所列出的功能上，子代比亲代使用的多。在同一个家庭的两代人中，亲代掌握的微信功能数（$M = 4.58$，$SD = 2.12$）显著少于子代掌握的微信功能数（$M = 6.97$，$SD = 2.38$）。

在信息偏好方面，我们将微信朋友圈中的内容分为 12 类，分别为健康养生类、知识教育类、鸡汤哲学类、爱国相关类、生活心情类、新闻评论类、娱乐消遣类、广告消费类、音乐分享类、亲情友情类、美食烹饪类和其他类。共收集 4703 条朋友圈，如图 7-3 所示，亲代朋友圈中出现最多的内容类型是鸡汤哲学类，占 22.6%，其他较多的内容类型依次为生活心情类、其他类、娱乐消遣类、亲情友情类/健康养生类/新闻评论类，占比分别为 16.9%、13.8%、9.7%、7.9%/7.9%/7.9%。而反观子代的朋友圈，生活心情类占比高达 66.1%，这与问卷中子代发朋友圈的主要目的（记录生活占 49.7%）统计结果基本吻合。在同一家庭的比较中，对亲子朋友圈内容的各个类型进行频率统计后发现，在健康养生类（$t = 4.60$，$p = 0.000$）、亲情友情类（$t = 4.65$，$p = 0.000$）、鸡汤哲学类（$t = 4.39$，$p = 0.000$）、生活心情类（$t = -5.22$，$p = 0.000$）、新闻评论类（$t = 3.53$，$p = 0.001$）、爱国相关类（$t = 2.65$，$p = 0.009$）、其他类（$t = 5.18$，$p = 0.000$）这七类内容上，二者之间存在显著差异性，说明亲子在信息的选择上存在一条明显的代沟。

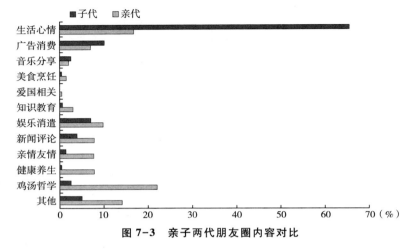

图 7-3 亲子两代朋友圈内容对比

二 数字代沟的影响因素分析

在 2012 年调查中，我们发现，数字代沟与亲子两代年龄、受教育程度、经济情况等因素之间存在一定联系，而数字代沟的变化显然也是一个多因素共同作用的复杂结果。由于从内容分析中获得的客观数据不能用于进一步的量化分析，所以我们将问卷调查中的主观层面数字代沟（子代使用微信功能数-亲代使用微信功能数）作为因变量，在 2012 年两代人受教育程度的基础上，加入家庭中亲代年龄、子代年龄、性别组合、家庭收入、城市等级等因素作为自变量，进行一般线性回归，探究各种因素对数字代沟的影响，具体情况见表 7-4。

表 7-4　数字代沟影响因素线性回归模型

自变量	非标准化系数（B）	标准化系数（β）	p
性别组合	0.083	0.025	0.756
亲代年龄	1.125	0.188	0.040
子代年龄	−1.656	−0.261	0.011
城市等级	0.676	0.167	0.040
受教育程度（亲代）	−1.756	−0.327	0.000
受教育程度（子代）	1.829	0.277	0.007
家庭收入	−0.285	−0.120	0.127
常量	1.808		0.443
调整后 R^2	0.181		

从回归结果来看，模型具有显著性（$F = 5.551$，$p = 0.000$），可以解释因变量 18.1% 的方差。从该模型中可以看出，家庭收入和性别组合并不会对数字代沟产生足够大的影响。亲子两代年龄、亲子两代受教育程度、城市等级等五个变量对家庭中的数字代沟都有显著影响。其中，影响家庭内数字代沟大小的因素由强到弱依次为：亲代受教育程度、子代受教育程度、子代年龄、亲代年龄、城市等级。其中亲代年龄越大、子代受教育程度越高的家庭数字代沟越大，子代年龄越大、亲代受教育程度越高的家庭数字代沟越小。这个发现与 2012 年调查中得出的结论几乎一致，可见年龄和受教育程度是数字代沟最重要的影响因素。居住在一线城市的家庭数字代沟最大，居住在三线城市的家庭数字代沟最小。这可能是因为一线城市的数字化程度最高，子代更容易得风气之先，走在潮流前面，拉开和亲代的数字化差距；而三线城市数字化程度普遍偏低，无论是子代还是亲代，都仍习惯传统媒体。

三 同一个家庭，不同的微信

2015 年关于大学生及其父母的调查，将数字鸿沟置于家庭内部，通过内容分析、问卷调查，考察家庭中亲子两代在微信使用程度及信息选择上的差异，研究结论用一句话来概括，就是"同一个家庭，不同的微信"。

具体而言有三点。第一，亲子之间存在明显的微信使用代沟。无论是微信的使用频率，还是使用微信的功能数，亲代与子代都有很大的差异。在微信使用方面，子代更多使用与生活有关的功能，而亲代则局限在社交方面。第二，亲代与子代之间存在明显的信息选择代沟。亲代更关注新闻媒体类、身体健康类、心灵鸡汤类的信息，而子代则更关注娱乐类、工作类的信息。除此之外，子代比亲代更容易鉴别出虚假信息，不容易被信息表面迷惑。第三，家庭内的数字代沟与两代人的年龄和受教育程度以及家庭居住地级别密切相关。

同一个家庭中的两代人在微信的使用上有极大的差异，他们对微信中信息的选择、获取、认知也有很大的不同。通常这种"不同"会让亲子两代人之间的关系越发疏远，但是我们至今也没有看到家庭关系因为数字代沟的存在而恶化。相反，很多家庭都存在亲代向子代请教微信如何使用的情况，微信等新媒体在制造数字代沟的同时，也成为化解矛盾的契机。但是在调查中我们也发现，微信在增进亲子交流的同时，也导致了一些功能性的阻隔。首先，微信朋友圈的"屏蔽"和"分组"功能制造了不平等的信息交换，让子代可以有选择地展示自己，而亲代往往无能为力甚至根本无法察觉。其次，亲代与子代不对等的信息辨别能力往往会使亲代与子代产生隔阂，亲代因不清楚子代的想法而"一意孤行"，将自认为"好"的消息抛给子代，其结果往往适得其反。最后，微信本身建立在强关系社交之上，在微信这一较为封闭的社交环境中，同侪群体不断强化亲子两代各自原有的观念、思维方式等，这使原本就存在隔阂的亲子两代之间的差异越来越大，关系也"渐行渐远"。

第三节　全国祖孙三代家庭调查中的数字代沟

2012 年和 2015 年的调查都是亲子两代的比较，且几乎没有触及数字化最滞后的老年群体。在一个典型的中国家庭中，邻代（祖代和亲代、亲代和孙代）和隔代（祖代和孙代）之间都有可能存在与数字化设备和应用有关的鲜活故事，理应进行更为全面和细致的考察。所以，在 2018 年春节期间开展的全国祖孙三代家庭问卷调查中，我们以老年人为原点，对中国祖孙三代家庭进行抽样调查，从微观/家庭、中观/社会、宏观/国家三个层面对中国家庭代与代之间的数字代沟进行全方位考察，并探究主客观两方面因素对代际差异的影响，具体的研究框架在第三章图 3-4 中已经呈现，在此不予赘述。

一　微观数字代沟

在微观/家庭层面，我们根据受访者身份（祖代、亲代、孙代）对同一个家庭中的样本拆分配对，共组成了 3479 个配对，其中邻代之间的亲子配对有 2805 个，隔代之间的祖孙配对有 674 个。再进一步，我们把亲子配对分成 958 个中高龄亲子配对（40 岁及以上中年人和其父/母）和 1847 个中低龄亲子配对（14 岁以上、40 岁以下青年、少年和其父/母）。

（一）微观数字接入代沟

以微信采纳为例，我们比较了 3479 个配对中祖孙之间、亲子之间的接入差异。如图 7-4 所示，在三种配对家庭中，晚辈的微信采纳率（均在 95.0% 及以上）都远远高于长辈。其中，祖孙之间数字接入代沟最大（相差 70.4 个百分点），中高龄亲子次之（相差 66.7 个百分点），中低龄亲子最小（相差 21.1 个百分点）。

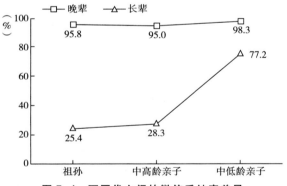

图 7-4　不同代之间的微信采纳率差异

即便长辈和晚辈都已采纳微信（总计 1824 对），他们之间的采纳时长也具有显著差异。如表 7-5 所示，我们采用配对样本 t 检验比较祖孙之间、中高龄亲子之间以及中低龄亲子之间的采纳时长，在所有配对中，晚辈采纳微信的时长都显著高于长辈（$p<0.001$），其中，中低龄亲子之间采纳时差最大，祖孙次之，中高龄亲子之间采纳时差最小。

表 7-5 采纳时长之配对样本 t 检验

单位：年

配对	长辈	晚辈	晚辈-长辈	t	df	p
祖孙（$n=165$）	3.46	6.00	2.54	14.24	164	0.000
中高龄亲子（$n=261$）	3.53	5.74	2.21	18.37	260	0.000
中低龄亲子（$n=1398$）	3.16	6.30	3.14	55.51	1397	0.000
合计（$n=1824$）	3.24	6.19	2.95	59.06	1823	0.000

（二）微观数字使用代沟

绝大部分研究会采用"分高下、找差距"的视角研究横亘在不同地域/人群/代际的数字鸿沟，但正如我们之前反复强调的，年长世代与年轻世代之间的数字代沟，虽然表现为数字化能力的差距，但本质上则是个人喜好、习惯或者需求的差异。所以，在考察微信使用代沟时，我们决定从使用深度（已掌握的微信功能数量）、社交广度（微信好友数量）、使用强度（改编自 Orosz 等 2016 年的 Facebook Intensity Scale）三个方面来测量祖孙之间、中高龄亲子之间以及中低龄亲子之间的微信使用差距，同时也展现他们的差异。配对样本 t 检验的数据汇总如表 7-6 所示，其差异直观呈现如图 7-5 所示。三个组别在微信使用深度、微信社交广度和微信使用强度上的差异一致且都具有统计显著性（$p<0.001$），晚辈的使用程度明显高于长辈，祖孙之间的使用代沟最大，中高龄亲子次之，中低龄亲子之间的使用代沟最小。

表 7-6　微信使用深度、微信社交广度及微信使用强度
之配对样本 t 检验

微信使用深度（已掌握的微信功能数量，单位：个）						
配对	长辈	晚辈	晚辈-长辈	t	df	p
祖孙（$n=165$）	9.65	17.01	7.36	17.43	164	0.000
中高龄亲子（$n=261$）	9.46	16.20	6.74	23.41	260	0.000
中低龄亲子（$n=1398$）	13.44	17.04	3.60	31.00	1397	0.000
合计（$n=1824$）	12.54	16.92	4.38	39.75	1832	0.000
微信社交广度（微信好友数量，单位：个）						
配对	长辈	晚辈	晚辈-长辈	t	df	p
祖孙（$n=165$）	60.45	266.93	206.48	9.51	164	0.000
中高龄亲子（$n=261$）	54.06	241.68	187.62	12.73	260	0.000
中低龄亲子（$n=1398$）	147.43	304.37	156.94	13.08	1397	0.000
合计（$n=1824$）	126.22	292.03	165.81	17.19	1823	0.000
微信使用强度（五级量表）						
配对	长辈	晚辈	晚辈-长辈	t	df	p
祖孙（$n=165$）	2.45	3.17	0.72	7.61	164	0.000
中高龄亲子（$n=261$）	2.58	3.10	0.52	7.51	260	0.000
中低龄亲子（$n=1398$）	2.85	3.14	0.29	10.19	1397	0.000
合计（$n=1824$）	2.77	3.14	0.37	14.09	1823	0.000

（三）微观数字素养代沟

我们使用一系列量表测量了受访者的信息评估、谣言辨别和流行文化素养，然后对所有变量进行标准化处理，消除不同量纲的影响之后进行因子分析（KMO 值 $=0.734$），再根据主成分分析的变换矩阵计算出数字素养的综合指数。如表 7-7 和图 7-6 所示，三个组别在数字素养上的差异均具有统计显著性（$p<$

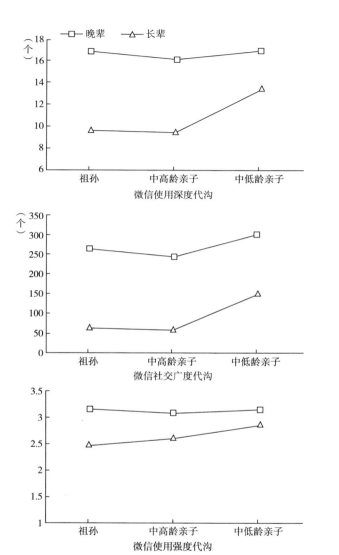

图 7-5　不同代之间的数字使用差异

0.001），其趋势与使用代沟类似，晚辈的数字素养明显高于长辈，祖孙之间的素养代沟最大，中高龄亲子次之，中低龄亲子之间的素养代沟最小。

表 7-7　数字素养之配对样本 t 检验

配对	长辈	晚辈	晚辈-长辈	t	df	p
祖孙（$n=165$）	-0.44	0.47	0.91	11.04	164	0.000
中高龄亲子（$n=261$）	-0.53	0.16	0.69	11.14	260	0.000
中低龄亲子（$n=1398$）	-0.25	0.35	0.60	21.54	1397	0.000
合计（$n=1824$）	-0.31	0.33	0.64	26.31	1823	0.000

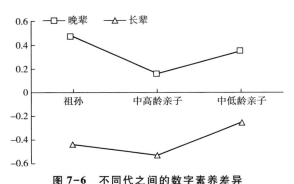

图 7-6　不同代之间的数字素养差异

二　中观层面数字代沟

在中观/社会层面，我们按照年龄把受访者分成老（60 岁及以上，$n=953$）、中（40～59 岁，$n=1155$）、青（40 岁以下，$n=1174$）三代人，考察三者之间的数字接入代沟、数字使用代沟和数字素养代沟。

（一）中观数字接入代沟

如图 7-7 所示，老、中、青三代人在数字设备（台式/笔记本电脑、平板电脑和智能手机）的采纳率上呈现一致的差异，即青年人采纳率最高，中年人次之，老年人采纳率最低。

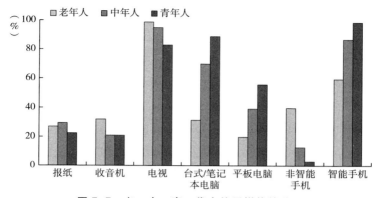

图 7-7　老、中、青三代人使用媒体的差异

　　针对微信采纳，如图 7-8 所示，青年人始终走在数字时代的前沿。从 2011 年微信上线到 2017 年，青年人的采纳率一直遥遥领先，但中年人在 2015 年以后就跟上了他们的脚步，截至 2017 年，他们的采纳率也已超过 90%，与青年人几乎不存在接入代沟了。老年人的微信采纳率虽然远远落后于晚辈，但已经进入稳定爬升的阶段，未来将成为微信新增用户的主体人群。

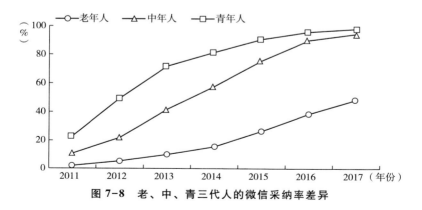

图 7-8　老、中、青三代人的微信采纳率差异

我们进一步把所有被调查者以 10 年为一代进行排列，可以看出除"00 后"，"年代"越早采纳率越低。1940 年以前出生的人只有 13.9% 的微信采纳率，而在 1980~1999 年出生的人中，微信采纳率达到惊人的 99.0% 以上，00 后由于绝大部分未满 18 岁（截至调查时），许多家长会限制其使用手机，所以采纳率只有 81.9%（见图 7-9）。

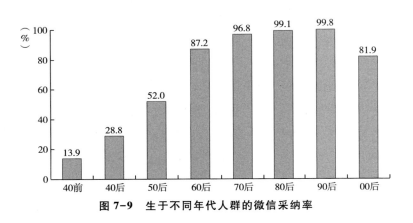

图 7-9　生于不同年代人群的微信采纳率

（二）中观数字使用代沟

如表 7-8 所示，在所有使用微信的受访者中，微信使用深度、微信社交广度、微信使用强度这三个维度在中观层面的代沟一致。青年人微信使用程度最高，中年人次之，老年人最低。不仅 ANOVA 分析显示三代人之间的差异具有统计显著性（$p < 0.001$），而且进一步的两两 t 检验也显示任何两代人之间的差异都具有统计显著性（$p < 0.001$）。

表 7-8　老、中、青三代人的微信使用程度对比

人群	微信使用深度	微信社交广度	微信使用强度
老年人（$n=351$）	10.27	83.24	2.66
中年人（$n=1008$）	14.27	168.87	2.86
青年人（$n=1152$）	16.8	299.45	3.15
合计（$n=2511$）	14.87	216.81	2.96
F（df, p）	509.20（2, 0.000）	86.81（2, 0.000）	55.39（2, 0.000）

　　再来看关注内容，如图 7-10 所示，老、中、青三代人的关注点迥然不同。在我们调查的十类信息中（多选题），差别较大的有四类。老年人对养生健康和政务要闻的关注度最高，中年人次之，青年人最低；对影视八卦和工作信息的关注度，老年人和青年人则正好相反。

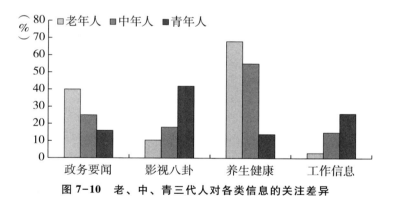

图 7-10　老、中、青三代人对各类信息的关注差异

　　再来比较老、中、青三代人在微信使用中的一些具体行为，如表 7-9 所示，老年人每天使用时长最短，但老年人微信好友中家人占比最高。青年人热衷于使用分组和屏蔽家人功能，而中老年人对这两项功能的使用相对少得多。这些差异均存在统计上的显著性（$p<0.01$）。

表7-9 老、中、青三代人微信使用具体行为比较

单位：小时，%

微信使用	老年人	中年人	青年人
每天使用时长	1.37	1.78	1.86
好友中家人占比	23.1	16.1	9.7
分组占比	14.6	17.7	46.9
屏蔽家人占比	2.7	3.1	25.8

（三）中观数字素养代沟

中观数字素养代沟如表7-10所示，青年人数字素养最高，中年人次之，老年人最低。不仅ANOVA分析显示三代人之间的差异具有统计显著性（$p = 0.000$），而且进一步的两两t检验也显示任何两代人之间的差异都具有统计显著性（$p = 0.000$）。

表7-10 老、中、青三代人的数字素养比较

人群	数字素养
老年人（$n = 351$）	-0.45
中年人（$n = 1008$）	-0.18
青年人（$n = 1152$）	0.30
F（df，p）	153.57（2，0.000）

数字素养代沟的一个具体表现，就是老、中、青三代人在受谣、信谣和传谣程度上的差异。如表7-11所示，我们针对这三个变量进行了ANOVA分析。在受谣方面，老年人平均接触过4.88条谣言，中年人平均接触过5.88条谣言，青年人平均接触5.72条谣言，三者之间的差异具有统计显著性（$p =$

0.000），进一步进行两两对比发现中青年之间不存在显著差异，而老年人的受谣程度要显著低于晚辈。在信谣方面，三者之间同样具有显著性差异（$p = 0.000$），其中，老年人平均相信1.64条谣言，青年人平均相信1.55条谣言，均显著低于中年人所相信的2.06条谣言。在传谣方面，代际差异最为显著（$p = 0.000$），老年人平均对1.49条谣言有转发意愿，中年人为1.87条，青年人为1.26条，三者间的两两差异同样显著（老-中，$p = 0.002$；老-青，$p = 0.035$；中-青，$p = 0.000$）。

表 7-11 老、中、青三代人的受谣、信谣和传谣比较

单位：条

	老年人 （$n = 351$）	中年人 （$n = 1008$）	青年人 （$n = 1152$）	F	df	p
受谣	4.88	5.88	5.72	36.179	2	0.000
信谣	1.64	2.06	1.55	13.980	2	0.000
传谣	1.49	1.87	1.26	18.824	2	0.000

不难发现，在三代人中，饱受"诟病"的老年人反而不是受谣言影响最严重的群体。中年人的受谣、信谣、传谣程度都是最高的，他们才是谣言最易感人群。既往研究在讨论谣言的影响时，总是把中老年人混为一谈。我们的调查将两类人群区分对比，得以"拨云见日"。事实上，老年人的数字素养虽然排名最后（-0.45），但他们的数字化生活也相对保守，在漫长的岁月中他们也积累了一定的人生智慧来防御谣言。而作为数字移民的中年群体却陷入两难，他们相对落后的数字素养（-0.18）远远满足不了高卷入的数字化生活的要求，面对铺天盖地的网络谣言，没有"火眼金睛"，很容易受到谣言的蛊惑。

总体而言，老、中、青三代人的谣言易感程度（谣言代沟）呈现倒"U"形曲线，即年轻人和老年人程度相对较低，反而是中年人攀上峰顶，这倒是和楚亚杰（2020）发现的中国网民对不实信息的判断能力呈现"两端高中间低"的"U"形特征不谋而合。

三　微观与中观数字代沟之比较与宏观数字代沟之计算思路

　　无论是从微观/家庭还是中观/社会角度来观察，都能看到横亘在不同代之间的数字鸿沟。将两种视角互相对比，得到一个有趣的发现：在社会层面，数字接入、使用和素养随年龄递增而递减的趋势清晰且一致；但是深入家庭内部，我们却发现，孙代、亲代和祖代的差异并非简单递减。家庭关系与家庭身份似乎以一种"润物细无声"的方式干预着人们的数字接入、使用和素养。比如，虽然都是老年人，扮演祖父母角色的（祖孙配中的祖代）与扮演父母角色的（中高龄亲子配中的亲代）就存在与预期方向相反的不同，前者在微信使用深度、微信社交广度乃至数字素养上都高于后者；虽然都是青年人，扮演儿女角色的（中低龄亲子配中的子代）与扮演孙儿女角色的（祖孙配中的孙代）也存在与预期方向相反的不同，前者在采纳率、采纳时长、微信使用深度乃至微信社交广度上都高于后者。

　　以微观和中观的数字代沟数据为基础，如何计算宏观的"中国数字代沟指数"呢？借鉴前人思路（祝建华，2002），我们以数字接入代沟为例，提出以下初步的计算公式。

$$DGGI = \sum_{i=1}^{3} |P_i - \overline{P}| W_i \qquad (式 7-1)$$

这个公式既可以基于微观数据从代的家庭属性（祖代、亲代、孙代）来计算，也可以基于中观数据从代的生物属性和社会属性（老、中、青）来计算。其中，$\overline{P}$ 是指所有人的平均采纳率（我们的样本为 76.5%），P_i 是指不同身份或年龄的某代人的采纳率，W_i 是指这代人占总人口的比例。

根据表 7-12 汇总的不同身份或年龄的人口比例和微信采纳率，我们计算出的数字接入代沟指数分别为 0.230278（祖亲孙分代）和 0.230465（老中青分代），有细微的差异。

表 7-12 不同代微信采纳率对比

单位：%

人群	n	占比	采纳率	人群	n	占比	采纳率
祖代	1103	33.6	42.3	老年人	953	29.0	36.8
亲代	1420	43.3	92.0	中年人	1155	35.2	87.2
孙代	759	23.1	97.4	青年人	1174	35.8	98.1
合 计	3282	100.0	76.5	合 计	3282	100.0	76.5

第四节 从数字代沟到健康代沟

新冠疫情发生以来，中国特色的防疫模式不但保护老年人的生存权与健康权，也尊重他们的发展权，尤其是借助数字媒体参与社会生活的权利。疫情初期，老年人为"码"所困的窘境引发全社会的广泛同情，国务院和工信部为此出台了一系列政策，切实解决老年人的数字融入难题。截至 2022 年，中国老年人口的上网比例达到 43.2%，而在疫情发生前，这个比例只有 24.0%（CNNIC，2020，2022）。随着越来越多的老年人开始"触网"，数字代沟和健康代沟的问题也越发凸显。为验证 2018 年的调查成果并对其进行更进一步的扩充，我们以 2018 年全国调查为背景，主要使用 2020 年的调查数据，体现家庭场域内数字代沟与健康代沟之间的关系。

一 研究框架

数字代沟与健康代沟之间是否存在关联？有学者认为，电子媒介在不同年龄层人群中的"传播不平等"必然会加剧他们在健康水平上的差异（Viswanath and Kreuter，2007）。在后续研究中，亲子之间在社交媒体使用（Marjolijn et al.，2013）以及传播模式（Smith et al.，2019）上的差异会造成他们在健康行为和疾病应对上的不同。由此可见，数字媒介虽然本身并不会对健康有直接作用，但人们在采纳和使用数字媒介上的差异（数字代沟之接入代沟/使用代沟）会导致他们在获取健康信息的过程中以及健康信息素养上存在差异（数字代沟之使用代沟/素养代沟），进而影响他们在健康"知信行"上的差异（健康代沟），最终间接导致健康水平的差异。结合 2018 年全国调查的部分发现与结论，我们认为，地域、家庭（人均）收入、家庭（总体）文化水平等客观结构性因素会使家庭内部祖孙三代在数字媒介使用以及健康传播素养方面产生差异，而这种数字代沟又会对三代人的健康认知（如对健康风险的感知）、信念（如关于健康的自我效能感）以及行为（如健康领域的日常实践）产生进一步影响。根据以上分析建立 2020 年调查研究的框架（见图 7-11）。需要说明的是，这里并没有将接入代沟纳入进来，因为 2020 年时，数字媒体在所有人群中更广泛地普及，接入代沟越来越不明显，不具有理论探讨的意义。

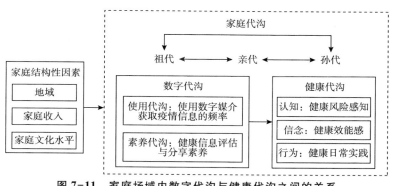

图 7-11　家庭场域内数字代沟与健康代沟之间的关系

二　研究发现

在 2018 年调查中，祖孙三代通过数字媒介获取并使用健康信息的程度不同，对于微信上信息的评估能力及分享意愿也不同。有趣的是，亲代同时占领了家庭健康信息传播的高点（在浏览和转发健康养生信息方面）及洼地（在对疫情谣言的评估及分享方面）。这一方面和他们在家庭中承上启下的特殊角色与地位有关，另一方面是因为相较于祖代，亲代更会使用新媒体，但是相较于孙代，亲代的媒介素养又大大落后。

而在 2020 年调查中，不同代际关于新冠疫情信息传播的数字代沟在大部分维度都很显著（见表 7-13）。与 2018 年调查比较，我们得到一个有趣的新发现。2018 年调查针对的是健康养生信息和禽流感疫情谣言，家庭中亲代对此类信息阅读最频繁、评估最不正确、分享最积极。而 2020 年调查时正值真实疫情发生，健康议题受到社会广泛关注，这一次，年轻的 95 后乃至00 后（孙代）使用最为频繁，评估能力和分享程度也与亲代不相上下（差异不具有显著性），显示出在真实的健康威胁面前，年轻世代有极强的行动力和责任感。

表 7-13　2020 年调查家庭内数字代沟之配对样本 *t* 检验

数字代沟		配对	长辈	晚辈	晚辈-长辈	t	df	p
使用代沟		祖孙沟	2.31	4.62	2.31	25.91	225	0.000
		祖亲沟	2.31	4.02	1.71	20.31	225	0.000
		亲子沟	4.02	4.62	0.60	9.32	225	0.000
素养代沟	评估能力	祖孙沟	4.00	4.13	0.13	2.32	225	0.021
		祖亲沟	4.00	4.17	0.17	3.79	225	0.000
		亲子沟	4.17	4.13	-0.04	-0.90	225	0.370
	分享程度	祖孙沟	3.21	3.90	0.69	7.07	165	0.000
		祖亲沟	3.20	3.94	0.74	10.28	225	0.000
		亲子沟	3.94	3.90	-0.04	-0.54	165	0.592

　　为检验家庭内部的健康代沟，我们进一步分析了祖孙三代对新冠疫情风险的感知、防疫效能感以及日常的防疫实践（见表 7-14）。可以发现疫情风险感知在祖孙三代中差异不大，仅在祖代和亲代之间存在显著差异，亲代比祖代乐观；但关于防疫效能感，则呈现出阶梯形特点，祖代最弱，孙代最强；孙代的日常防疫实践最积极，成为家庭中的"防疫小能手"，亲代次之，感知风险最大、防疫效能感最低的祖代却最不积极付诸行动。可见，健康传播"知信行"逻辑链对"不讲逻辑"的祖代不起作用。

表 7-14　2020 年调查家庭内健康代沟之配对样本 t 检验

健康代沟	配对	长辈	晚辈	晚辈－长辈	t	df	p
疫情风险感知	祖孙沟	3.59	3.54	-0.05	-.85	225	0.398
	祖亲沟	3.59	3.50	-0.09	-2.01	225	0.045
	亲子沟	3.50	3.55	0.05	1.06	225	0.292
防疫效能感	祖孙沟	4.09	4.30	0.21	3.85	225	0.000
	祖亲沟	4.09	4.24	0.15	3.11	225	0.002
	亲子沟	4.24	4.30	0.06	1.27	225	0.205
防疫实践	祖孙沟	4.54	4.80	0.26	5.79	225	0.000
	祖亲沟	4.54	4.69	0.15	3.78	225	0.000
	亲子沟	4.69	4.80	0.11	2.82	225	0.005

　　另外，为探究家庭结构性因素——地域、家庭收入、家庭文化水平（以平均受教育程度为指标）——对数字代沟及健康代沟的影响，我们尝试在各种代际组合之下以家庭结构性因素为自变量，以数字代沟和健康代沟为因变量，进行一般线性回归。结果发现，地域和家庭收入的预测力都比较小，地域仅对防疫效能感（$\beta = 0.14$，$p < 0.05$）的祖孙沟有正向影响，家庭收入仅对素养的分享程度（$\beta = 0.15$，$p < 0.05$）和疫情风险感知（$\beta = -0.08$，$p < 0.05$）的亲子沟有影响。家庭文化水平则对数字代沟和健康代沟的各个维度以及多个层面都有显著负向影响：家庭文化水平越高，祖孙和亲子之间在数字媒介使用、数字素养、防疫效能感、防疫实践上的代沟越小，祖亲之间的疫情风险感知和素养评估能力代沟也越小（见表 7-15）。虽然所有回归模型的解释力都不是很强，但也不可否认家庭文化水平的提升是填平数字代沟与健康代沟的重要手段。

表 7-15　2020 年调查家庭结构性因素对数字代沟和健康代沟的影响

家庭因素	配对	数字代沟			健康代沟		
		使用代沟	素养代沟-评估能力	素养代沟-分享程度	疫情风险感知代沟	防疫效能感代沟	防疫实践代沟
地域	祖孙沟	-0.05	0.09	-0.05	-0.06	0.14*	-0.01
	祖亲沟	-0.07	0.04	-0.11	0.01	0.09	0.06
	亲子沟	0.02	0.05	0.01	-0.06	0.05	-0.06
家庭收入	祖孙沟	0.06	0.01	0.08	-0.06	0.01	0.04
	祖亲沟	-0.03	-0.04	-0.08	0.02	0.01	0.02
	亲子沟	0.09	0.05	0.15*	-0.08*	-0.01	0.01
家庭文化水平	祖孙沟	-0.17***	-0.09***	-0.17***	-0.03	-0.09***	-0.09***
	祖亲沟	-0.06	-0.05*	-0.06	-0.05*	-0.03	-0.03
	亲子沟	-0.11***	-0.04	-0.11***	0.02	-0.05*	-0.06**
常数	祖孙沟	2.80***	0.81**	1.08	0.17	1.07***	0.57**
	祖亲沟	1.94**	0.69**	0.99**	0.08	0.55*	0.39
	亲子沟	0.86*	0.13	-0.05	0.09	0.52	0.18
R^2	祖孙沟	0.08	0.06	0.07	0.02	0.06	0.08
	祖亲沟	0.02	0.04	0.04	0.02	0.02	0.02
	亲子沟	0.06	0.02	0.08	0.02	0.03	0.06

注：* $p<0.05$，** $p<0.01$，*** $p<0.001$。

最后，数字代沟与健康代沟之间存在怎样的关系？对两者进行相关分析，可以看到，使用代沟与健康代沟之间呈一定的正相关，9 对相关系数中有 4 对显著，具体表现为，代与代之间使用数字媒体了解疫情信息的方法差距越大，防疫效能感和防疫实践差距也越大；素养代沟与健康代沟之间呈强烈正相关，18 对相关系数中仅 3 对不显著，代与代之间对疫情信息的评估能力与分享程度差距越大，疫情风险感知、防疫效能感和防疫实践的差距也越大（见表 7-16）。

表 7-16　数字代沟与健康代沟之间的相关系数

数字代沟		健康代沟								
		疫情风险感知代沟			防疫效能感代沟			防疫实践代沟		
		祖孙	祖亲	亲子	祖孙	祖亲	亲子	祖孙	祖亲	亲子
使用代沟	祖孙	-0.01			0.14*			0.04		
	祖亲		-0.03			0.126			0.20**	
	亲子			-0.07			0.20**			0.27***
素养代沟-评估能力	祖孙	0.21***			0.44***			0.33***		
	祖亲		0.29***			0.37***			0.33***	
	亲子			0.04			0.28***			0.34***
素养代沟-分享程度	祖孙	0.15			0.26***			0.14		
	祖亲		0.16*			0.22***			0.25***	
	亲子			0.21**			0.20**			0.39***

注：* $p<0.05$，** $p<0.01$，*** $p<0.001$。

三　结论与讨论

突袭而至的新冠疫情反向助推了互联网在老年人中的普及，但也令数字代沟以及与之相关的健康"知信行"代沟问题在家庭层面更加凸显。将 2020 年疫情期间的调查数据与 2018 年全国调查数据进行对比分析，得到以下四点结论。其一，无论是平时还是疫情期间，中国家庭祖孙三代在通过新媒体获取、评估与分享健康信息方面都存在显著的数字代沟。平时，亲代最热衷获取和分享养生健康信息，但对疫情谣言的评估能力最弱；疫情期间，孙代最热衷获取疫情信息，评估及分享能力与亲代相当，显著高于祖代。其二，祖孙三代关于新冠疫情的风险感知虽然差距不大，但他们的防疫效能感以及防疫实践存在显著的健康代沟，且"知信行"呈现倒挂现象。最容易感染新冠病毒的祖代，防疫效能感却最弱、防疫实践最消极；最不易感染新冠病毒的孙代，防疫效能感却最强、防疫实践最积极。其三，地域、家庭收入和家庭文化水平这三项因素中，家庭文化水平对数字代沟以及健康代沟各个维度、多个层面都具有显著影响。家庭文化水平越高的家庭，各项代沟越有可能被弥合。其四，数字代沟与健康代沟呈显著正相关。在数字代沟的两个维度中，素养代沟与健康代沟之间的相关程度高于使用代沟。

对比 2018 年调查与 2020 年调查的数据，我们也看到不同时期人们对"健康"的不同理解。假疫情（谣言）是值得关注的健康信息吗？在平时，祖代和亲代对这个问题的回答比孙代更肯定。当疫情真正发生后，孙代的关注与投入反超亲代。可见，"健康"是一个不断变化的概念。我们将这个变化中的概念置于"家庭"这一古老又新颖的场域予以考察。说它古老，是因为从古至今，家庭都是中国人健康传播的主要场域；说它新颖，是因为很少有研究者以家庭为分析单元。我们的分析显示，代际鸿沟的普遍存在的确使家家有本难念的"健康经"。但在承认挑战的同时，我们也看到希望，比如提升家庭文化水平能弥合数字代沟及健康代沟。而更大的希望在于年轻人在疫情期间的"挺身而出"，触发家庭内部应激性数字反哺和健康反哺。未来有必要继续深入家庭，探索反哺常态化的作用机制，通过"全家健康"实现"全民健康"。

本章小结

我们在 2012 年、2015 年、2018 年、2020 年先后进行了四次数字代沟调查，各有侧重：2012 年关注中学生（青少年）及其中年父母之间的数字代沟；2015 年关注大学生（青年）及其中老年父母之间的数字代沟；2018 年则在全国范围内考察家庭祖孙三代之间的数字代沟；2020 年在新冠疫情的大背景下，将健康问题引入数字代沟进行考察。这一次次的调查研究就像一块块拼图，不断完善数字代沟的学术版图。这些研究虽然各有侧重，但所得结论却几乎一致，那就是在中国社会和家庭内部都存在显著的数字代沟，年长世代在数字媒体（以微信为代表）的采纳、使用与素养方面显著落后于年轻世代。

与前人研究的显著不同之处在于，我们的研究从一开始就将数字代沟置于"家庭"这个重要的场域予以考察，呈现"同一个家庭，不同的微信"这一独特的中国数字化生活场景。在2018 年调查这个核心的研究中，我们将数字代沟概念从家庭推及社会和国家层面，对微观/家庭以及中观/社会数字代沟进行了描述与比较，并提出初步的宏观/国家数字代沟指数计算公式。从家庭层面上升到社会层面，我们发现祖亲孙不同家庭身份会对老中青不同年龄代际的差异产生微妙的干扰。由此上升到国家层面，根据祖亲孙分代计算出来的数字接入代沟指数与根据老中青分代计算出来的结果也存在微妙的差异。

此外，我们对数字代沟的归因，也跳出个体局限，聚焦家庭结构性因素的影响。前后多次研究显示，家庭文化水平（以家庭各代的受教育程度或平均受教育程度为操作化指标，在本质上体现出该家庭对教育的重视）对数字代沟具有显著影响。众所周知，知识沟始于对《芝麻街》这个教育节目的研究，而我们关于数字代沟的研究又回到教育这个原点。这的确是一次意料之外而情理之中的回归。

数字代沟与数字反哺

第八章　数字反哺及其影响因素

第一节　亲子两代家庭中的数字反哺

数字代沟在微观、中观、宏观各层面，接入、使用、素养各维度都普遍存在，其解决之道又在哪里？谜底早就隐藏在谜面中。面对数字代沟，家庭内部成员必然会自发地进行代际互动，用一种"对话"的方式解决"对比"的问题。所以，数字代沟与数字反哺这对相辅相成的概念，不仅在理论上密切相关，在研究中也不应分别对待。从 2012 年初次涉足这个选题至今，我们在调查数字代沟的同时，也在考察数字反哺。系列研究从亲子反哺到跨代反哺，从小规模样本到全国样本，从中得到许多有趣的发现。

一　2012 年调查：青少年对中年父母的数字反哺

数字反哺概念脱胎于文化反哺。周晓虹（1988，2011）于20 世纪 80 年代开始对中国社会变迁背景下的代际传承与革命进行深入考察，明确提出文化反哺这一概念，用以描述"在急速的文化变迁时代所发生的年长一代向年青一代进行广泛的文化吸收的过程"。早期的文化反哺研究，不约而同地注意到电子网络媒介在其中起到的作用，包括在新媒体采纳和使用方面，子代对亲代的帮助，以及网络亚文化对主流文化的反向影响（石国亮，2009）。尽管与文化反哺相关的论文不少，但在我们2012 年涉入这个议题以前，绝大部分研究都是泛泛地思辨与讨论，鲜有学者就此展开实证调查。即便涉及实证研究，也几乎都采用质化（深入访谈）的研究方法，仅有的一篇量化研究论文（杨立、郜键，2002），也只调查了子代（大学生）单方面的数据。这种调查方法显然不能准确反映反哺这种"互动性实践"的真实状况。有鉴于此，2012 年我们在深圳这座全国数字化程度最高的城市开展了 200 个家庭的亲子两代配对问卷调查。

　　作为一次探索性研究，2012 年调查聚焦最容易测量的新媒体知识和潮流词语反哺。我们首先对比了传统的哺育（自上而下，父母对子女的知识传授）与新型的反哺（自下而上，子女对父母的知识讲授）在程度上的差异。我们询问父母"您一般教孩子/向孩子请教哪方面的新媒体知识：（1）新媒体技能方面的知识；（2）新媒体内容方面的知识；（3）新媒体应用方面的知识（如何使用新媒体完成作业、购买东西等）"。结果显示，在 200 个家庭亲子配对中，新媒体知识的反哺远多于哺育。70% 的家庭是子女教父母新媒体技能方面的知识，而仅有 22% 的家庭是父母教子女；39% 的家庭是子女教父母新媒体内容方面的知识，仅有 19% 的家庭是父母教子女；39% 的家庭是子女教父母新媒体应用方面的知识，而仅有 14% 的家庭是父母教子女。再来看潮流词语。我们在问卷中罗列了神马、浮云、宅、萌等 20 个当年的网络流行语。调查显示，子代中超过 90% 的人知晓 10 个以上网络流行语，超过一半的人知道所有网络流行语，平均每人掌握 16.8 个网络流行语，而亲代平均每人仅掌握 6.6 个。进一步追问受访者从哪里得知这些词语，发现 46.9% 的父母是从子女那里了解，而仅有 18.7% 的子女是从父母那里听说。

综合上述数据，可以得到一个明确的结论，即在家庭内新媒体知识的传播上，数字反哺确实存在，且显著多于数字哺育。在 200 个家庭中，有 12.5% 的家庭存在全方位的数字反哺（技能、内容、应用三个维度的知识反哺），三成的家庭在两个维度上存在数字反哺，一半的家庭在一个维度上存在数字反哺，仅有 7.5% 的受访家庭不存在任何数字反哺。

究竟什么样的家庭更有可能出现数字反哺？为探究这个问题，我们将技能知识反哺、内容知识反哺、应用知识反哺合并为一个变量——数字反哺，最高值为 3，表示这个家庭中数字反哺在三个维度上都存在，最低值为 0。我们再将数字反哺作为因变量，分别考察两代人的人口特征对它的影响（见表 8-1）。ANOVA 的组间比较显示，亲子两代的年龄对数字反哺有显著影响，其中，父母为 60 后的家庭的数字反哺程度显著高于父母为 70 后的家庭（$p = 0.011$），而另外两组（父母 50 后与父母 60 后，父母 50 后与父母 70 后）无显著差别。子女为 80 后的家庭数字反哺程度显著高于子女为 00 后的家庭（$p = 0.001$），而另外两组无显著差别。教育和收入仅在子女身上表现出对数字反哺的显著影响，即子女受教育程度越高、子女收入越高的家庭越有可能出现数字反哺。

表 8-1　父母及子女人口特征对数字反哺的影响

	人口特征	统计方法	统计值	p
年龄	父母："50后""60后""70后"	ANOVA	$F = 4.35$	0.014
	子女："80后""90后""00后"	ANOVA	$F = 7.08$	0.001
教育	父母受教育程度	相关分析	$r = 0.13$	n. s.
	子女受教育程度	相关分析	$r = 0.27$	0.000
收入	父母收入	相关分析	$r = 0.14$	n. s.
	子女收入	相关分析	$r = 0.17$	0.015

　　虽然统计手段和分析方法都相对粗浅，但 2012 年调查用实证数据证实了数字反哺的存在，并初步探索了背后的影响因素。在调查过程中，我们也对一部分受访家庭进行了参与式观察和深入访谈。一位受访者表示："我从前不会做课件，都是女儿教我的。我真的从她那里学到很多，也为她感到骄傲。我喜欢和女儿一起学习的感觉，谁教谁都没有关系。"类似的正面评价还有很多，亲子双方对数字反哺充满温暖的描述，令我们更加乐观地看待这场中国家庭内的"静悄悄的革命"。

二　2015 年调查：　大学生对父母的数字反哺

　　2015 年调查关注大学生（青年）对父母（中老年）的数字反哺，其中不少学生与父母身处两地，但他们之间的互动与反哺仍然非常频繁。近八成的亲子两代经常在微信上交流，每天都用微信交流的达 27.2%。"千里亲情一线牵"，借助微信实现的高频率亲子互动使远距离的数字反哺成为可能。

　　对于具体的反哺内容，我们在 2012 年调查的基础上将其操作化为三个方面：新媒体常识、微信使用技能、流行文化。调查显示，有93%的家庭存在新媒体常识反哺，父母最常向儿女请教的是关于如何安装手机软件的问题，占46%。在微信使用技能方面，一半家庭中的父母会向儿女请教如何使用微信。在流行文化方面，我们依然列出若干个当年的网络新词语，发现有84%的家庭是由子女对父母进行这方面的文化"科普"。

与2012年调查相比，我们发现2015年调查中数字反哺的各个维度都有较大增幅。2012年调查中的亲代大多是40～50岁的中年人，而2015年调查中有一半的亲代为50～60岁的初老人群。虽然都是数字移民，2015年调查中亲代的主观能动性和自我升级能力都比2012年的亲代弱一些，因此也更需要子代的反哺。样本不同，时代也不同。尽管只相隔三年，但在此期间，微信的崛起在很大程度上改变了中国的数字版图。2015年光是微信用户数就已经超过了2012年全国网民总数，数字化生活已经从"可选项"变成了"必选项"。中老年人越来越多地被卷入数字化浪潮中，数字反哺也必然成为中国家庭生活的常态。

关于数字反哺的影响因素，2015年调查又有什么新的发现呢？我们采用二分法测量数字反哺的三个维度，其中新媒体常识反哺过于普遍（93%的家庭都存在），无法进行二元逻辑回归。我们将微信使用技能反哺和流行文化反哺分别作为因变量，将两代人的年龄和受教育程度以及城市等级、父母收入等作为自变量，进行二元逻辑回归。如表8-2所示，自变量对微信使用技能反哺的解释力为32.9%，对流行文化反哺的解释力为13.6%。其中，父母年龄（$p < 0.001$）以及城市等级（$p = 0.000$）对微信使用技能反哺具有显著影响，父母的年龄越大、家庭所在城市等级越高，亲子两代之间越有可能发生微信使用技

能方面的反哺；子女年龄对家庭是否发生流行文化反哺具有显著影响（$p=0.013$），子女的年龄越小，亲子两代之间越有可能发生流行文化方面的反哺。

表 8-2　预测数字反哺的 BLR 回归系数汇总

自变量	微信使用技能反哺	流行文化反哺
父母年龄	1.473***	0.032
子女年龄	-0.302	-1.980*
城市等级	1.033***	0.413
父母受教育程度	-0.563	0.059
子女受教育程度	0.785	1.200
父母收入	-0.282	-0.253
常量	-4.799	-1.294
Nagelkerke R^2	0.329	0.136

注：* $p<0.05$，*** $p<0.001$。

上述发现与 2012 年调查大致相同（父母和子女年龄对反哺的影响），新增的"城市等级"因素的作用值得进一步讨论。2015 年调查涉及全国 20 多个城市，经济发达地区和欠发达地区原有的数字鸿沟在这里有了进一步的延伸，居住在发达城市的家庭更有可能发生数字反哺。一方面是因为发达城市的数字基础设施完善，使反哺成为可能；另一方面则是因为发达城市的日常生活（沟通、购物、出行等）高度依赖微信等数字媒体，使反哺成为必然。数字反哺的介入，又会进一步提升发达城市的数字化水平，最后，强者愈强，区域性数字鸿沟有可能变大。

第二节 祖孙三代家庭数字反哺研究的
理论框架

在关于数字反哺的两次探索性调查中，为了研究便利，我们仅聚焦亲子两代，忽略了数字化基础最薄弱、主观能动性最匮乏的老年群体，而他们才最需要晚辈进行数字反哺。在 2018 年全国调查中，我们以老年人为调查的切入点，由他们串联起祖孙三代（甚至四代）家庭的数据，考察邻代（祖亲、亲子）和隔代（祖孙）数字反哺的具体表现。

国外学者将数字反哺视作"自下而上的技术传递"（bottom-up technology transmission，Correa，2014：103）。他们认为，在家庭的数字化进程中，孩子们是"年轻的专家"（Livingstone，2009：5）、"热情的专家"（Bakardjieva，2005：23；Comunello et al.，2014），是父母与计算机专业人员之间的"纽带"（Kiesler et al.，2000：323），也是家庭的"媒体经纪人"（Katz，2010：298）。他们通过多种方式——提供家庭接入互联网的理由、刺激长辈的学习兴趣、提高长辈的使用技能——促进家庭及家庭其他成员的数字化（Eynon and Helsper，2015）。德国（Korupp and Szydlik，2005）、比利时（Nelissen and Van den Bulck，2018）、挪威（Lüders and Brandtzæg，2017）、拉美（Cáceres and Chaparro，2019）的研究者都关注到年轻世代的个体因素（如年龄、收入、受教育程度等）对他们反哺意愿和行为的影响。尽管反哺是一个双向互动的过程，但国外大部分学者都只聚焦年轻世代这一端，而忽视了年长世代的主观感受。

此外，他们对反哺影响因素的探究也往往止步于个人层面，而很少深入家庭层面，这显然与他们的个人主义价值导向相关。

在中国，数字反哺吸引了传播学（朱秀凌，2015）、人口学（陆杰华、韦晓丹，2021）、社会学（王斌，2019）、经济学（于潇、刘澍，2021）等不同领域学者的关注。大量的实证研究证实，数字反哺在中国城乡家庭中普遍存在，不仅受到个人因素影响，还受到家庭、社会等方方面面的影响。就个人因素而言，包括：（1）常见的人口特征，亲子单方或双方的性别（路双嘉等，2012）、年龄、受教育程度、收入（周裕琼，2014）、职业、居住地（朱秀凌，2018a）；（2）亲代对新媒体的主观感知，对新媒体特征、流行程度和需求的感知等（Zhu and He，2002；周裕琼，2018）；（3）亲子两代的心理期望，子代的反哺意愿以及亲代接受反哺的意愿（江宇，2008），亲代的绩效期望、努力期望与创新精神等（朱秀凌，2018a）。另外，对于家庭因素，研究者也给予了充分重视，强调成员居住距离（比如共同居住能创造更便利的反哺条件）（黄志坤等，2016）、家庭沟通方式（江宇，2009）、家庭交流水平（路双嘉等，2012）、父母教养方式（朱秀凌，2018a）、家庭亲子关系（黄志坤等，2016）对数字反哺的影响。总体来说，家庭越和谐，亲子之间的反哺越深入，而两者之间也可以互为因果，即反哺越深入，家庭关系就越和谐（符欣蕾，2015；周裕琼，2014；朱丽丽、李灵琳，2017；万丽慧等，2018）。

根据以上文献梳理，我们归纳了数字反哺的影响因素（个人因素和家庭因素）。现有数字反哺研究中对家庭因素的引入和探索还比较零散，在这里我们借用美国学者（Bengtson and

Roberts，1991）探讨代际关系时提出的六个维度——联系的维度（互动的频率）、结构的维度（住宅的地理距离）、功能的维度（支持的交换）、感情的维度（情感和感受）、一致的维度（观点的统一）和规范的维度（共同的家庭规范），并参考中国学者将其本土化之后提出的研究范式（林如萍，2014；马春华，2016），提出以下几个影响数字反哺的因素：互动程度（包括家庭成员的居住距离，日常交流方式、频率及时长，共同活动频率等）、亲密程度（代与代之间在心理上的亲密感）、代际支持（代与代之间在经济或劳务方面的支持）。

由此，我们提出祖孙三代家庭数字反哺研究的理论框架（见图 8-1）。与前人研究相比，我们的框架增加了两个视角。首先，既往研究大多从年轻世代的视角观察反哺，无论是问卷调查还是深入访谈，大多针对年轻世代开展，从本质上来说反映的是"给出去的反哺"（年轻世代声称自己对年长世代展开的反哺）。我们的研究则同时调查年轻世代和年长世代，并且以后者为主、前者为辅，将重点放在"接受到的反哺"（年长世代真实接受到的来自年轻世代的反哺）上。其次，过去的研究只局限于亲子两代（青少年对中年家长的反哺），而老年人大多不在被考察行列，这与中国家庭常见的三代同堂结构不符。我们将研究对象分成祖代（约等于老年人）和亲代（约等于中年人），分别考察并对比祖代接受亲代和孙代（约等于青年人）以及亲代接受孙代反哺的情况。

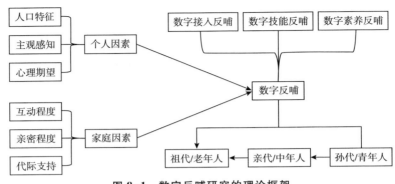

图 8-1　数字反哺研究的理论框架

数字代沟与数字反哺

第三节　全国调查所反映的数字反哺现状

一　给出去的反哺与接受到的反哺

作为中国家庭中越来越常见的活动，数字反哺是家庭成员在传播与互动过程中的意义建构。主动方（年轻世代）通过"给出去的反哺"超越原有的角色限制，而被动方（年长世代）通过"接受到的反哺"重申自己在家庭中固有的地位与尊严。他们是否能就反哺的表述达成共识？我们将 2018 年全国调查的家庭成员进行配对，比较年长世代对"在日常生活中，您的晚辈是否会教您使用以下媒体？"的回答以及年轻世代对"在日常生活中，您是否会教长辈使用以下媒体？"的回答（见表 8-3）。

在表 8-3 中，前两行（有有、无无）意味着年长世代和年轻世代就是否有反哺这个问题达成了共识。共识程度最高的是智能手机和平板电脑，两类媒体的"有有"和"无无"合计都超过七成。虽然它们都是数字媒体，但不同的是，前者是两代人较多认为存在反哺（54.4%），后者则是两代人较多认为不存在反哺（50.7%）。总体来看，数字反哺主要集中在智能手机和电视上，八成的家庭在这两种媒体上都存在数字反哺，双方均认为不存在反哺的比例分别仅为 16.0% 和 20.7%，由此可见这两种媒体是老年人使用最多，也最常向年轻人请教的数字产品。

表 8-3　不同世代对媒体反哺的认知对比

单位：%

长辈晚辈对比	电视	收音机	非智能手机	台式/笔记本电脑	平板电脑	智能手机
有有（长辈晚辈都认为有反哺）	41.4	16.2	24.3	23.5	20.6	54.4
无无（长辈晚辈都认为没有反哺）	20.7	51.3	41.7	44.7	50.7	16.0
有无（长辈认为有/晚辈认为无）	16.8	18.5	19.8	14.4	12.8	14.6
无有（长辈认为无/晚辈认为有）	21.1	14.0	14.2	17.0	15.9	15.0

我们还注意到，共识程度与矛盾程度之比约为 2∶1，也就是说，"给出去的反哺"与"接受到的反哺"之间仍存在一定的差距，两者不能完全等同。有鉴于此，我们在后续的研究中，秉承传播学重视受众和效果的传统，站在反哺接受者（年长世代）的角度考察反哺的实际情况。

二　数字接入反哺现状及两代人对比

数字接入反哺的操作化定义是指晚辈为长辈购买/赠送数字设备。在现实生活中，很多老人用的数字设备（尤其是智能手机）是子女淘汰下来的，这是富有中国特色的数字接入反哺。从表8-4可以看出，在传统媒体方面，祖代的采纳率基本上等于（报纸）或高于（收音机、电视、非智能手机）亲代，而对数字媒体（台式/笔记本电脑、平板电脑、智能手机）的采纳率则显著低于亲代。进一步的交叉分析发现，在所有媒体类型中，祖代的反哺接受率都显著高于亲代：报纸（$\chi^2 = 16.56$，$df = 1$，$p < 0.001$）、收音机（$\chi^2 = 55.57$，$df = 1$，$p < 0.001$）、电视（$\chi^2 = 256.40$，$df = 1$，$p < 0.001$）、非智能手机（$\chi^2 = 72.11$，$df = 1$，$p < 0.001$）、台式/笔记本电脑（$\chi^2 = 125.95$，$df = 1$，$p < 0.001$）、平板电脑（$\chi^2 = 97.63$，$df = 1$，$p < 0.001$）、智能手机（$\chi^2 = 232.45$，$df = 1$，$p < 0.001$）。祖代的数字接入在很大程度上依赖于反哺，而拥有财政权的亲代则可以主动购买数字设备，较少需要晚辈反哺，同时又可以反哺自己的长辈（祖代）。

表8-4　年长世代的媒体采纳与反哺

单位：%

媒体类型	总采纳率	祖代		亲代	
		采纳率	由晚辈购买/订阅/赠送	采纳率	由晚辈购买/订阅/赠送
报纸	28.3	28.1	17.8	28.8	5.1
收音机	28.1	31.0	40.3	21.1	5.4
电视	96.7	97.6	39.8	94.4	3.8
非智能手机	30.6	38.0	58.6	12.9	7.6
台式/笔记本电脑	44.5	34.0	45.5	70.0	11.7
平板电脑	26.2	20.6	65.5	39.8	23.0
智能手机	71.0	60.1	48.6	97.5	10.6
样本数	2086	1475		611	

硬件接入只是数字化生活的敲门砖，真的要深入其中，还需要软件的接入。我们以微信这个"全民应用"为例比较祖代和亲代之间的采纳率和接入反哺率。如表 8-5 所示，在全国调查中，年长世代的微信总采纳率为 64.0%，其中祖代采纳率为 51.5%（此部分祖代包括部分 60 岁以下老人，故与第五章中采纳率不同），祖代知道微信但不用的为 22.7%；亲代采纳率为 94.3%，亲代知道微信但不用的为 4.9%。两者差异显著（$\chi^2 = 347.16$，$df = 2$，$p < 0.001$）。当受访者被问及"最早使用微信是由谁教的"（微信接入反哺），超过半数（58.2%）回答晚辈，其中，祖代由晚辈反哺比例为 69.9%，亲代比例为 42.9%，两者差异显著（$\chi^2 = 98.11$，$df = 1$，$p < 0.001$）。年长世代学习新媒体遇到困难时，向家庭成员求助是最方便、最迅速的解决方式，同时家庭成员的支持是年长世代持续上网的关键因素（Zhou et al.，2007）。对于微信也是如此，晚辈对长辈的微信接入反哺并非一蹴而就，年长世代在后续的使用中仍然有可能遗忘旧知识或者遭遇新问题，所以还需要晚辈持续反哺。祖代对晚辈持续反哺的接受率（87.1%）也显著高于亲代（70.2%）（$\chi^2 = 89.07$，$df = 2$，$p < 0.001$）。一旦长辈开始使用微信，大多数家庭中的数字反哺就不会停止。随着长辈手机玩得越来越"溜"，这种持续反哺还将从微信延伸到其他新媒介形式，如短视频（郑超月、徐晓婕，2019）等，这种普遍性的数字接入反哺对中国家庭传播的外延和内涵产生了深远影响。

表 8-5　年长世代的微信采纳与反哺

单位：%

	总采纳率	祖代			亲代		
		采纳率	接入反哺率	持续反哺率	采纳率	接入反哺率	持续反哺率
微信	64.0	51.5	69.9	87.1	94.3	42.9	70.2
样本数	2086	1475			611		

三　数字技能反哺现状及两代人对比

我们罗列出 18 个常用的微信功能，使用微信的 1336 位年长世代平均掌握 13.15 个微信功能，其中由晚辈反哺的微信功能数为 5.56 个。祖代平均掌握 11.64 个功能，由晚辈反哺的微信功能数为 5.96 个；亲代平均掌握 15.14 个功能，由晚辈反哺的微信功能数为 5.04 个。如表 8-6 所示，亲代对微信功能的掌握率均高于祖代。在祖代中，发文字聊天、发语音聊天、语音即时聊天、视频即时聊天这几个功能的掌握率在 90% 及以上；而在亲代中，掌握率在 90% 以上的则有接受好友邀请、添加他人好友、发文字聊天、发语音聊天、语音即时聊天、视频即时聊天、红包功能、微信转账、阅读公众号、点赞及评论。再来看两代人接受晚辈数字技能反哺的比例，在每一个功能上，祖代都高于亲代。对祖代/老年人来说，家庭是生活的最主要场域，晚辈自然成为其使用微信遇到困难时首选的求助对象，而亲代/中年人除了向晚辈请教，还可以找同事和朋友帮忙，也可以自己琢磨学习。

表 8-6　年长世代对微信功能的掌握及反哺情况

单位：%

微信功能	祖代			亲代		
	掌握率	自学率	反哺率	掌握率	自学率	反哺率
接受好友邀请	87.2	40.1	51.3	98.8	59.9	32.5
添加他人好友	83.6	33.7	56.9	98.4	55.7	34.2
发文字聊天	90.4	42.9	50.5	97.9	65.6	28.2
发语音聊天	96.1	36.4	55.5	98.4	61.7	29.5
语音即时聊天	90.0	31.9	59.5	97.2	52.9	38.2
视频即时聊天	91.2	29.7	61.9	97.0	51.2	39.4
创建公众号	11.7	29.2	52.8	28.5	56.7	25.6
红包功能	76.4	27.4	60.9	96.7	45.2	45.8
微信转账	56.4	26.8	62.5	91.5	44.0	45.5
微信支付	53.0	30.0	57.1	89.8	46.2	42.7
发布原创朋友圈	65.3	40.3	50.0	87.0	53.9	35.9
第三方应用/小程序	24.2	41.3	46.2	58.9	51.0	33.6
阅读公众号	75.1	51.1	40.1	90.8	65.8	26.2
转发公众号文章	63.4	50.8	38.8	82.6	65.5	24.2
点赞及评论	80.5	55.1	38.4	95.0	68.6	25.8
建立群聊	45.4	47.5	40.9	72.0	55.2	29.9
搜索信息/搜一搜	31.6	54.2	36.7	65.6	65.3	24.1
查找聊天记录	42.2	53.6	37.7	68.2	63.9	26.7
样本数	760			576		

　　如果我们把两代人通过自学掌握数字技能的比例与通过反哺掌握数字技能的比例做一个对比，就会得到更有趣的发现：在 18 个微信功能上，亲代绝大部分自学率高于反哺率，只有红包功能及微信转账这两个功能是反哺率高于自学率；而祖代大

部分（12个）反哺率高于自学率，但是在阅读公众号、转发公众号文章、点赞及评论、建立群聊、搜索信息/搜一搜、查找聊天记录这六个功能上自学率高于反哺率。我们把作为老年人的祖代所掌握微信功能的反哺情况可视化，将之投射到二维象限图上（见图8-2），可以看到各个功能的反哺情况主要分布在两个区域，左上角的第二象限（反哺>自学）与右下角的第四象限（自学>反哺）。通信及金钱相关的工具性功能多分布于第二象限，这部分功能多是晚辈教导，而与信息偏好和媒介素养有关的内容性功能多分布在第四象限，多是长辈自学。所谓"师傅领进门，修行看个人"，晚辈的反哺也往往止步于此，晚辈在

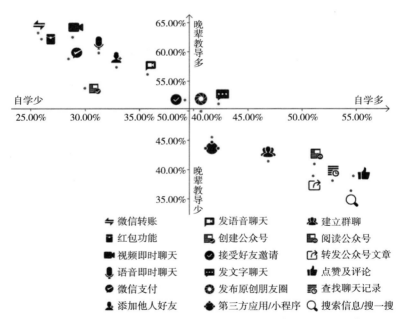

图8-2　祖代掌握微信功能途径对比：自学与晚辈教导（反哺）

资料来源：《吾老之域——老年人微信生活与家庭微信反哺》。

完成了微信"领路人"的任务之后就悄然退场，此后该如何正确、明智地使用微信则主要由老人自己琢磨。这种"不彻底"的反哺使长辈如刘姥姥进大观园，猛然进入复杂的微信世界后不知所措、行为失范，甚至成为受谣、传谣的主力军。可见，数字技能反哺必须辅以素养反哺，才能产生良好的效果。

数字技能反哺的"不彻底"集中体现在和"钱"有关的微信功能上。不仅我们的调查发现老年人对相关功能知之甚少、用之更少，同时期中国社会科学院等发布的《中老年互联网生活研究报告》也显示，六成以上的中老年没有在微信或支付宝中绑定银行卡，而是由子女为他们存入零钱。出于对网络诈骗的担忧，无论是晚辈还是长辈都有意地回避了和"钱"有关的微信功能反哺。在 11D 的自传式家庭数字反哺报告中提到："我妈妈学习时会比较担心资金安全问题，可能受到电视新闻的影响，觉得将账号跟银行卡绑定起来是不安全的，所以到目前为止都不敢在关联的银行卡上多存钱，购物也尽量选择能够货到付款的平台。"28D 也表示："他们（家中老人）对支付宝或是微信绑定银行卡还是持怀疑态度，他们会担心上当受骗或是不安全等等潜在风险。因此大多涉及上网买东西或是其他经济形式（的事）都是由我代劳。"

四　数字素养反哺现状及两代人对比

数字素养关乎老年人能否真正融入数字化生活，我们将从两个方面对之进行测量，分别为流行文化反哺和安全上网反哺。首先，我们分析了年长世代对流行语的掌握及反哺情况（见表

8-7)。在我们罗列的 11 个网络流行语中，祖代有 33.4% 的人掌握 1 个及以上，仅有 3.1% 的人全部掌握；亲代对这些流行语的掌握情况明显优于祖代，有 79.2% 的人掌握 1 个及以上，14.7% 的人全部掌握。亲代掌握的流行语数（$M = 4.80$）比祖代（$M = 1.37$）多，两者差距具有统计显著性（$t = 22.90$，$df = 2084$，$p < 0.001$）。而两代人在流行语的反哺率上，祖代几乎在所有流行语上高于亲代，亲代自学率大都高于祖代。

表 8-7　年长世代对流行语的掌握及反哺接受情况

单位：%

流行语	祖代			亲代		
	掌握率	自学率	反哺率	掌握率	自学率	反哺率
撩	10.5	61.3	25.8	41.7	72.2	17.3
套路	25.1	71.6	19.7	67.3	70.6	19.0
洪荒之力	19.9	75.5	16.7	57.5	75.5	15.1
一言不合就开黑	8.2	53.7	27.3	32.3	66.0	21.3
老司机	12.3	62.6	21.4	47.6	67.0	16.2
小目标	16.1	62.9	24.9	50.2	68.1	20.5
友谊的小船	11.5	62.4	23.5	45.5	65.5	23.7
狗带	4.6	33.8	42.6	24.6	55.3	26.0
蓝瘦香菇	9.7	52.4	32.9	42.9	64.9	24.0
吃瓜群众	13.6	61.7	24.4	46.0	66.2	20.3
皮皮虾，我们走	5.4	41.3	38.8	23.6	56.9	28.5
样本数	1475			611		

其次，我们列举了和谣言、诈骗、隐私等相关的6个问题，用以测量安全上网反哺。如表8-8所示，无论是祖代还是亲代都能积极接受晚辈的反哺，在我们所列举的六条安全上网知识中，反哺比例全部超过70%，而且绝大部分反哺率在90%左右，祖代和亲代之间在安全上网的反哺上都没有显著差异。我们将这六个方面综合成安全上网反哺（祖代 $M = 3.02$，SD = 0.85，Cronbach's $\alpha = 0.937$；亲代 $M = 2.97$，SD = 0.87，Cronbach's $\alpha = 0.945$）。在数字反哺的三大维度下的诸多指标中，只有这一个指标祖代和亲代没有显著差异。虽然同属于数字素养反哺，表8-7所列举的流行语的反哺接受率（大多在20%上下）远远低于安全上网反哺接受率。究其原因，可能是因为流行文化反哺是可有可无的"锦上添花"，而安全上网反哺对于年长世代来说则是必不可少的"雪中送炭"。强烈的需求引发了深入甚至过度的反哺，并在某种程度上触发了年长世代对新媒体的"畏惧"（中国社会科学院社会学研究所等，2018）与"回避"（公文，2018），晚辈甚至可能成为阻碍长辈客观认识并充分利用互联网的因素（黄志坤等，2014）。在很多家庭中，为了避免父母在网上受骗，子女帮他们上网订票、挂号或查询健康信息（洪杰文、李欣，2019），跳过费时费力的"授人以渔"环节，直接"授人以鱼"。这种"代理式反哺"虽然保证了长辈的资金安全，但是从长远来看，却限制了他们对数字化生活的深度体验，不利于老年人真正的数字融入。

表 8-8　年长世代安全上网反哺接受情况

单位：%

安全上网知识	总体	祖代	亲代	χ^2, df, p
不要轻易相信网上的信息	91.4	91.8	90.8	0.45, 1, 0.501
要学会判断信息的真假	90.3	90.4	90.1	0.03, 1, 0.859
不要信谣传谣	89.5	90.0	88.9	0.43, 1, 0.511
小心网络诈骗	91.1	91.6	90.5	0.51, 1, 0.474
要保护好隐私信息	90.2	90.3	90.1	0.01, 1, 0.923
上网时间不要太长	77.9	78.2	77.6	0.06, 1, 0.809
样本数	1336	760	576	

第四节　中国家庭数字反哺的影响因素

在进行因果关系的检验之前，我们分别检验了单一自变量与因变量（数字接入反哺、数字技能反哺、数字素养反哺）之间的关系，大部分都有显著影响，这里因篇幅限制从略，将着重对系统性分析进行阐释。为了考察所有自变量对数字反哺的三大维度（接入、技能和素养）的影响，我们分别进行回归分析。在数字接入反哺方面，由于数字接入反哺是二分类变量，故采用二元逻辑回归；在数字技能反哺方面，我们以微信功能反哺为因变量进行一般线性回归；在数字素养反哺维度，我们以安全上网反哺为因变量进行一般线性回归。在数字反哺的每个维度下，我们将祖代和亲代分开，分别考察与比较祖代和亲代数字反哺的影响因素，具体如表 8-9 所示。

表 8-9　数字接入、技能和素养反哺的回归系数

影响因素	数字接入反哺 二元逻辑回归系数		数字技能反哺 一般线性回归系数		数字素养反哺 一般线性回归系数	
	祖代	亲代	祖代	亲代	祖代	亲代
人口特征						
城市等级	-0.043	-0.155	-0.013	0.002	0.102**	0.144***
性别（女=0）	-0.734***	-0.463*	-0.121***	-0.105**	-0.045	-0.105*
年龄	0.422***	0.591**	0.010	0.145***	0.058	0.165***
受教育程度	-0.247**	-0.605***	-0.065	-0.217***	0.009	-0.114**
主观感知						
对微信特征的感知	-0.903***	-0.743***	-0.098*	-0.147***	-0.025	-0.049
对微信风行程度的感知	0.081	0.128	-0.079*	-0.014	0.062	0.010
对微信需求的感知	0.051	-0.173	0.114**	0.053	0.118***	-0.002
心理期望						
自我效能感	-0.004	-0.225	0.006	-0.107*	-0.018	-0.104*
心理阻碍	-0.091	0.089	-0.015	0.020	0.077*	0.078
家庭互动程度						
居住距离	0.132	-0.191	-0.074	-0.056	0.072	0.026
面对面交流	-0.009	-0.065	0.008	-0.058	0.045	0.011
介质性交流	0.239*	0.334**	0.171***	0.082*	0.151***	0.096*
交流时长	0.214	0.082	0.123***	0.128**	0.146***	0.152***
共同活动	0.050**	0.004	0.041	0.072	0.098**	0.035
家庭亲密程度	0.384**	0.782***	0.095*	0.099*	0.172***	0.166**
代际支持（无支持=0）						
经济+劳务支持	0.167	-0.168	0.033	0.056	0.140*	0.023
仅经济支持	0.143	-0.028	0.054	0.074	0.038	0.053
仅劳务支持	0.393	-0.338	0.063	0.038	0.063	-0.041
Pseudo R^2/R^2	0.147	0.214	0.126	0.189	0.174	0.188
n	760	576	760	576	760	576

注：* $p<0.05$，** $p<0.01$，*** $p<0.001$。

综合来看，我们预设的自变量对于数字反哺具有较强的解释力（Pseudo R^2/R^2 在 0.126~0.214）。逐一深入数字反哺的不同维度，我们有以下发现。（1）数字接入反哺主要和人口特征、主观感知、家庭互动程度、家庭亲密程度有关，而且祖代和亲代数字接入反哺的决定性因素大体相同。具体而言，无论是祖代还是亲代，年龄越大、受教育程度越低、对微信特征的感知越负面、与家人介质性交流越频繁、和家人亲密程度越高的女性，越有可能成为家中晚辈的数字接入反哺对象。此外，与家人共同活动越多的祖代，越有可能接受晚辈的数字接入反哺。（2）数字技能反哺的影响因素与数字接入反哺大体相同，但祖代和亲代的决定性因素略有不同。具体而言，无论是祖代还是亲代，对微信特征感知越负面、与家人介质性交流越频繁、与家人交流时间越长、和家人亲密程度越高的女性，越有可能接受晚辈的数字技能反哺。但是对于祖代，对微信风行程度的感知越负面、对微信需求的感知越强烈也越有可能接受晚辈的数字技能反哺。而对于亲代，年龄越大、受教育程度越低、自我效能感越低也越有可能接受晚辈的数字技能反哺。（3）在数字素养反哺方面，其影响因素与前两种反哺有较大区别，祖代和亲代之间的差异也显著。对于祖代，身处越发达的城市、对微信需求的感知越强烈、心理阻碍越多、与家人介质性交流越频繁、与家人交流时间越长、与家人共同活动越多、和家人亲密程度越高、和家人之间经济和劳务支持越多的越有可能接受数字素养反哺；而对于亲代，身处越发达的城市、年龄越大、受教育程度越低、自我效能感越低、与家人介质性交流越频繁、与家人交流时间越长、和家人亲密程度越高的女性越有可能接受数字素养反哺。

　　总结上述信息，我们可以绘制出数字反哺接受者的典型画像：在个人层面，女性，属于弱势群体（年龄大、受教育程度低、自我效能感低、心理阻碍多），对新媒体的看法自相矛盾（虽然认为新媒体不好，但需求很强烈），这在一定程度上印证了 2012 年和 2015 年两次调查的发现，并做出更多解释；在家庭层面，她们和家人互动频繁、深入且关系亲密，处于家庭结构的核心。这似乎就是中国家庭中那些在数字化起跑线上"落伍"的母亲和祖母们，她们正努力地通过与家人的亲密沟通接受更多的数字反哺，从而跟上家庭数字融入的步伐而不至于继续被边缘化。综合对比祖代和亲代的数字反哺影响因素，还发现家庭因素对于祖代的影响比亲代大，而个人因素对于亲代的影响比祖代大，可见随着年龄的增长，老年人的生活重心慢慢向家庭靠拢，这种趋势对数字反哺有着巨大影响。有学者（公文，2018）针对老年人健康信息传播活动的研究显示，代际关系可以作为一种补偿机制，帮助老年人利用新媒体积极地面对健康问题。我们的研究进一步证明，先天弱势的群体需要借助家庭因素的补偿才能获得数字反哺。

　　在我们建立的回归模型中，仍有很多自变量的影响并不显著。Zhu 和 He（2002）早年考察互联网时，借用 Rogers（1995）的话劝诫研究者应该尽量避免"pro-innovation bias"（促创新偏见，只关注促进因素而忽视阻碍因素）。受到这种偏见的影响，研究者在建构模型时，总是希望自己提出的每一个自变量都对因变量影响显著，我们也不例外。事实上，那些表现不佳的变量或许更值得探究。比如，居住距离、面对面交流这两个变量在所有回归中表现均不显著，但与之相对的介质性交流则在所有回归中都表现显著。这种对比恰恰说明了在数字化社会中，媒介重新定义了时空以及家庭传播方式。因现代化社会中人的流动所造成的家庭成员间的时空阻隔被数字媒体带来的沟通便利消解于无形，所以家庭的内核不再仅仅是所有人都在场的实体同在，也可以是虚拟的在线共存。正如卡斯特（2001：518-524）所洞察到的，网络社会构成了新的社会时空，使空间流动了起来，具有历史根源、共同经验的"地方空间"（space of places）正在转化为通过流动而运作、具有共享时间之社会实践的"流动的空间"（space of flows），即我们研究中的"传统家庭"向"在线家庭"的转变。数字化媒介让家庭成员间实现了线上的"全天候陪伴式"交流，原本"居住在一个屋檐下，抬头不见低头见"的缺乏边界感的传统家庭转变为互联网上"想聊就聊，想见就见"的现代家庭。让我们意外的还有代际支持这个变量，它仅在一个回归中表现显著，而与之相对的家庭亲密程度则在所有回归中都表现显著。虽然这两个变量都旨在测量家庭代际关系，但前者讲理（核算各自对家庭的经济和劳务付出），后者讲情（评估自己与家庭成员之间的亲密程度）。显然，中国家庭讲情多于讲理，家庭亲密程度对于数字反哺的影响力远远高于代际支持。阎云翔、杨雯琦（2017）对黑龙江农村的 30 年追踪式田野调查发现，代际亲密关系正在重新界定孝顺的规范，家庭成员之间的情感依赖让长辈和晚辈都感觉到"亲情很浓"和"幸福"。他们也注意到媒介（之前的电视以及现在的手机）在代际亲密关系建构与维系中发挥了重要作用。洪杰文和李欣（2019）对山西农村家庭、朱秀凌（2015）对福建漳州家庭、曾秀芹等（2018）对福建厦门家庭，以及朱丽丽和李灵琳（2017）对江苏南京家庭的质化或量化研究都显示，数字反哺既是亲子亲密关系的良性结果，也反过来促进更大程度的家庭和谐。

第五节　在家庭情境中考察数字反哺

上一节的数据主要来自老年人（接受到的反哺），但正如我们反复强调的，数字反哺是一种双向互动的传播实践，而家庭则是其最主要的发生场域，祖代、亲代、孙代不同的角色身份以及互相之间的亲密关系，会对数字反哺产生何种影响？在这一节，我们将通过对全国调查数据的分代配对，并辅以自传式家庭数字反哺报告，来分析邻代（祖代与亲代、亲代与孙代）和隔代（祖代与孙代）之间反哺的具体表现。

一　数字反哺中的邻代亲与隔代亲

如第四章所述，我们将全国调查的 954 个受访家庭，根据受访者不同的家庭角色（祖代、亲代、孙代）进行拆分配对，共组成了 3479 个配对，其中邻代亲子配对有 2805 个，占了近八成，另外隔代的祖孙配对有 674 个。由于亲子配对中年龄跨度极大，亲代年龄为 30~80 岁，为了进一步对差异极大的亲子关系进行区分，我们把亲子配对按照年龄划分为中高龄亲子配对（40 岁及以上中年人和其父/母）、中低龄亲子配对（14 岁以上、40 岁以下青年、少年和其父/母）。最终的配对组合情况为：隔代祖孙配对 674 个，邻代中高龄亲子配对 958 个，邻代中低龄亲子配对 1847 个。具体的代际配对及性别组合如表 8-10 所示。

表 8-10　代际配对及性别组合分布

性别组合（长辈在前）	祖孙配对	中高龄亲子配对	中低龄亲子配对	合计
男-男	3.9	6.2	12.1	22.2
男-女	4.7	6.0	14.4	25.1
女-男	4.4	7.7	12.0	24.1
女-女	6.4	7.8	14.4	28.6
合计	19.4	27.7	52.9	100

　　按照祖孙、中高龄亲子、中低龄亲子的代际配对划分，将各项反哺数据进行处理，计算出平均值。结果如表 8-11 所示，在媒介设备反哺、微信接入反哺、微信技能反哺方面，亲子邻代均高于祖孙隔代，其中，中高龄亲子配对在这三项反哺中的比例均为最高，均接近或超过 50%，祖孙配对则最低，且与邻代反哺差距较大。在流行文化反哺方面，情况完全反转，祖孙隔代间的反哺（26.5%）超过中低龄亲子反哺（20.3%），而中高龄亲子反哺最低（19.0%）。

表 8-11　祖孙隔代及亲子邻代数字反哺情况

单位：%

数字反哺	祖孙配对	中高龄亲子配对	中低龄亲子配对
媒介设备反哺	8.9	55.5	25.4
微信接入反哺	33.5	61.2	54.4
微信技能反哺	22.5	48.0	38.2
流行文化反哺	26.5	19.0	20.3

一言以蔽之，隔代反哺侧重文化，邻代反哺侧重功能。一个典型的中国三代同堂家庭，中年人掌握财政大权，因此在媒介设备反哺（购买和分配新旧数字设备）上表现最主动。在微信的采纳与使用上，邻代之间交流最频繁且便捷，反哺最多。但是对于流行文化，青少年才深谙其道，他们热衷于向父母和祖父母"科普"最新的网络用语，努力实现"破次元"的交流。

二　数字反哺的接力模式

传播学领域中许多有关老年人数字融入的研究都将挖掘老年人对数字设备的需求作为首要目标。在我们收集的自传式家庭数字反哺报告中，不管是邻代反哺（中高龄亲子、中低龄亲子）还是隔代反哺（祖孙），都凸显了老年人需求的重要性。数字反哺很多时候并不是年轻人一厢情愿的行为，是否能取得很好的效果，还取决于老年人是否真的需要使用智能手机、是否真的愿意使用微信。总的来说，需求驱动数字反哺。下面，我们将分开讨论不同需求层次的老人。

首先，没有需求的老人会拒绝数字反哺。一位相当"睿智"的受访者提到："人是有两重性的，一个是自然属性，一个是社会属性，年轻时出于生存各方面的需求，避免不了要去跟社会打交道。现在老了，到了我这个年纪，应该要慢慢淡化社会性，尽可能地回归自然状态。"这里所谓的"自然状态"，就是抛却所有外界烦扰，包括数字化设备，重返"世外桃源"的平静。38D 的爷爷也拒绝反哺，对于原因，38D 说道："我爷爷很喜欢出门跟邻居跟其他人面对面交流，这满足了他对交流的要求，所以对于智能手机、微信这些他没有很热衷。"老年人多年以来养成的社交习惯很难在短期内改变，在日常生活中用不上数字设备，也就不需要数字反哺。18D 作为儿媳妇，说明了自己没有教婆婆使用新媒体的原因："我婆婆不是长期在城市里生活，如果回了老家，智能手机对她来说用处不是很大，智能之所以智能，就因为能够方便我们的生活。像滴滴打车，在城市里才有这个服务，在农村的话就没有，她就用不上，学了也是白学。"22D 对此也深有体会："像智能手机这样的新媒体，对于老人（特别是中小城市的老人）的生活来说并不是非常有必要，智能手机更多承载的是娱乐的功能，但老人完全可以以其他的娱乐活动（看电视、散步、打麻将等）来替代。"老人们的晚年生活似乎并没有我们想的那么乏味，他们有热衷的休闲活动，数字设备对于非大城市的老人并不是刚需，所以数字反哺也就可有可无了。

其次，是有明确需求的老人。当长辈对数字新媒体感兴趣，并体现出学习的需求时，数字反哺就水到渠成了，他们会欣然接受来自子辈（邻代）和孙辈（隔代）的反哺。通过对家庭数字反哺报告的分析，我们发现了两种类型的隔代数字反哺。第一种发生在年幼的孙辈与祖辈生活在"同一个屋檐下"时期。由于中国的隔代亲传统，这个阶段祖辈和孙辈之间的关系非常亲密，孙辈在教祖父母使用微信的过程中，自己也可以获得"名正言顺"玩手机的机会，这是一种"双赢"式的反哺。3S提到自己以前教外公使用手机的情景："在数年前，外公还没去世，我是他的日常手机修理工。外公对于新事物——手机，只会打电话和看信息，而对于什么游戏、手机设置等一窍不通。我记得经常发生的反哺情境就是在外公的家里，有两把古老的木椅，我们常常坐在那儿摆弄他的手机，由于当时我没有手机使用，因此帮外公弄手机的设置，我也可以获得一些玩手机的时间。"25D也提到她年幼的侄子教她父亲使用手机："我小侄子已经基本能够操作手机了，比如自己打电话、看视频、下载软件、使用微信等等。日常生活中他与爷爷关系很亲近，当爷爷拥有手机后，小侄子也成了一半的拥有者。他会很有成就感地教爷爷如何使用，比如怎么发微信视频、怎么转换摄像头等等，还在爷爷手机上下载了游戏自己玩。"可以看到，孩童时期的孙辈对祖辈的反哺是非常积极的，利他型的承欢尽孝和利己型的自娱自乐完美地结合在一起，形成了一幅祖孙其乐融融的和谐画面。

　　第二种发生在孙辈与祖辈"分居"后。当孙辈长大，意识到自己的责任与担当，并拥有更高的数字能力和素养时，却往往已经离家在外求学或工作，祖孙之间原有的亲密关系由于地理距离的阻隔而变得疏远。13D表示："我们这代人，很多都是爷爷奶奶或者外公外婆带大的，但其实随着我们长大，和他们的关系却越来越远了。我们和隔代的一辈见面次数寥寥，不是过年就是老人生日，平时电话联系也有限，相处的时间屈指可数。"随着年龄的增长，年轻人与家中老人的关系渐渐沦为一种"客气的亲近""形式的孝顺"，比如逢年过节，孙辈常常先说一声"爷爷（奶奶、外公、外婆）好"，然后开心地收一个红包，乖巧地道声谢，就坐到一边自顾自地玩手机了。但我们也发现，正是因为地理上的区隔，为了与外地的子女孙辈保持亲密联系，许多老年人开始触网，这也成了大多数老年人学习新媒体的最初动机。13D提到："奶奶本来用的是那种老人机，就是那种只能打电话、发短信，字体巨大、铃声巨响，按键声也超吓人的那种。后来因为哥哥去了国外，电话联系并不方便，且国际漫游价格昂贵，她开始要我教她用微信，学习使用视频通话，而且奶奶还熟练地掌握了中澳时差。老人们对新事物的热情，来源于对子女和孙辈的热情。"35D 也提到自己爷爷使用智能手机和微信的初衷："爷爷在 2013 年的时候，第一次接触智能手机，因为我在 2013 年 9 月的时候去外省读本科，爷爷很不放心我。我弟弟就把他的旧手机给了他，并教他怎么跟我视频。爷爷很高兴可以有一个自己的智能手机，觉得在家里就可以看到远在学校的我这件事情很神奇。"无论何时，即使孙辈长大成人，老人们对晚辈的爱始终如一，外界的数字化发展远没有和家人热络重要，正是有了家庭的羁绊，许多老年人才"狠下心"踏入一个充满未知的"世界"。

老人采纳新媒体只需要一个决定，但后续的使用却需要无数个坚持。所以，在数字接入反哺这个"一锤子买卖"之外，仍然需要晚辈对长辈进行持续的数字技能反哺。大多数祖代步入老年后，会与其子女（中年亲代）共同居住，数字技能反哺更多是由亲代实际执行，孙代由于较少陪在祖代身边，心有余而力不足。亲代对祖代的反哺就像学校的日常教学，而孙代对祖代的反哺则像"课外补习班"。逢年过节返乡探亲的孙辈，往往会抓住这个难得的机会对祖辈进行突击教学，13D 详细记录了过年期间她回家时教奶奶使用微信的场景。

我注册好微信，然后教她简单的操作，老人上了年纪果真记性不好，才教的过几分钟就忘得一干二净。光是教会如何视频通话以及发照片就花了一小时。过了会儿，奶奶拿着手机回了房间，我以为她嫌麻烦就此作罢，没想到她戴着老花镜在一个小本子上面写着什么，凑近一看才知道是在做笔记：

"微信视频"：1. 打开微信；2. 找到联系人；3. 点右下方的+（加号）；4. 点击第三个"视频通话"；5. 选择第一个"视频通话"。

那些字有点儿潦草，她握着笔的手有点儿颤抖。我忽然感到有点儿心酸：对于我们来说很简单的事情，对她来说却需要记那么多个步骤。那本子只有手掌心大小，是她专门拿来记各种电子产品使用方法的。

显然，在中国具体的家庭情境中，邻代反哺与隔代反哺的关系不是相互竞争、互相割裂，而是相辅相成、共同接力。家庭里的晚辈谁方便、谁有空就由谁来教，"不管白猫黑猫，能抓到老鼠的就是好猫"，只要老年人能学会，怎么教都行。正如一位受访老人所提到的："我刚开始使用微信是子女教的，教一下就知道怎么点了。有时我孙子也会教，我觉得能教会就行，谁教都一样。"只有家庭成员把这件事作为一个整体性的家庭事务并参与其中，交替为之，才有可能实现对老年人更为有效的数字反哺。

三 数字反哺的空间性：居家反哺与远程反哺

在前面对数字反哺影响因素的量化分析中，我们发现共同活动是影响数字反哺的重要因素，即参与共同活动越多，数字反哺越多。质化的家庭报告也印证了这个发现，家庭的物理空间是数字反哺发生最普遍的场域。当一家人聚在一起聊家常之时，数字反哺也自然发生。8S 提到父母接触新媒体的过程："在 2014 年的时候，哥哥为爸爸妈妈都换了智能手机，并经常借用周末回家，在客厅教他们如何使用智能手机。后来每年寒暑假回家我都会有空就教父母如何使用手机，尤其是微信。"由于子女长期在外，长辈往往非常珍惜晚辈在家里的时间，双方面对面即使有很多话说，也难免有词穷之时，这时帮长辈"看看手机有什么问题"就成了打破尴尬的"万能公式"，在一问一答、一教一学的温馨互动中，数字反哺就这样自然地完成了。由于老年人认知能力的退化，数字反哺在长辈一侧体现出的效果难以持久，学会没多久就忘了。这也让老人们表现得非常依赖年轻人，甚至很多长辈在晚辈离家时又回到反哺之前的状态。11D 提到："在教爸妈用手机时，他们无意中经常会说一句话，'你要教我啊，不然你去学校了要怎么办'。"26D 也意识到这个问题："这一切基于我在家，平时不在家他们不会问我那些问题。刚开始教妈妈使用微信时，我在旁边指导，看着她一步一步做，否则我上学不在家了，她还是不会。"而很多善于学习的长辈也有自己的一套独特方法，比如之前提到的 13GM 就有一个专门拿来记各种电子产品使用方法的本子，对此，她说："晚辈在家的时候教我了，我得记住，一旦他们走了，我又什么都不会了。"

在社会流动日益频繁的今天，中国大部分家庭祖孙三代是聚少离多的。在晚辈因求学、工作离开家乡后，远程联络也成为一种补偿的反哺方式，与居家反哺双管齐下，为长辈的数字融入保驾护航。23D 提到："我放假回家会教妈妈使用新媒体，给她下载新软件、清理内存、更改手机套餐等等。不在家时妈妈也会跟我说手机哪里有什么情况，什么又不会用，我就会截图远程教她。"21D 存在同样的情况："在家里面，我和弟弟教妈妈使用新媒体的时间比较长，但也会远程教她。有一次，妈妈的微信掉线了，但是她不知道自己的密码，自己弄了很久还是登录不了。我打电话问她怎么微信没有回我消息，妈妈着急地说她微信登不上，我让她不要着急，然后在电话里教她一步一步找回密码，才登上了微信。"远程数字反哺的效率和效果远远比不上"面对面""手把手"的反哺。但我们必须认识到，远程数字反哺本身就是亲情维系的一种主要手段，教什么学什么、教多少学多少并不重要，只要有交流，就能够增进家庭成员之间的关系，这才是数字反哺的真谛所在。

四 数字反哺的时间性： 假期集中反哺与日常即时反哺

如上文所述，年轻世代在家时，数字反哺最容易发生，而节假日正是晚辈在家的时间段。许多年轻人就是利用假期在家的时间对长辈进行集中式的数字反哺，教父母使用数字新媒体甚至成为他们假期的"头等大事"。2D 提到："去年寒假回家，爸妈把买手机、装网线、教他们用手机一一列成日程任务给我，在他们下班后，我抓紧教学，算是完成所有任务。他们也趁着我在家一边用一边发现问题，开始我都等在他们旁边随时待命，随时解答问题。后面他们慢慢学会了，问题也少了。"23D 也有同样的经历，她说道："寒假刚回家时带妈妈去购买了新的苹果手机，之后，我的寒假就是在教她使用苹果系统、听她抱怨苹果系统中度过的。"

一个假期的时间不可能彻底教会长辈使用智能手机，数字反哺是一个循序渐进的过程，特别是对一些学习能力和接受能力较弱的长辈，晚辈切不可急于求成，须知"心急吃不了热豆腐"。17S教父母使用微信就花了很长时间，"他们的微信号都是由我帮助注册的，因为在外地读书，虽然没有很集中地教他们使用，但一个假期一个假期慢慢积累下来，现在他们基本能够熟练地使用微信了。"在此过程中，年轻人需要有足够的耐心，尤其要能"换位思考"，设身处地地理解老年人的身心退化导致的学习障碍，不要因为长辈学得慢而烦躁罢工，调整节奏、徐徐图之，才能取得更好的反哺效果。

在自传式家庭数字反哺报告中，普遍反映的一个反哺难题就是年长世代反哺需求与年轻世代反哺行动之间的"时间差"。微信使用对于老年人来说是一个不断探索新领域、不断遇到新困难、不断"升级打怪"的过程。他们所遭遇的问题往往分散而琐碎，很难等晚辈回来之后"集中解决"。旧问题还没有解决，新问题又出现了，日积月累，老年人的学习积极性备受打击。显然，最好的反哺应该是最及时、最详细、最有针对性的反哺。为了缩小这个时间差，年轻人应该更好地利用新媒体技术再造家庭时空观念，消解家庭成员间因身处不同时空而产生的隔阂，在线上构建"共时的在场"，尽可能地为家中老人提供日常的即时反哺。

本章小结

从 2012 年关注数字反哺问题起，我们的调查沿着数字接入反哺、数字技能反哺和数字素养反哺三大维度不断延伸，最终在 2018 年全国调查中，通过不同世代的多重对比，将中国家庭围绕数字媒体展开的丰富多彩的代际传播画卷呈现出来。就反哺现状而言，年轻世代"给出去的反哺"与年长世代"接受到的反哺"大体一致，但仍有三成左右的矛盾。我们之后的数据分析聚焦年长世代中的祖代（老年人）与亲代（中年人）的对比，发现祖代虽然在数字媒体的采纳、使用与素养方面都显著低于亲代，但他们对数字接入、技能和素养反哺的接受程度都显著高于亲代。进一步的影响因素分析也印证了上述发现，越弱势的个体（年龄大、受教育程度低、女性、自我效能感低、心理阻碍多）接受数字反哺越多。但有趣的是，上述弱势的个体在家庭结构中却处于核心位置，与家人互动频繁深入且关系亲密。综合对比祖代和亲代的反哺影响因素，家庭因素对于数字弱势群体的补偿功能被进一步印证。家庭不仅包容数字反哺，更孕育和推动了数字反哺。

无论是从人口老龄化的社会大背景出发，还是从文化更替与传承的历史大命题出发，数字反哺都是殊途同归的落脚点。我们研究它，不仅因为它的学术价值，更因为它是实现全民数字融入的合理又合情的方案。其合理性在于，经历了无数次或缓慢或剧烈的社会变迁，文化反哺已经沉淀为人类的文化基因（米德，1987；周晓虹，2015a），在相应情境的激发下，将自然而然地引导年轻世代对年长世代进行反向的教育，而数字反哺就是当前社会转型所必然激发的新型代际传播。其合情性在于，我们的研究凸显了介质性交流以及亲密关系在数字反哺中的重要作用。由此可见，家庭成员借助数字媒体所展开的包括反哺在内的跨时空互动，正在促成新型的亲密关系（情），使之取代传统的孝道价值观（理），成为当代中国家庭的核心纽带，这也与社会学家观察到的中国家庭变迁不谋而合（崔烨、靳小怡，2015；阎云翔、杨雯琦，2017）。

数字代沟与数字反哺

第九章 数字反哺行动研究

第一节 行动研究概述

行动研究（action research）一词最早由心理学家库尔特·勒温（Kurt Lewin）于 20 世纪 40 年代提出，核心思想在于，只有在行动和投入改变的过程中才能做到真正了解世界（Lewin，1946；Bargal，2006）。作为一种质性研究方法，行动研究的独特之处在于将研究与实践相结合，使二者相互促进、相辅相成（Avison et al.，1999）。但正如 Reason 和 Bradbury（2008：1）所言，行动研究与其说是一种方法论，不如说是一种探究方向，它旨在创建参与式的探究社区，在其中，参与性、好奇心和提出问题的品质会对重大实际问题产生影响。

行动研究的具体步骤与实施策略风格迥异但又殊途同归。有包括计划、行动、观察和反思的四阶段模式（Altrichter et al.，2002），也有涵盖问题诊断和界定、行动计划的制订、行动规划的推动、问题再评估、研究发现并从中学习的五阶段模式（William，2001），更有学者进一步细化，发展出强调共享与反思的八阶段模式（Moles，2015）。但无论如何划分，这些模式都强调行动研究并非线性和静态的，而是一个不断循环的动态过程。它强调在研究过程中进行评估与反思，时刻衡量研究进展并重新定义问题，调整行动方案。

这种通过实践式研究改进实际问题的探究方向较早受到教育领域的关注，用以解决教育理论与实践脱节的问题（郑金洲，1997）。传播学作为一门理论与实践兼备的学科，更需要借助行动研究回应实际问题。近年来，科学技术的革新使社会急遽变迁，各种社会问题也随之而来。发端于应用传播学的传播行动主义研究逐渐成为一种社会改良方案，它吸收了修辞研究、批判文化理论、女性主义等学术谱系，以促进社会正义为主题，通过研究者第一者视角的行动回应社会实际问题（Frey et al.，2020）。

卜卫（2014）在传播行动主义研究的基础上提出"行动传播研究"的概念。她总结了前者的三大特征：关注社会公正、理论与实践结合、与边缘群体发展合作伙伴关系。而后者的不同之处是，在具有以上三个特征的同时，还强调"行动传播研究者将研究看作一个'赋权'的过程或工具"，边缘群体对传播权利认知的增进以及传播能力的增强成为行动传播研究的重要目标。

如何让处于数字社会边缘的老年人实现"赋权"，正是我们研究数字反哺问题的一个重要出发点。在第八章，我们已经介绍了数字反哺一些理论上的研究发现。但推动老年人的数字融入绝非纸上谈兵，而是需要深入实践中去。唯有如此，才能让数字反哺研究与老年人真实的日常生活相互映照，发现老年人在数字反哺的过程中面临的一系列现实问题，借此反思并重新回应理论上的发现，最终实现对老年人更有效的"赋权"。

在数字反哺的具体实践中，我们采用最基本的"计划—行动—观察—反思"四阶段模式，分别开展了新媒体工作坊与家庭数字反哺工作坊两次行动研究。下面，我们将详细阐述整个行动研究过程的得失，以期读者了解我们作为亲身参与者的体验。

第二节　基于社区的新媒体工作坊

基于 2012 年、2015 年、2016 年的三次探索性调查，我们明确并不断细化研究问题，于 2016 年下半年以新媒体工作坊的形式开展第一次行动研究。新媒体工作坊以进入社区教老年人使用微信的方式进行，为期两个月，共分为四个阶段。

第一阶段，走访社区，调查老年人使用微信的基本情况，选定适于合作的社区。在走访中发现，深圳不少社区已经和公益团队合作开展过面向老年人的微信教学活动。但义工的教学大都追求空间上的覆盖性，而非时间上的持续性，即义工团队往往在一个社区进行短暂教学后就奔赴下一个社区。但老年人对新媒体的接受与学习需要一个过程，这种"打一枪换一个地方"的教学因为时间不固定、频率不规律、学员不稳定，对老年人的帮助有限。因此我们决定以社区"学习小组"的形式开展新媒体工作坊，实现与老年人的互动和共同进步。为与之前的调查发现形成对照，本次行动研究在深圳市开展，选取了一个典型社区——BH 社区，该社区地处南山区，辖区面积 0.7 平方公里，内有 6 个住宅小区，常住人口 10000 人左右，社区内的老人多为随迁老人或候鸟老人，有学习使用微信的潜在需求。

第二阶段，与社区服务中心合作，宣传"新媒体工作坊"，招募自愿学习微信的老人。在社工的协助下，我们在社区通过线上和线下两种方式宣传。线上通过社区居民 QQ 群进行文字宣传，线下由研究者在社区老人聚集较多的地方进行面对面宣讲。共招募 55~79 岁的老人 5 名（均为女性），其中有 3 位表示能全程参加课程，另 2 位表示视情况参加。

第三阶段，开展微信学习课程。2016 年 8~9 月，工作坊共组织 11 次课程，每次课程之后记录老人在学习过程中遇到的困难，撰写课程总结。

第四阶段，总结提升。在课程结束后对老年学员进行深度访谈，了解老年人面临的数字困境及工作坊的实际效果，形成经验材料。下面是本次行动研究相较于先前问卷调查的几点新发现。

一　身体老化对新媒体使用的阻碍

人口老龄化对社会数字化的影响之一表现为老年人身体健康状况对新媒体采纳与使用的影响。新媒体工作坊的老年学员均出于自愿学习微信，尽管基本上克服了对新技术的心理恐惧，但身体上的老化仍使她们在操作微信时略显"笨拙"。以年龄最大的学员范阿姨为例，79 岁高龄的她视力严重衰退，必须佩戴老花镜。在工作坊的学习过程中，哪怕将手机字号调到最大，范阿姨也要借助放大镜才能看清内容，使教学难度大增。视觉功能的衰退使老年人在辨认手机上的信息时出现困难，打击了老年人的学习积极性。除此之外，许多老年人考虑到长时间看手机屏幕会进一步影响视力，因此控制手机使用时间，甚至宁可不用。

在与老年人的接触过程中，我们发现，比起在手机上打字（拼音输入法）或写字（手写输入法），老年学员更喜欢发送和接收语音信息。与调动视觉相比，"说"和"听"对于老年人来说门槛较低。但到了一定年龄，眼花之后，耳背也随之到来。在工作坊中，60多岁的老年人大部分有或轻或重的视力问题，79岁的范阿姨则面临视力、听力的双重掣肘，尽管她主观上愿意使用微信，但生理上的限制让教学过程并不顺利。

身体老化还包括思维能力的退化，主要体现为反应和思考速度变慢，无法对手机给予的内容提示及时做出反应。在教学过程中，有学员尝试使用手写输入法编写信息，由于动作太慢，刚写完一个部首，智能手机就判断输入完毕并识别。但学员并没有意识到输入失败，而是专注地把字写完，导致书写过程错误多、耗时长。

二　数字技能、数字思维的缺乏对新媒体使用的阻碍

我们发现，老年人在学习使用微信过程中之所以出现诸多问题，是因为数字技能的缺乏，即对智能手机等新媒体设备操作能力的欠缺。老年人在早期很长一段生命历程中没有接触过数字媒体，步入晚年后，数字化的突然"降临"让他们手足无措，同时也较少得到亲人或社区的帮助。掌握数字技能对于老年人来说是一个步履维艰的过程，深层原因在于数字思维的缺乏。Prensky（2001）很早就意识到"数字原生代"与"数字移民"的不同，青年人作为数字原生代具有与生俱来的数字思

维，而中老年人作为数字移民，传统的线性思维方式阻碍了他们对新媒体的采纳和使用。在他看来，数字移民虽然已经尝试融入数字社会，但依然会有"口音（accent）"。在我们看来，老年人的问题可能不是"口音"问题，而是如何从头学习一门新的"外语"。

在教学过程中，我们要向老年学员解释"App""蓝牙""二维码""客户端"等与数字媒体相关的一系列名词。这些在年轻人看来容易理解的知识，老年人掌握起来却很吃力。年龄最大的范阿姨表示："手机里这些符号是什么你要告诉我。我点错了还要重来。必须从零开始。"很多人认识到，缺乏英语环境的课本学习难逃"哑巴英语"的困境。我们在授课过程中也有相同发现，老年人几乎游离在数字环境之外，无法直观理解工作坊所讲授的"教科书"般的新媒体知识。

此外，我们深刻地认识到，年轻世代和年长世代表现出的数字思维差异，其实是生活方式的不同。在前期的探索性调查完成后，我们就十分好奇中老年人如何看待数字媒体，因此在开展行动研究之前就接触了部分老年人。一位78岁受访者表示会经常查看微信群里他人分享的文章，以养生类为主，看到不错的文章会收藏起来，并抄在本子上，因为"把它（养生文章）写下来拿着看比较方便一点"。在微信支付、手机叫车等方面，很多老人之所以不愿意使用，不仅是因为在他们看来现金支付更方便，还因为原有习惯让他们觉得口袋里没钱就"不舒服"。总体来看，老年人在新生事物面前体现出一种特别的"固执"和"守旧"，即使是已经接受微信的老年人，也大都满足于已掌握的功能，当微信的操作与原有习惯相冲突时，他们更倾向于"守旧"。

老年人因视力、听力和思维能力衰退而在新媒体使用中面临阻碍反映了一个"残酷现实":新兴技术都是为年轻人设计的。尼葛洛庞帝(1997)曾提到,遥控器上按钮化的装置完全是为"手指纤细、眼力极佳的年轻人"设计的。智能手机亦是如此。如今电容触摸屏在使用时只要手指轻轻触碰就能识别,这种灵敏度对老年人来说却很容易造成误操作,甚至很多老人试图用力按压,因为他们的操作习惯还停留在电视遥控器的"按压-回弹"触感模式上。

虽然老年人在数字媒体使用上存在客观阻碍,但我们也发现,他们对此并不太在意,甚至比较乐观。因为他们平时只使用几种比较简单的功能,对于微信支付、小程序等相对复杂的功能,他们有更为简单的处理方式——找其他人帮忙。其中一位学员表示:"有时候想买东西就叫儿子帮忙买一下,要外出的时候,儿子帮我喊了(叫车),我不用,我知道可以用,但我手机上没这个软件。"很多老年人已经接受了生活日渐数字化的现状,至于如何适应,主动学习并融入是一种方式,向晚辈寻求帮助是投入少、更省力、更便捷的另一种方式。这在某种程度上也反映出老年群体为适应数字社会做出的选择和妥协,背后隐藏着代际权力的交替和转移。在工作坊宣传阶段,我们采访了一位不使用微信的老人,他用俏皮的"谐音梗"说道:"老了能有什么威信?老了就没有'微信'了。"

三 社区型新媒体工作坊的优势与局限

在新媒体工作坊开展的过程中,社区起到了重要作用。首先，社区服务中心为老年学员的招募提供了很大助力。招募初期，我们曾去社区老年人较多的棋牌室、广场、公园等地宣传新媒体工作坊，但效果并不理想，多数老年人对陌生人存在戒备心理，甚至拒绝沟通。后来在社工的帮助下，我们才顺利招募到合适的参与者。从这个过程中也可以看出老年研究的不易，一方面我们时常告诫老年人警惕诈骗行为，另一方面我们也成了他们警惕的对象。

其次，社区为行动研究的开展提供了场地支持。20世纪80年代以来，社区养老成为中国社区服务的重要组成部分，被当作解决中国老龄化问题的方法之一（李晟伟，2011）。深圳的社区也一直在承担养老服务功能，开展新媒体工作坊的BH社区就聚集了一群"铁杆"老人，他们积极参加社区活动，到活动室娱乐，到服务中心测血压、血糖，闲暇时聚在服务中心聊天。这就让我们的新媒体工作坊有了较强的可操作性。

但这种社区性质的工作坊仍有其局限性。首先，社区教学覆盖的老年人非常有限。在工作坊开展期间，我们发现来社区寻求帮助的老年人基本上只有几位"老面孔"，与BH社区的老年人数量相比简直是九牛一毛。中国自古以来推崇居家养老，社区养老对大多数老年人来说并不容易接受。而且我们发现，经常参与社区活动的都是老年女性，新媒体工作坊招募的学员也全部是女性，可见老年女性退休后能够更加积极地融入新生活，这也在我们的量化分析中得到充分验证。

其次，新媒体工作坊的持续效果也有待商榷。从最简单的加好友、发语音，再到稍微复杂的浏览朋友圈、公众号，老年人学习起来虽然很慢，却兴致勃勃，但他们会很快遗忘前面学习的内容，需要教授者不断重复。工作坊结束一段时间以后再次评估老年人的微信掌握情况，其结果无疑是令人沮丧的。

虽然范围和效果有限，但我们仍然不能忽视社区对老年人数字融入的作用，新媒体工作坊可以作为一种有效补充方式，很好地丰富老年人晚年生活，提升老年人自我效能感。在"积极老龄化"的宏观背景下，"数字化养老"方兴未艾，但目前这些口号尚未落实到具体实践层面。我们通过社区工作人员了解到，针对老年人的智能手机教学活动早已有之，但每次都是"想起来了就做一下"，关注的是"有没有做"，而非实际效果。随着数字化与老龄化社会的议题逐渐受到关注，实践派学者开始把视线投向基层，与社区合作开展具有人文关怀和理论意义的活动。但由于出发点不同，"学界"和"基层"之间的合作仍然缺乏必要的政策支持和内生动力。这就需要在社区中构建数字化和智能化的养老服务体系，如把老年人新媒体教学活动作为社区工作的考核指标之一，使类似新媒体工作坊的活动形成长效机制，让老年人更好地融入数字社会。

第三节　家庭数字反哺工作坊

社区层面的行动研究仅能惠及那些热衷于参与社区活动的老年人，事实上，对中国绝大多数老年人来说，家庭才是他们重要的生活场所与真正的"心安之所"。"家"在中国传统文化中具有本体论地位，"家"意味着"代际"（inter-generations）

的"共在","教"与"学"则在世代间的"承续"与"跨越"中意义重大（孙向晨，2019）。家庭作为代际互动发生的主要场域，其中特有的亲密关系与情感纽带更是为数字反哺提供了原生动力。因此，我们决定回归家庭视角，以家庭数字反哺工作坊的形式开展第二次行动研究。

家庭数字反哺工作坊于2017年底开展，从中学切入，招募三代同堂的家庭。本次工作坊亦称为"家庭内微信反哺工作坊"，其中，中学生及其父母作为反哺者、祖父母作为被反哺者，主要进行微信使用及素养方面的反哺。研究者通过工作坊课程、互动练习、奖励等方式促进家庭三代之间的主动沟通以及年青一代对老年人的自发反哺。

一 行动设计与实施

（一）样本招募

样本招募在广东省汕尾市的田家炳中学进行。在与学校达成共识后，我们进行了一系列预热宣传活动，在校内进行公开招募（见图9-1），并逐一联系有意参与的家庭，有12个家庭表示愿意接受入户访问。接下来的一周，研究者对报名家庭进行逐一入户访问，最后实现7个家庭的有效入户，完成了入户调查记录和观察日志等一手资料收集。为保证样本多样性，在综合评估7个家庭参与意愿和家庭基础人口学特征后，最终选定4个具有代表性的家庭参与为期两个月的数字反哺工作坊。4个家庭的基本信息见表9-1。

图 9-1　数字反哺工作坊志愿者招募海报

表 9-1　工作坊志愿家庭基本信息

家庭	祖辈	亲辈	孙辈
小杨家庭	爷爷，63 岁，小学学历，已退休，基本掌握微信	妈妈，39 岁，高中学历，家庭主妇，熟练使用微信	女儿，12 岁，初一，熟练使用微信
小安家庭	奶奶，64 岁，小学学历，家庭主妇，未使用微信	爸爸，38 岁，中专学历，杂工，熟练使用微信	女儿，13 岁，初二，熟练使用微信
小红家庭	爷爷，63 岁，初中学历，退休厨师，熟练使用微信	妈妈，37 岁，中专学历，厨师，熟练使用微信	女儿，13 岁，初二，熟练使用微信

家庭	祖辈	亲辈	孙辈
小夏家庭	外婆，66岁，不识字，已退休，基本掌握微信	妈妈，42岁，大专学历，教师，熟练使用微信	儿子，13岁，初二，熟练使用微信

注：小杨、小安、小红、小夏均为化名。

（二）工作坊课程

本次行动研究期望以一定干预激发家庭内微信反哺，并形成长效机制。干预形式以工作坊课程为主，并配以其他规则和奖励机制。

课程内容。2017年12月23日~2018年1月27日，先后进行了四次教学，每次教学内容都包括微信使用技能、新媒体素养提升两部分。布置课后互动作业，由全家人共同完成，我们在工作坊的微信群中跟踪答疑，并评估作业完成情况。授课内容大致安排见表9-2。

表9-2 家庭数字反哺工作坊课程安排及内容

	第一次课程	第二次课程	第三次课程	第四次课程
课程时间	2017年12月23日	2018年1月6日	2018年1月20日	2018年1月27日
微信教学内容	认识手机系统 登录微信 调大字体 接受好友邀请 添加他人好友 发送语音、文字	发送表情 收藏表情 下载表情包 语音通话 视频通话 拍照并发送图片 拍摄发送小视频 撤回和删除消息	建立群聊（面对面、发起群聊） 加入群聊 @群内人 发朋友圈 点赞、评论 发送定位 共享位置	红包功能 微信转账 面对面付款 阅读公众号 订阅公众号 转发公众号文章

	第一次课程	第二次课程	第三次课程	第四次课程
新媒体素养提升	《你好，新媒体》介绍新媒体的概念和形式，文字媒介、声音媒介等不同媒介形式之间的差别和应用	《新媒体正能量》针对志愿家庭真实生活需求，如求医、自学、娱乐等介绍新技术的具体应用场景，提供可靠的选择渠道	《别对我说谎》微信谣言辨别，介绍常见的谣言类型和辨别方法，并推荐相关的辨别工具	《新媒体陷阱知多少》介绍常见的新媒体诈骗类型并推荐可供参考的预防方法
课后互动作业	1. 把长辈的微信加入项目互动群 2. 拍摄长辈添加别人为好友的过程 3. 每人准备一个新媒体正能量小故事 4. 创意记录	1. 和家人来一场斗图大赛并截屏记录 2. 我是小记者：采访爸爸妈妈媒体使用历史 3. 引导长辈拍摄小视频分享到项目互动群 4. 创意记录	1. 在项目互动群中@任意成员并发信息 2. 在本周内帮助长辈发至少3次朋友圈记录生活 3. 拍摄一个以共享位置为主题的小短剧 4. 创意记录	1. 给长辈发红包，并记录长辈抢红包的过程 2. 带长辈用微信支付购物并拍摄记录 3. 创意回顾总结

开展方式。课程由一人主讲，且场下每个家庭都有对应的项目组成员跟进答疑、协助参与互动。授课过程穿插创意短剧和互动游戏等环节，调动家庭的参与积极性，鼓励孙辈在现场教长辈用微信。每周日晚在工作坊的微信群中设置线上主题茶话会，回顾课程内容并进行答疑。

观察记录。每次课程结束后，项目组结合每个家庭的学习情况，进行入户深度访谈和参与式观察，以了解课后微信互动情况，进一步收集家庭信息。2018年2月3日，我们邀请参与项目的四个家庭的祖孙三代成员一起回顾总结工作坊的全过程，畅谈感动与收获，并颁发优秀数字公民证书。在工作坊结束一个月后，我们于 2018 年 3 月对四个家庭进行了逐一回访，了解工作坊的长期效果。

（三）研究问题

本次开展家庭数字反哺工作坊的目的是检验家庭内微信反哺的可行性，探索有效的数字反哺方式。由此出发，我们将研究问题细化为三个方面。

首先，检验家庭内微信反哺的适用性。即通过家庭内微信反哺促进老年人数字融入这一途径是否可行，适用于哪些老年人及家庭。在具体执行中，观察参与者的反哺过程及效果，对效果有限者，反思是否源于不适用，不适用的主要原因是什么。

其次，在适用的基础上，总结制约数字反哺效果的症结。在具体执行中，洞察行动研究的过程、环境及各参与方，重在描摹反哺家庭、老年人、其他成员的特征，分析其对反哺效果的影响。

最后，针对发现的具体问题和难点，提出对策建议。这里并非追求成熟完备的"方案"，而更多是一些突破性的思路，它源于研究者对难点的剖析，以及受到的一些反哺效果佳的案例的启发。

（四）数字反哺行动研究分析框架

开展家庭数字反哺工作坊之前，我们结合历次问卷调查的分析结果和在深圳 BH 社区的工作坊经验，提出数字反哺行动研究分析框架。其中包含反哺者属性、被反哺者属性、两者关系、家庭属性及反哺效果这五大要素（见图 9-2）。从这些角度切入，对行动研究中的个案进行解读和分析，逐一回应本次行动研究的问题。

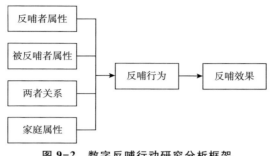

图 9-2 数字反哺行动研究分析框架

1. 反哺者属性

在家庭微信反哺的过程中，反哺者扮演着至关重要的角色，他们是否能在反哺过程中发挥积极作用，与其自身的诸多特征有关。反哺意愿是反哺者主观能动性的来源，将在很大程度上影响反哺行为，从而影响反哺效果。对反哺的重要性认识同样有必要，如果缺乏深入认识，反哺会被视为十分随意、无足轻重之举，从而较难持续。此外，性格和基本人口属性也是重要变量，主要作用于反哺技能，例如更有耐心、受教育程度较高、理解表达能力更强者，往往具有更优的反哺技能，从而带来更好的反哺效果。

2. 被反哺者属性

作为反哺效果的体现方，反哺效果受到被反哺者自身多方面因素影响。人口特征产生最基本的影响，年龄、受教育程度等决定了老年人的认知学习能力；对微信的需求是其学习的内在动力，对微信的认知态度又影响其对需求的判断；部分老年人并非初次接触微信，过往经验和现有使用技能会影响后续学习及自我效能感；自我效能感又会给老年人带来更强的信心、更积极的态度，从而提升反哺效果。

我们观察到一种特殊的家庭角色影响：那些在家庭中负责照顾孩子、操持家务的老年人客观上十分忙碌，加上亲人在身边，并无太大微信通信的刚性需求，从而学习意愿和时间不足，可能会造成反哺效果不佳。此外，家庭外的社交关系也在反哺中发挥着特殊作用，同龄人对微信的使用往往会让老年人对微信更加信任，同辈压力能激发更强的学习意愿。

3. 两者关系

微信反哺是反哺者和被反哺者之间的互动行为，我们还需关注反哺的互动过程及双方关系。对于互动过程，我们主要关注：反哺者的教授能力，包括是否能很好地理解长辈的接受程度、是否能很好地解释和表达、是否有耐心（如采用鼓励、重复等技巧）；被反哺者的学习能力，包括理解力、记忆力、主动性、提问能力等。

双方关系可以从亲密关系和权威关系两个视角理解。亲密关系指反哺者和被反哺者的情感亲密度、关系融洽度和交流紧密度。一般来说，双方关系越亲密，越能推动良性沟通，促进反哺。权威关系指两人相对的权力地位是平等，还是存在距离。如果权威不对等，在中国传统语境下，长者往往更具权威，这会阻碍他们"不耻下问"；当老年人处于低权威地位时，往往不能充分表达自己的需求和想法，从而阻碍反哺发生。

4. 家庭属性

家庭因素首先体现在家庭居住结构上，相较于联合家庭，核心家庭更能激发老年人使用微信的意愿。同住一个屋檐下时，微信更多被用来满足获取信息资讯、娱乐等需求，异地而居则带来了亲人联络的刚性需求。其次是家庭权威结构，民主家庭比权威家庭更具微信反哺的基础氛围，这与反哺双方的权威关系类似。此外，本研究发现了一个特殊因素：家庭内部对孙辈使用手机的正当性是否达成共识。即家庭是将其视为"洪水猛兽"，还是一种因人而异的工具，这种态度会蔓延到老年人心中，从而影响他们对新科技的接受度。

5. 反哺效果

以上因素结合在一起，共同作用于反哺效果。本研究考察了效果的三个层面：短期效果（工作坊结束后，即时查验老年人的微信功能习得情况）、长期效果（工作坊结束一个月后回访，查验老年人的微信功能持续使用情况及反哺行为持续情况）、微信反哺对家庭关系的影响（通过微信反哺，家庭成员间的关系是否发生改变）。

二 家庭数字反哺工作坊的具体实施

每个家庭都是独特的存在，因受到家庭经济条件、家庭结构、家庭关系等因素影响，数字反哺的效果各有不同。下面我们将对每个家庭在家庭数字反哺工作坊中的表现进行描述，力图呈现每一个鲜活的个案。

（一）有效反哺家庭

小红家庭是一个民主型家庭，和谐开明、关系亲密。共有小红、妈妈、爷爷三人参加工作坊。小红是初二学生，13岁，活泼开朗、兴趣广泛、生活自由，有自己的智能手机；小红妈妈是面点师傅，37岁，性格温和，对孩子管教不严；小红爷爷是退休厨师，63岁，对外在事物总是有一套自己的见解，尝试学习中医，并给邻里看病。小红家庭是联合家庭，与叔叔一家同住，叔叔家有三个小孩，全家人对新技术抱有开放积极的态度。

在本次工作坊开展之前，小红的父母、祖父母都拥有自己的智能手机。一家人都认为技术能为生活带来便利，也能满足彼此之间的沟通需求。小红和爸爸妈妈都能熟练使用微信，奶奶虽然不识字，但也掌握了微信语音、朋友圈等功能。爷爷对微信基本功能已熟练掌握。对于这次工作坊，爸爸妈妈本不想参加，但由于小红参加意愿强烈，就顺了小红的意愿。由于奶奶照顾小孩太忙，对数字技能更加熟练的爷爷作为被反哺者，和妈妈、小红一起参加了工作坊。

在课堂上，爷爷表现最活跃，总能积极表达自己的看法。在第一次课上，他就主动提出想了解一些关于识别网络诈骗的技能，提升媒介素养。课堂教授的基础操作，爷爷虽然都会，但还是积极操作演示，对于之前不太了解的功能会主动地向孙女请教。他经常说："不懂就要问，不管是问谁。家人也好，朋友也行，谁在身边，谁会的，都可以问。"由于爷爷学习能力突出，也很自信，所以小红在课堂上非常轻松，一边教一边夸自己的爷爷学得快。妈妈希望小红可以通过这个机会，了解学习更多知识，所以在课堂上会积极协助，鼓励孩子参与课堂互动。整个过程轻松愉悦，没有任何压力。

通过参加这次工作坊，爷爷没有学到太多新技能，但在媒介素养方面（防手机诈骗）有所提升。除此之外，小红妈妈表示，通过参加这次工作坊，自己对女儿的了解多了一些，和孩子的沟通也更加顺畅。小红爷爷还给项目组写了一封感谢信，特别感谢工作坊促进了家庭和谐。工作坊结束后，爷爷奶奶有关于新技术的问题，都会问小红——爷爷让小红教他截图，奶奶让小红教她撤回。爷爷有时候还会在群里发一些消息，家中晚辈看到虚假信息，会纠正辟谣。反哺行为在小红家中持续存在，且良性发展。

我们认为，小红家反哺效果好的主要原因不在于工作坊施加的外力，而是小红爷爷本身具备扎实的微信基础和较强的学习能力。在日常生活中，小红爷爷主动发挥自己"活到老、学到老"的能动性，并且在后辈面前从来都是不耻下问，没有所谓维护权威心理的阻碍。此外，民主的家庭氛围使家庭成员都能就手机使用达成共识，不限制孩子使用手机，积极帮助老年人学习新技术。该个案也反映出，良性的反哺行为能增进三代之间的交流沟通，对家庭关系大有裨益。

（二）积极反哺家庭

小夏家庭也是一个民主型家庭，家庭成员彼此尊重。参加工作坊的是小夏、妈妈和外婆三人。小夏是初二学生，13岁，内向温和、成绩优异，具有较强的自控能力；小夏妈妈是田家炳中学的教师，42岁，素质较高；小夏外婆66岁，不识字，长期往返于东莞、汕尾两地照顾孩子。小夏家庭还是四个个案中唯一的核心家庭，祖辈不和父辈、孙辈同住，外婆只是偶尔来小夏家里照料生活。

小夏父母都是教师，他们对孩子使用新技术的态度非常一致，从来不会禁止使用，而是希望小夏在不影响学习的情况下利用新技术开阔视野。这次工作坊也是父母鼓励小夏参与，希望孩子在活动中有好的表现。被反哺者是小夏的外婆，外婆有三个子女，九个孙辈，分散在汕尾、东莞两地，所以需要经常在两地奔波，轮流去不同的子女家（大多数时间在东莞）照顾孩子。因此，外婆对使用微信联络家人有很强的需求。

小夏性格内向，在课堂上比较沉默，但是会非常细致地教外婆熟悉微信的基本操作。在学习过程中，外婆也很认真专注，不时地笑出声，有问题都会跟小夏讨教，非常配合外孙的指示。但外婆也表示自己年龄大了，经常记不住。作为中间一代，妈妈在课堂上表现积极，会和外婆沟通课程内容，鼓励性格腼腆的小夏参与互动。总之，小夏家的反哺进程非常顺利，效果可期。但在工作坊开展中期，小夏家庭因为家人健康原因不得不提前退出工作坊，并且家庭回访缺失。因此，我们对小夏家庭的讨论主要建立在对前期资料分析的基础上。

对小夏外婆来说，亲人分隔两地，不管身在何处，都需要联系另一个城市的亲属，在往返两地途中也需要使用新技术联系家人，方便出行，这构成了她使用微信的主要动力。由此来看，小夏外婆是最适合反哺的一类对象。小夏家庭的父辈和孙辈也都意识到这个问题，在第一次课后家访中，外婆表示，在参加工作坊之前，小夏就经常对她进行微信反哺，在东莞的儿媳也经常教她。只要有人教，她就会认真学。

虽然小夏家庭没有完成工作坊的全部流程，但是根据前期资料，我们有理由推测，微信反哺在小夏家庭能够取得一定成效。主要由于小夏家庭对新技术持积极的态度，体现为父母鼓励孩子合理接触新技术，从而为数字反哺奠定了良好基础。此外，小夏家庭的父辈都是教师，属于高知阶层，在家中具有更大的话语权，这就导致了传统权威的迁移。外婆在平时生活中，倾向于听从子女意见。因此在学习数字技术方面，亲代和孙代占有很大的主导优势。

（三）有限效果家庭

小杨家庭是典型的三代家庭。小杨、妈妈、爷爷三人参加工作坊活动。小杨是初一学生，12岁，内向温和、聪明好学，是班里好学生的代表；小杨妈妈是一名全职家庭主妇，39岁，对子女教育非常严格；小杨爷爷是退休工人，63岁，性格开朗、兴趣广泛、社交圈子广。

在工作坊入学校宣传时，小杨就很积极地报名参与。小杨和爷爷关系亲密，是典型的隔代亲，希望通过参加工作坊教会爷爷用微信。然而，一向对女儿要求严格的妈妈对此抱有抵触心理，认为使用手机会影响学习，开始没有和小杨达成一致。通过项目组成员的劝说，小杨妈妈才勉强答应参与工作坊活动。小杨爷爷并没有这方面的顾虑，他对新技术持有开放态度，乐于接触新事物。对于孙女玩手机，爷爷从不会过于约束，还经常偷偷把手机拿给小杨，所以两人的关系也格外亲密。参加工作坊之前，小杨和妹妹就教过爷爷一些智能手机的操作，这一次，爷爷也有很强的参与意愿。

课堂上，小杨表现得有点拘谨，基本不主动参与游戏和互动环节。但随着课程推进，陌生感渐渐消失，她开始主动参与，回答问题并乐在其中，耐心细致地帮助爷爷学习微信。对于课后小作业，小杨也格外用心完成，从开始时简单的几句心得体会，到后期用书法作品展示成果，最后一次作业还制作了一本配有自己手绘小人的杂志。

在四个家庭中，小杨爷爷算是老年人中的数字"弄潮儿"。他课堂表现积极、态度认真，遇到不明白的地方会主动跟孙女求教，经常主动回答问题，并演示操作给大家看，还会在课下将工作坊的宣传海报、课上分享的小知识、公众号推送的文章分享到朋友圈。在工作坊开展过程中，爷爷学会了发起群聊、发表情、视频通话、发朋友圈、拍摄小视频、发送定位、看视频等新功能，并且操作熟练。但小杨爷爷也提到："老年人学习新技术最大的困难就是年纪大了记性不好，需要家人反复教，有些功能教了好几次，却总是记不住应该如何操作。"

小杨妈妈在活动中扮演的是陪伴者的角色，鼓励女儿发言并参加游戏，希望女儿可以通过活动学习、成长。其间，一切进展顺利，但当项目组春节后回访时却发现事情发生了意想不到的反转——母女二人针对手机使用问题产生了巨大矛盾。小杨妈妈认为小杨开始沉迷手机，不再主动给爷爷讲解，而是经常自己在房间里玩手机到很晚，严重影响了休息和学习。小杨却对妈妈的说辞不以为然，她认为自己并没有沉迷，只是在正常范围内合理使用。两人关系恶化，家庭氛围也跌到冰点。

小杨爷爷在工作坊取得的短期效果是显著的，这主要由于其积极的学习态度。虽然小杨爷爷因年龄增长记忆力衰退，但锲而不舍的精神和反复尝试的勇气使他在短期外力干预下学会了很多新技能。只要老年人愿意尝试、学习，并发挥能动性，就有可能取得良好效果。此外，小杨爷爷良好学习效果的取得和孙辈的反哺密不可分，祖孙关系亲密使双方在整个过程中沟通顺畅、交流和谐，对反哺成功起到很大推动作用。

小杨和妈妈之间爆发的矛盾，折射出中国青春期青少年和家长所面临的共性问题。对于数字原生代而言，新媒体技术既是兴趣、知识，也是所有朋友共同栖息的园地，而家长总会担心新技术对缺乏自控力的孩子造成负面影响。亲子之间的爱变成了互相理解的阻碍。从本研究的角度看来，这个问题不仅会破坏亲子关系、影响家庭内和谐的氛围，也会侵蚀家庭内数字反哺的基础。亲子之间无法就孩子是否应该使用手机达成一致，必定会阻碍孩子成为有效的反哺者。父母与孩子之间的冲突也会影响家中老年人对技术的认知，令他们认为新技术如同"洪水猛兽"，偏颇的认知态度将阻碍老年人向新技术靠近。在这样的家庭中，反哺不可能长期存在。

（四）无效反哺家庭

小安家庭参加工作坊的是小安、爸爸、奶奶三人。小安是初二学生，13岁，外向活泼、兴趣广泛，常玩手机；小安爸爸中专学历，38岁，在外做杂工养家，是家里的顶梁柱，家里大事都由他做决定；小安奶奶是农民，64岁，基本不会说普通话，不识字，是家中的主要劳务承担者。小安家庭是联合家庭，和两个叔叔家同住，家中共有8个小孩，整个大家庭以爷爷、爸爸为权力中心。

小安积极报名参加了工作坊，她希望教会和自己最亲密的奶奶使用微信。然而，奶奶表现出迟疑，她根本没有接触过微信这类新技术，觉得自己不可能学会，加上平时还要照顾家中的 8 个孩子，没有时间用微信。但是，当项目组提到，以后小安外出求学，就需要用微信跟她联系时，奶奶的态度便软化了，表示愿意参加工作坊。

课堂上，小安态度十分积极，在工作人员的鼓励下主动回答各种问题。奶奶听不懂普通话，小安便不厌其烦地为她翻译。小安爸爸在课上主要作为观察者和协助者。奶奶表现得十分被动，完全依赖小安，只是一步步地模仿。她很不自信，经常学了就忘，总是捂着嘴笑掩饰自己的无措。课后，奶奶说："我这个脑子太笨，学不会的。微信太难了，记不住的。忘记了就不敢点了，万一按错了怎么办？"小安尝试教奶奶添加好友、发消息、视频通话等功能。但是四次课后，奶奶表示不太记得课程内容了，自己"头脑蠢"，必须有人再讲才知道怎么用。奶奶一直强调，自己平时照顾 8 个孩子，完全没有时间用微信。

在后来的回访中，小安表示不再教奶奶用手机。一方面，奶奶平时很忙，自己也经常出门。另一方面，小安觉得奶奶确实很难教，刚刚教会又忘记，她说："怎么教也教不会。有些东西他们无法理解，这些是解释不通的。"反哺行为在小安家彻底消失了。值得一提的是，工作坊开展过程中，奶奶提出想学用手机看白字戏（一种本土戏剧），但小安表示她要先学会微信的基础功能再学看视频，到最后也未能落实。并且，工作坊结束后，小安没收了奶奶的触屏智能手机，原因是她不喜欢奶奶总把手机给弟弟玩，于是奶奶只能用回原来的按键手机。

小安家庭的数字反哺效果不佳，部分原因是老人对微信的需求本就不高。客观上，她整日忙于家务，没有时间用微信；

主观上，奶奶社交圈小、缺乏兴趣爱好，因此缺乏微信社交或娱乐的意愿。我们认为，小安奶奶参加工作坊，在很大程度上是因为她对孙女的爱和迁就，而非对微信使用有实际需求，这就回应了我们关于反哺适用性的研究问题。其实，在反哺之前，我们应该付出更多努力去了解老年人究竟是否有使用微信或其他数字技术的需求，再根据情况制定反哺策略。而不应该盲目地从自身角度出发，让老年人为了迎合晚辈而勉强自己，造成情感压力和负面效果。

从家庭环境来看，小安家庭是一个典型的粤东地区父权家庭。奶奶性格内向，易害羞腼腆，文化程度不高，记忆力衰退。这些都加深了她的无助感，令她不自信、缺乏主观能动性和自我效能感，导致反哺效果不佳。虽然小安没有因为奶奶的不自信而放弃，一直反复耐心地反哺奶奶，但是奶奶还是无法在这个过程中被赋能。离开了工作坊的环境，没有外力干预，小安放弃反哺，奶奶回归原来的舒适圈，也在情理之中。

三 研究发现及反思

（一）微信反哺的适用范围

本研究提出的第一个研究问题是家庭内微信反哺的适用性——家庭内微信反哺适用于什么样的老年人和家庭。从整个工作坊的开展过程来看，我们认为，被反哺者（老年人）对微信等新技术产品的需求的强弱决定了微信反哺适用的边界。传播学领域中的使用与满足理论早已有之，需求是激发个体动机、行为等后续反应的根源。但在当前社会环境下，微信等新媒体对于许多老年人依然是一个可选项，而非必需品。在工作坊中有一个家庭反哺效果不佳，究其原因，在于老人对微信的需求并不强烈。参加工作坊大多出于老人一时的新鲜感，但由于缺乏内在需求，在工作坊干预停止后，新习得的技能和反哺行为逐渐消失了。

需求主要分为客观需求和主观需求两个方面。客观需求涉及生活环境、家庭结构等客观因素，比如，被反哺老人所处生活环境已高度数字化，则必然有使用移动支付等数字应用的需求；如果家庭成员分居多地，也必然需要使用数字设备联系身处异地的家属。主观需求则涉及个人认知层面的因素，如娱乐需求、社交需求、获取知识的需求等。在进行微信反哺或其他类型数字反哺之前，我们应该首先厘清被反哺者是否具有这两个维度的需求。倘若老年人需求明确，则属于家庭内数字反哺的适用人群。

对于没有新技术使用需求的老年人，我们不必强求，在年轻人看来理所应当的数字技术，对老人来说可能意义并没有那么大，年轻人应最大限度地尊重老年人的意愿。但我们也应更辩证地看问题，对于尚未体验过数字化产品的人，自然不知道科技能为生活带来何等便利，认为自己没有需求。因而，我们不仅要关注老年人表达出的需求，还应回到其实际生活环境中，思考他们对数字技术的需求是否切实。例如，重要亲人是否在身边，是否具有通信需求；是否生活过于忙碌或存在不识字等问题，导致其缺乏使用条件。

另外，随着外部技术环境的变化，老年人对数字技术的需求也会发生转变。例如，线上支付几乎完全替代了现金支付，网络约车几乎完全替代了路边招手打车，数字媒体的使用变成一种必要的生存能力。因而，除了当前的需求，也应该更具有建设性地看待老年人长远的需求。需求之外，对反哺适用性的讨论还应结合老年人既有的使用技能和学习能力。部分老年人具有很强的学习能力和自我能动性，即便不借助外力，也可以自学。对于这部分老年人，我们应该更多地在心理上给予鼓励，在策略上给予建议，促进老年人更好地自我发展，体验自我赋能的成就感，成为同辈的标杆。

（二）数字反哺的难点及解决方案

基于对行动研究全过程的观察与分析，我们试图进行反思与总结，讨论数字反哺的难点，并提出解决方案。

难点一是如何提升老年人的自我效能感。在本次工作坊中，凸显出一个尤为值得关注的问题：在对数字技术的态度、使用意愿和学习能力方面，老年人之间表现出极大差异。在学习微信的过程中，能力不足、缺乏使用经验的老年人表现出态度犹豫、信心不足、自我评价低。另一些老年人则信心十足，乐于自学新事物。这就带来了一个更加复杂的后果：现有使用能力越强、经验越丰富者，自我效能感越高，对后续掌握新技能的态度更乐观且动力十足；缺乏相关能力者，更容易缺乏自我效能感，引起恶性循环。所谓"强者愈强，弱者愈弱"，这一效应与数字鸿沟扩大的原理类似。

作为年轻一辈，我们需要对数字化进程中的弱者予以更多关注，这种关注应更多在于"赋能"，而非"授技"。面对自我效能感低的老年人，反哺者应当充分理解他们的心理特征，以劝导、鼓励、包容的方式使其逐渐重拾拥抱新事物的信心和兴趣；在技巧上，应降低难度、制定明确易达到的目标，让老年人一步步地积累信心。这种"鼓励式教育"的重点在于激活老年人的优势效能感，强调已学会的内容，而非尚未学会的部分。虽然老年人一开始接触数字媒体比较艰难，但一旦走上自我赋能的正向循环，就会实现效能感与行为之间的相互促进和良性发展。

要提升老年人的自我效能感，首先要重塑他们对"老"的认知。"老"是一个个体被社会灌输后内化的概念，尽管衰老是每个人都要体验的生命历程，但不同的人对它的认知却大不相同。虽然 4 位参与工作坊的老人年龄相差无几（最年长者 66 岁，最年轻者 63 岁），他们对老化的态度却有很大差异。有的心态积极，呈现一种"乐以忘忧，不知老之将至云尔"的状态；有的却心态消极，"言必称老"，给自己设定了条条框框。不同的心态必然会影响他们对新技术和新观念的接受度，也会影响他们的家庭数字反哺效果。

老年人的心态不仅和他们的认知有关，更和社会文化有关。在中国传统文化语境中，"老了就该颐养天年""身体好则万事好"等观念往往把老年人的身体健康置于需求金字塔的顶端，而忽视了他们自我实现等精神层面的需要。这种老年群体常见的"需求倒挂"现象会削弱他们尝试新事物、新生活的主观能动性。"老了就该有老了的样子"等社会大众对老年人的刻板印象限制了他们的自我突破与自我实现。我们认为，必须通过个体层面、家庭层面和社会层面的各种传播方式，更新中国文化中关于"老"的共识，形成一种"积极老龄化"的氛围。

改变全社会关于"老"的观念，首先要打破长期以来负面的老年媒介形象。以春晚为例，我们对 1983～2021 年出现在春晚上的 191 位老年人的分析显示，一方面，老年形象从"尊"变"弱"和变"坏"，这种污名化的发展趋势折射出社会舆论对老年人的误解与排斥；另一方面，春晚上老年人的生活和社会交往日渐多元和多样，构成一幅积极老龄化的社会群像，他们或积极学习外语接受新鲜事物，或白发苍苍依然学车计划周游世界（周裕琼、谢奋，2022）。春晚只是一年一度的全民媒介仪式，积极老龄化的媒介实践更需要渗透到全民的日常生活（包括数字反哺实践）中，以"润物细无声"的方式建构全体社会成员对于老的积极认知，探索数字时代老年生活的新方式。

难点二是如何形成家庭反哺的内生动力。除了老年人自身因素，年轻人的反哺意识也是家庭内数字反哺的一大影响因素。事实上，反哺意识是促使反哺发生的原生动力，在此基础之上，才延伸出后续更多技能和操作层面的问题。大多数被问及的年轻人都表示愿意教授长辈使用微信，但"有过"并不意味着"一直有"，大多数年轻人对老年人的日常学习需求往往不够重视。究其根源，是年轻人并未深刻认识到数字反哺对老年人的重要作用，只将其作为一种可为可不为的日常家庭行为。

在工作坊中，大多数反哺者只是带着好奇心，抱着完成任务的心态对老年人进行数字反哺。尤其是被我们寄予厚望的青少年（孙辈），虽然他（她）们对数字新媒体的掌握程度最高，但由于心智尚未完全成熟，无法深刻理解数字反哺对于老年人的重要意义。因而，有孙辈拒绝了老年人想学习用手机观看白字戏的提议，也会因老人将手机给自己不喜欢的弟弟玩而强行没收老人的手机。

　　青少年"不懂事"，中年一代则体现为角色缺位。我们最初的工作坊设计是通过孙辈带动父母和祖辈参与到数字反哺中，但实际上，父母在数字反哺的过程中大多扮演协助者、观察者的角色，往往置身事外。在回访中，我们也发现，父母一辈大多谈及孩子或者老人的收获，很少提及自己。部分原因可能来自工作坊的设计，我们提倡家庭三代的互动与反哺，原本希望中年人能发挥"承上启下"的作用，但事实上，中年人以为孩子才是数字反哺行动的主角，自己未能充分参与进来。

　　我们在工作坊中发现的"中年缺席"现象在当代中国社会具有一定的普遍性。一方面，中年一代上有老下有小，生活的重担让他们难以抽身。在中国很多地区，例如工作坊开展的汕尾地区，留守家庭不在少数，中年一代外出务工，留下尚不懂事的孩子和年事已高的老人，造成家中"隔代亲"和"中年缺席"。另一方面，亲代（中年人）对于子女和父母的关注也有所侧重。在有限的条件下，中年人会把更多精力放在子女身上。经过反思，我们认为这种现象是本次工作坊招募方式的必然产物，由于是从学校招募志愿家庭，并承诺颁发相关证书，大多数父母参与的初衷更多是培养孩子，而非反哺老人。还出现了一个极端案例：当亲代认为孩子可能因沉迷手机而影响学业时，对反哺工作坊的态度变得消极和抵抗，对孩子的保护压倒了对老人的关怀。

　　总的来说，年轻一辈需要认识数字反哺的重要性，主动从家庭内部做起，帮助老年人创造融入数字化生活的可能性。中年的父辈不能只站在保护者的位置，应在数字反哺中发挥积极的引导作用，向下引导孙辈进行反哺，向上了解父母所需。另外，反哺者不仅要重视技术的讲授，更应重视以数字技术为媒介的代际互动，毕竟这才是老年人情感需求的内核。除了个人层面，数字反哺的实现还需依赖社会文化倡导与社会行动发声。例如，在大学、中小学设置数字素养的相关课程，促使学生在反哺中承担相应责任，并设置一定的家庭反哺任务，带动更多家庭参与到数字反哺的实践中。

难点三是如何在反哺中换位思考。即便有足够的反哺意识，技巧上的欠缺也很有可能使反哺效果不尽如人意。首先，部分老年人不愿放低自己的心理地位向晚辈请教，晚辈也未能体察其中的真意，在双方缺乏有效交流的情况下，反哺很难成功进行。尤其是在长辈具有较高权威的家庭中，如果一方固执，一方退让，反哺甚至无法发生。对于这种情况，我们应该理解老年人的传统思想，予以老年人足够的尊重。在反哺过程中，多与老年人进行沟通交流，敏锐地感知老年人的心理状态，以他们所能接受的方式进行反哺。当老年人体会到被反哺的愉悦感与安全感之后，"抹不开面子"向晚辈请教的权威心理或许能逐渐消失。

其次，年轻一辈往往从自身感受或大众化选择出发为老年人选择学习内容和教学方式，这样往往无法契合老年人独特且多样化的需求，也忽略了他们的实际接受能力。我们的两次工作坊都存在这样的问题，我们为老人们安排了满满当当的课程，但长辈不仅吸收不了，还心理压力倍增。针对这种"想当然"的反哺，反哺者首先能做的便是换位思考，尝试从老年人的角度思考他们的所需所求。作为年轻一辈，还可以从老年人的

"偶然流露"和实际处境中发掘更多他们未表达或未能意识到的重要需求，这些都能成为我们高质量反哺的源泉。

最后，由于老年人学习和反应能力衰退，数字反哺的效果容易出现反复，反哺者在反哺过程中容易逐渐失去耐心。对于很多反哺者来说，反哺老年人不似哺育后代，无法从中获得持久的成就感和愉悦感。许多人往往一开始动力十足，但没过多久就表现出厌烦甚至暴躁的情绪。这种态度不仅增加了老年人的学习压力，也会影响反哺效率，甚至激化家庭沟通中的矛盾。面对这种情况，也许同理心是一条开解之道。依然可以通过换位思考，看到他们由于生理、认知衰退面临的种种限制。我们也许能从原本的"笨""健忘"中看到他们的"坚持"和"勇气"。这或许能唤起我们内心对他们的理解和尊敬，让我们更平和、有耐心地对待并包容反哺过程中出现的种种问题，与老年人共同进步、共同成长。

本章小结

从 2016 年 7 月到 2018 年 3 月，历时一年半的数字反哺行动研究终于结束，在这个过程中我们不断摸索，通过亲身经历，去发现、去感受、去实践，最终对数字反哺形成了较为深刻的认识。深圳社区内新媒体工作坊让我们认识到老年人在使用数字媒介过程中遭遇的生理、思维障碍，以及社区层面反哺的局限性。汕尾校园内的祖孙三代家庭数字反哺工作坊则进一步让我们从家庭层面对反哺的效果、局限性、适用性有了深刻的认识，并找到其中的难点、提出相应的解决方案。我们希望未来能在关注老年人自身需求、提高老年人效能感的前提下，给家庭数字反哺注入原动力，在源头活水的推动下，使整个反哺过程细水长流，贯穿家庭日常生活。在此过程中，不但老年人能够更好地融入数字化生活，家庭关系也会因为频繁且丰富的代际交流而变得更加和谐。

在为期三个多月的家庭数字反哺工作坊中，往返深汕两地的高铁票多达一百多张，每两周开展一次线下课程和交流，微信群里和汕尾祖孙三代家庭的聊天记录多达上千条。我们和志愿家庭以及田家炳中学的对接老师结下了深厚的友谊，以至于工作坊结束的时候，好几位父母和孩子都哭了。然而，在工作坊结束一个月之后的回访中，我们却发现在外部干预中断后，长辈们的微信使用技能迅速退步，晚辈们的反哺热情也不再高涨。但我们并不认为这次实践毫无意义，短期效果与长期效果之间的差距再一次提醒我们，反哺的主要阵地是家庭，任何外部干预如果不能转化为家庭内生性的动力都不可能成功。

第十章　数字反哺之后的故事

第一节　家庭变迁：数字反哺之前的故事

数字反哺生发于家庭，为了探究数字反哺之后的故事，我们首先需要厘清数字反哺之前家庭内部发生了什么。家庭显然是一个历史范畴（潘允康，2019），即便没有互联网等各种数字媒介的出现，家庭也在随着社会的发展而不断变迁。事实上，在经济发展、文化传播和国家对社会的改造这三大机制中，国家对社会的改造在近现代中国家庭变迁中的作用更为显著（彭希哲、胡湛，2011）。当家庭变迁遭遇数字媒介，我们没有必要夸大数字反哺对家庭的影响，从历史的视角关注家庭文化中的变与不变，或许可以成为反思数字反哺的一个重要基点。

在封建宗法社会，无论是"家天下""君权等于父权"的政治传统，还是"生于斯，长于斯"的小农经济模式，都使家庭中的年长者掌握更多的社会权力、生产资料和知识经验。"君君、臣臣、父父、子子"的传统权威式家庭观念深入人心，"亲亲、尊尊、长长"的孝道观念更是儒家文化乃至中国文化的基本精神（肖群忠，2001：148）。中国的传统家庭是一个绵续性的事业社群，主轴在纵向的父子、婆媳之间，家庭代际关系是一种反馈模式，即亲代抚养子代，子代赡养亲代，并以此代代相传（费孝通，1983，2008）。"父慈子孝"的亲子关系和"父为子纲"的亲子相处原则奠定了传统中国亲子两代人行为模式的基础，赋予了父母教化子女的当然权力，构成了父母的日常权威（周晓虹，2015a：52）。

1949年以后，尤其是改革开放以来，剧烈的社会变迁影响着中国家庭的发展。在计划生育政策实施、人口迁移流动加剧等因素的多重作用下，越来越多以联合家庭为主的大家庭"裂变"为以核心家庭等为主的小家庭（彭希哲、胡湛，2015）。横向的夫妻关系取代了纵向的父子关系成为家庭关系的主轴，带来的结果是，父母的权力受到挑战，年轻世代的权力有所提升（阎云翔，2006）。尤其在大批独生子女家庭中，父辈的中心地位逐渐受到冲击，家庭生活的中心和重心都开始向子辈倾斜和转移（风笑天，1994）。同时，国家在家庭变迁中推动了私人生活的转型，个人意识的兴起使年轻人敢于公开挑战传统孝道及父母之恩的观念，并提出新的代际互惠原则（阎云翔，2006）。当老一代逐渐跟不上时代前进的步伐时，知识更新能力和经济优势的丧失使他们进一步失去了在家庭中的权威地位（刘桂莉，2005）。"在亲代丧失教化的绝对权力的同时，子代却获得前所未有的'反哺'能力"，其家庭地位和对家庭事务的发言权都有所提高"（周晓虹，2000：52）。李红艳（2022）对100个农民工家庭进行了媒介社会学研究，得到一个重要结论：媒介承诺——农民工家庭在媒介（尤其是新媒介技术）使用中呈现的老一代依靠新一代引导的特征——重构了家庭的文化和权力形式，并导致家庭权力出现下移现象。

尽管家庭随着现代化进程急遽变迁，但血缘亲属间的紧密联系仍然未变，家庭代与代之间在日常照料、经济支持、情感慰藉等方面依然存在密切互动（杨菊华，李路路，2009）。如果说社会变迁给家庭带来了若干离散因素，使家庭的凝聚力不如以往（杨善华，2011），那么即时、便利的通信技术则令分居两地的家庭成员间的关系得到无时无刻不在的联结和维系（丁未，2014），这种以新媒体为中介的亲密关系维系已经成为当代家庭沟通的重要模式（Merch，2006）。Lam（2013）对跨地区中国家庭的研究发现，信息通信技术（ICT）作为代际沟通的新渠道，有助于在老年父母和距离遥远、无法长期在一起的成年子女之间建立一种新形式的代际团结。张煜麟（2015）对年轻世代如何利用新媒体进行家庭凝聚的研究发现，新兴的数字家庭沟通模式在子女与父母的相互建构中表现出更具动态与弹性的特点。

既往研究大都关注家庭内亲子两代间的互动，遗漏了另一对重要组合——祖孙间的隔代互动。"隔代亲"现象早已有之，《礼记·曲礼》记载，"孙可以为王父尸，子不可以为父尸"，即在祭祀时，孙子可以充当祖父之"尸"接受祭拜，儿子则不行。"含饴弄孙""儿孙满堂""儿孙绕膝"等描述的老年人幸福生活中都有孙辈。随着21世纪"下行式家庭主义"的兴起，老年父母和成年子女的共同目标都在于第三代的幸福和成功，关心、爱护和家庭资源都向下流动，这也为代际亲密关系铺平了道路（阎云翔、杨雯琦，2017）。有研究发现，在当代家庭代际合作育儿过程中，母亲通常作为权力中心的"育儿总管"，祖辈则是权力边缘的"帮忙者"，由此形成一种"严母慈祖"的代际权力关系，而这种权力关系在很大程度上依赖于祖辈为维系代际亲密关系进行的"让步"和"放权"（肖索未，2014）。

综上，家庭的变迁以及数字时代的到来为数字反哺提供了沃土，我们在考虑数字反哺对家庭的影响之前，至少需要明白以下三点。首先，代际关系是理解家庭变迁的一个重要视角，当代中国家庭代际关系呈现重心下移的特点（刘桂莉，2005）。其次，在当代家庭结构中，父权等级观念的式微使年轻一辈普遍可以为自己争取更大的话语权。最后，在家庭代际关系与权力结构变化背后，体现了传统孝道价值观在新时代的发展。这也为我们思考数字反哺之后的故事提供了方向：数字反哺为家庭代际关系带来了哪些改变？家庭成员的话语权力是否有所转移？家庭价值观念是否有所更迭？对于这些问题我们尝试通过研究一一回答。

第二节　数字反哺为家庭带来了什么？

一　代际关系：在过程中亲密

代际关系是不同代际成员之间的双向关系，主要表现在经济支持、生活照料和情感交流三个方面（王跃生，2008）。美国学者将代际关系分为五种类型：紧密型（tight-knit）、社交型（sociable）、亲密有间型（intimate but distant）、义务型（obligatory）和疏离型（detached）（Silverstein and Bengtson，1997）。

由于巨大的文化差异，中美家庭在现代化过程中不仅没有趋同现象，反而在代际关系等各方面存在明显差异（边馥琴、罗根，2001）。中国学者将代际关系的类型进行本土化后，提出中国家庭的四种代际关系类型：紧密型、工具型、独立型和扶持型。其中，以子代与亲代居住隔离但仍能实现代际功能为特点的工具型代际关系在中国家庭中占据主导地位（曾旭晖、李奕丰，2020）。在我们接触的许多家庭中，年轻世代由于远赴外地工作生活等原因，与年长世代分开居住。但距离上的相隔并没有阻碍代际沟通，尤其是数字反哺之后，代与代之间通过数字媒介联系的机会得以增多。因此，在这里，我们主要从代际关系的情感交流层面探究数字反哺是否为家庭带来了关系上的亲密。

多数情况下，年长世代在年轻世代的鼓励与教导下开始接触和使用新媒体，以此保持与异地亲人的日常联系，同步彼此的生活动态。38D 提到："智能手机和网络的使用是在我的催促下开始的，我和弟弟在外读书，爷爷奶奶在老家，我们需要一种媒介把我们联系起来，所以我教会爸爸、妈妈、奶奶使用智能手机和微信。之后，我们都是开群视频聊天，所有的交流都是在微信群里完成的，保证家庭成员都了解彼此的日常生活。"10D 同样会通过视频与家人分享自己的日常生活："新媒体拉近了我和父母、祖父母的距离，让远在外省的我可以通过微信视频和家人见面、聊天，分享我的学习生活，聆听家里的趣事琐事。"

此时，新媒体串联起家庭中的所有成员，天涯在咫尺，视频如拂面，使"异乡人"在流动的现代性所造成的动荡不安中加强与家人的联系，体验对家的归属感。正如 11D 所说："数字反哺是为了抵抗无奈的分别，也是为了弥补分别的无奈。从前，车马很慢，只能一封书信遥寄相思。现在，通过一根网线，纵使相距千里也如伴身旁。"如前所述，已有大量研究表明，家庭成员通过数字媒介维系亲密关系、增强家庭凝聚力。但这种"数字亲密家庭"得以存在的前提是，家庭成员都会使用新媒体技术进行交流。代与代之间在数字媒介的使用层面存在不可避免的代沟，正是通过数字反哺，子代教会长辈使用新媒体，新媒体才能成为家庭交流的稳定渠道，代际关系因此有了变得更加亲密的可能。

但数字反哺并非仅停留在"使用"层面，还体现在年轻世代对年长世代关于数字媒介新观念的普及上，后者在很大程度上决定了这种依托于新媒体的代际互动能够维持多久。在移动社交模式尚未完全普及时，"打电话"是异地家庭成员联系的主要方式，对于家中长辈来说，对"话费"的顾虑通常是影响其与子女或孙辈沟通时长与沟通频率的重要因素之一。如今，Wi-Fi、移动互联网、微信三者形成的数字通信"体系"大大降低了交流成本。年长世代只有在真正理解数字时代带来的各种便利后，才会积极使用数字媒介，加强与年轻世代的互动。

25D 提到："以前总是靠打电话联系，爸爸妈妈有时候嫌电话费贵，说话时间不是很长。他们会使用微信后，现在视频总会很长时间，基本会有半小时。刚开始视频时他们问这个不用话费什么的吧，我告诉他们这个不用钱，用网就行了，他们就会很放心大胆地聊天。"如果说以往的"打电话"只能实现有限家庭成员间的一对一沟通，那么微信则让"数字家庭聚会"

成为可能。15D 的家庭成员就经常举办"多方会谈"："我们家是在 2013 年开始逐步使用微信的，从起初的打字沟通，到视频即时通话，让父母可以实时看到我们，提高了沟通的便利性，同时也慰藉了长时间不见面的思念之情。现在每周一次视频聊天已成为必不可少的一件事。"除了聊天功能，微信的朋友圈功能也成为年长世代了解晚辈动态的重要途径，30D 提到："当我发朋友圈之后，家人会知道我的状态，在发现我状态不好的时候可以第一时间跟我联系，及时地帮助我解决问题或者安慰我。"

这种通过新媒体技术实现的家庭成员不受时空限制的沟通联系，的确使家庭代际介质性交流的时长和频率与以往相比有所增加和提高。而正是这种亲子之间的频繁互动增进了亲子互助关系、情感以及观念上的一致（王嵩音，2019）。因此，数字反哺给家庭代际关系带来的更深层次影响在于，代际不再从代沟的两端遥遥相望，而是逐渐拉近彼此的心理距离。在我们接触的家庭中，许多人都提到，通过数字反哺，子女与父母的共同语言有所增加，代沟也有所缩小。正如 16D 所说："他们学会了之后，感觉和自己的共同语言更多了，自己说的什么他们也知道，让他们能了解一下现在社会上的年轻人的生活方式是怎样的。他们自己也很开心，觉得自己不落后。"

在代际关系重心下移的背景下，作为"上有老，下有小"的中年一代往往更加关注下一代的发展（王树新、马金，2002；刘桂莉，2005）。在数字反哺之后，我们可以看到许多父母在努力向子女"靠拢"，主动学习新的知识和文化，以减少代际隔阂。对此，我们的一位调查员也有同样的感受："我跟我妈聊天时，很喜欢她用民国的表情包，感觉没那么有代沟，我们更加聊得来，更加能互相理解，聊天气氛也更活跃些。"而父母对数字媒介文化的积极融入也会进一步影响年轻世代，34D 提到："父母都喜欢与时俱进，不服老，也是对我们年轻人的鞭策。"

代际关系有亲近，就会有疏离。数字反哺之后，家庭代际关系固然可以变得更加亲密融洽，但是否也有出现疏离的可能？不过在这里，我们尽量避免以"疏离"来描述这种关系，因为它隐含着非此即彼的二元对立，忽略了中国家庭代际关系的丰富性。正如一位受访者所说："如果说疏远，其实也不至于，这个词稍有些严重。"因此我们认为，将"疏离"替换成"矛盾"来描述这种关系或许更恰当，即数字反哺之后，家庭代际关系确实有可能出现新的矛盾。毕竟数字反哺只是教会年长世代如何拥抱数字世界，现实生活中的面对面交流才是代际关系更为直接和具象的体现。在父母与子女同住的紧密型家庭中，在年长世代与年轻世代都迈进数字世界的大门后，有可能出现这种情况：一家人都坐在客厅里，但各自抱着自己的"小屏幕"，沉浸在自己的"小世界"中，此时的数字设备不但没有串联起家庭成员，反而在某种程度上助长了代际隔阂。39D 提到："每个人都玩自己的手机，玩累了就看一会儿电视休息一下，然后三个人接着玩手机。而在印象中，小时候一家人会围着看电视，会一起讨论电视中的剧情，会一起欢笑，一起悲伤。而现在，一起用笔记本电脑看个电影都不会完全放下手机。谈心的时间在慢慢变少，话题也慢慢变得单一。"

32D 也有同样的担忧："我曾想要攒钱给姥姥、妈妈各买一部智能手机，带领她们跟上时代的潮流，缩小与我们之间的代沟，但是她们学会之后，家里会不会从此变得'寂静'呢？细思极恐。"有些时候，这种"寂静"不仅出现在代与代之间，也在同代关系中有所体现。数字媒介固然丰富了年长世代的日常生活，但也有可能使他们沉迷于数字世界，忽略了面对面的交流。11D就把手机比喻成父母之间的"小三"，她坦言："使用智能手机以后，老爸老妈都各自在网络上找到自己的圈子。他们能够对着手机屏幕微笑，却偶尔与一起生活的人争吵。每天结束工作后除了一起吃晚饭就很少有交流，手机仿佛成了一个'小三'，吸引了我爸妈的注意力。"

但细细品味，这些并非数字反哺之过，而是技术逻辑下的阵痛。对于家庭来说，它的内部结构不只是家这一私人空间的产物，还是媒介的产物（西尔弗斯通，2004）。诚如梅罗维茨（Meyrowitz，1985：223）所言，电视和其他电子媒介将"外部世界的敌对社会"带到家中，并同时改变了公共领域和家庭领域。如今，我们更是生活在一个媒介与家庭生活互嵌共生的环境之中，当媒介技术不可避免地改变家庭成员间的交流模式和相处方式时，代际关系的好坏不单取决于媒介的力量，"而更多取决于关系双方在数字社会结构中表现出的能动性"（朱丽丽、李灵琳，2017：103）。

37D的家庭就是一个典范："某一天，开着电视，谁也不看，三个人都坐在沙发上玩手机。我们突然意识到交流的缺失。后来连续几天，我们在看电视时都会将手机放在一起，离自己远远的，彼此监督不碰手机。慢慢地，在三人共同交流的时候，手机又重新变为工具。"

西尔弗斯通（2004：123）曾经指出，技术若要在家中为自己找到一个空间或位置，则它必须被"驯化"。我们进一步认为，这个"驯化"的过程需要数字反哺从中斡旋。数字反哺并非一次性的事件，而是一个绵延不绝的过程，在年轻世代带领年长世代搭上技术的快车，进入他们从未体验过的"美丽新世界"后，只有通过持续性的反哺，才能让年长世代深入理解数字世界的逻辑。六旬大妈痴迷"假靳东"的事件可能让我们感叹于大妈竟能陷入如此拙劣的骗局，但事件背后不仅折射出中老年人在跨过数字媒介的"使用代沟"之后仍面临着深深的"素养代沟"，而且反映了家庭关爱或多或少的缺失的确让他们渴望情感上的关怀。持续性的数字反哺既能增进中老年人对媒介技术的了解，也能促进家庭亲密关系的形成。我们早在前期的探索性研究中就发现，文化反哺程度越深的家庭，亲子关系也往往越和谐（周裕琼，2014）。

有时候，代际关系正是在反哺"驯化"技术的过程中实现了从"量变"到"质变"。31D 提到："我经常会教父母新的事物，希望他们能与时代接轨，在这一互动交流的过程中，确实感到关系更亲密，有所学，有所教，各有收获。"大多数子女会由于父母学习很慢，并且总是忘记先前教过的内容而烦躁，但 26D 由最开始的不耐烦变成了"愿意一点一点教给他们，并且仔细地告诉他们使用方法，因为在这个过程中我感觉与父母的距离非常近，无论是身体距离还是心理距离"。

对此，20D 深有感触："教的人能够有更多的耐心来对待自己的家里人，感受家庭成员的不断进步、点滴变化。被教的人能够从彼此交流的话语中感受到家人的关怀和爱。"由此可见，数字反哺除了让年长世代学会使用数字媒体，其更具意义之处在于反哺的过程。在这个过程中，反哺者和被反哺者都能获得心灵上的满足，也正是因为这个过程，双方的界限感慢慢消失，关系也开始变得亲密而融洽。

二 权力结构：家庭话语权的下放

当代中国家庭代际关系趋向平等化和民主化的特点，已经成为国内学术界的普遍共识（关颖，2008），尤其是在新技术的赋权下，家庭中的权力分配从"父为子纲""长幼有序"向平等互动转变（吴静，2018）。在家庭社会学中，研究者普遍热衷于测量家庭权力，但家庭权力与其说是一个经验事实，不如说是一个理论概念（Sprey，1972）。麦克唐纳（McDonald，1977）认为，参与家庭互动的动态权力过程很有可能是解释不同家庭结构和关系的下一个重要变量。如果说代际关系是数字反哺的结果，那么代际权力结构其实早在数字反哺的过程中就崭露头角。

32D描述了她与父亲在数字反哺过程中的"主权之争"："讲解时，我的语速有点快，整个过程爸爸一直在着急地提醒我'慢点慢点！'，到后来进行操作的时候，爸爸就直接夺过手机，要求我和妹妹只可以口头提醒，全部由他自己进行操作。"32D当时将父亲"夺"手机的动作视为因为跟不上讲解而"着急"的举动，但细想后，她认为："可能是爸爸觉得自己的主权地位受到挑战，因为手机当时一直在我手里，这无形中使他处于被动状态，认为自己只是一个被动的学习者，再加上固执的我不听他的建议一意孤行，这让有点大男子主义的他内心产生挫败感，所以他才会把手机'夺过去'，不让我和妹妹插手。"因此，从那以后，32D每次教父亲使用新的手机功能或微信功能时，都会"让爸爸拿着手机，我们姐妹俩一左一右进行解说，爸爸学得很开心。"

在32D家庭的数字反哺过程中，当原本在家庭中占据主导地位的父亲意识到自己的权力受到子代的挑战时，会通过夺走手机的方式宣示自己的主导权，代际权力博弈就此展开。在这里，子代只是在媒介技术的使用上拥有一定的教化权力，但在反哺方式上，即具体应该如何反哺的主导权仍"握在"亲代手中。而当子代意识到亲代对主导权的在意时，又会尽力收缩自己的权力边界，将自己定位为懂事的"解说者"，而非固执的"教导者"。王炎龙和王石磊（2021）对家庭微信群的研究也有类似发现，即在"驯化"家庭微信群的过程中，年长世代仍旧占据主导地位，年轻世代则主要扮演在技术使用和媒介素养上进行反哺的辅助角色。因此，数字反哺让子代拥有了教化权力，但这并不意味着子代拥有了代际关系的主导权，家庭权力结构仍然在动态中保持微妙的平衡。

如前所述，数字反哺是一个持续性的过程，一次性的反哺固然无力撼动传统的家庭权力结构，但随着反哺的持续进行和家庭代际关系的变化，家庭权力结构是否也在悄然改变？从家庭社会学的角度来看，家庭权力是家庭中的某一成员改变其他成员行为的能力，它与个人所能获得的资源息息相关（朱强，2015）。在数字时代，家庭内的媒介使用可以通过改变家庭成员的交往方式，进一步引起家庭内部权力结构的嬗变（鲁尔，1990；朱秀凌，2018a）。随着互联网与新媒体的迅猛发展，家庭成员中作为数字原住民的年轻世代所能接触到的数字资源通常比年长世代多，家庭信息垄断的打破进一步瓦解了父母的"全知"权威地位（何志武、吴瑶，2015），尤其在家庭权力重心逐渐下移的现代化背景下，家庭中传递新事物的角色也就随之发生了倒置。37D表示："回顾我成长的初期，在电视等传统媒体面前，父母始终是领头人，哪里出了故障，哪个频道几点播放什么节目，父母总是比我清楚得多。但是随着网络的使用，家里的电视早在几年前就失去了原有的功能，充当起电脑显示屏。这时起，我懂得更多，我会告诉他们用哪个播放器看直播不卡顿，哪个播放器的电视剧资源更丰富，推荐好看的综艺等等。"

数字代沟与数字反哺

这也导致年长世代看待年轻世代的传统观念发生了改变，即孩子从需要被呵护、被照顾的"待哺者"变成了长辈眼中的"有用之人"。23M以前经常数落女儿不会做家务，在她看来，家务活是女人必须学会之事。23D对此颇有怨言："我很不高兴，还会和妈妈拌嘴"。而数字反哺的出现带来了另一种可能，23D提到："当我开始教妈妈学习使用新东西时，妈妈认为我是'有用之人''有知识的人'，便也不再责怪我不会做家务。可以说在她心中会使用新媒体是一种生存技能，成为会做家务的替代品。"可以看出，这些对数字原生代来说习以为常的"数字本能"，在作为"数字移民"或"数字弱势群体"的年长者看来却是一项可以体现个人能力的"生存技能"。

数字反哺让年长世代有机会了解年轻世代在数字领域的"过人之处"，那么家庭话语权是否也会随之有所转移？我们前期的探索性研究显示，尽管子代在新媒体购买的建议权上表现得越来越积极，但家庭内父亲的权威（决定权）仍然是子代无法撼动的（周裕琼，2014）。但是在后来收集的自传式家庭数字反哺报告中，我们发现，家庭决定权也开始在潜移默化中下放到子代。23D 感触颇深："爸爸妈妈在某种程度上认为我和弟弟能帮他们做很多事情，认为我们是年轻有希望的一代。这也加深了他们对我们的依赖和信任，在许多事情上给了我们决定权。"

这种决定权首先体现在数字设备的使用上。14D 坦言："平时在家里，小辈一直都很少有话语权，处于被教育的地位，而在新媒体使用方面，父母会主动来问并听从我们的建议。不仅在使用方面，在产品购入时，晚辈也起到关键作用。" 23D 也提到："媒介产品购买哪个品牌，以前是爸妈自己决定，但现在会先问问我们的意见，甚至希望我们决定。"有研究将父母让渡的教导权称为一种"技术赠权"，即教导权力的分配和对调只是暂时的，在完成数字反哺后，家庭权力结构仍然要归位，而子女对于这一点也心领神会（吴炜华、龙慧蕊，2016）。我们进一步认为，这与其说是两代人之间对于"技术赠权"的默契，不如说是年长世代有意的"放权"，因为年轻世代的话语权终究会从数字领域逐渐扩展到其他领域。

从整个生命历程的角度来看，随着子代逐渐长大，亲代慢慢老去，家庭的权力重心本来就会在纵轴上移动，新媒体和数字反哺只是在这个过程中吹了口风、添了把火。28D 提到："有一次，爸又问我怎么发朋友圈，我态度很不好，爸爸特别委屈地说'爸老了，就是学不会'。"可见，父亲所代表的权威已经随着年龄的增长而日渐消解，子女在数字反哺过程中所表现出的强势态度让两代间以子代为中心的权力结构更加突出。38D明显感受到近几年父母的变化："家中重大事情的决定权在爸爸，生活琐事由妈妈决定。近年来，很多事情他们都会征求我的意见。"

除了话语权的提升，年轻世代在家庭中还拥有了更大的对新事物的意义建构权与解释权，这也进一步提升了年轻世代的家庭地位。32D 提到，在数字反哺之后，父亲对微信的使用已经能够做到驾轻就熟，还时常在朋友圈帮亲朋好友打各种广告。"有一段时间，爸爸几乎每隔一两天就会发一条有关祛雀斑的广告，而且附带的图片不是很好看，于是我就在微信上问我爸说：'爸爸，您怎么每天都发这些祛斑的广告，不知道的还以为您改行了呢？'。"由于没有得到即时回复，32D 开始对父亲无礼质问："'爸爸，您这是帮谁打广告呢？！''怎么几乎每天都要发一遍啊？！''谁啊，魅力这么大？！''而且那些图片让人看了吃不下饭……'就这样咄咄逼人地发了十多条消息，心想看我爸怎么说。"

这种对传统家长权威的挑战，在某种程度上体现了年轻世代作为数字时代的潮流先锋，拥有对网络文化建构的绝对优势。另一位受访者也提到，在与父亲用微信聊天时，不能忍受父亲常常以一个"哦"字答复自己，因为在她看来，"这是微信聊天一个不正确的表现"。子代试图以自己的审美经验和社交体验规范父辈的社交媒体行为，本质上是一种对意义建构权的争夺。这与当下年轻人对"中老年表情包"使用的态度存在异曲同工之处，中老年表情包显然与年轻人的审美偏好不契合，而年轻人对中老年表情包悖论性使用的态度本质上仍是一种网络话语霸权，是基于对网络"潜规则文化"的理解而做出的回应（黄钟军、潘路路，2018）。

虽然数字反哺使家庭中的权力结构产生了微妙变化，但这种权力结构并没有达到倒置的程度。数字媒介对年轻世代的"赋权"并不能说明技术已经颠覆了传统的思维观念，数字反哺带来的话语权博弈只是使代际权力逐渐均等化，家庭权力结构从单向权威转向双向权威（郭浪栈，2016；朱秀凌，2018a），有学者将这一过程称为亲子两代人的"平权之旅"（安利利、王兆鑫，2020：117）。我们进一步认为，"平权"更多意味着代际权力的"平衡"而非"平等"；双向权威的权力结构也并不意味着代际拉锯式"争权"，而是一方努力争取，一方慢慢撒手，家庭权力在不同世代一推一拉的默契中完成交接，而数字反哺在这个过程中起到催化剂的作用。正是有了数字反哺，晚辈会认为家庭话语权的提升是自己"凭实力争取来的"，年长一代也可以顺理成章地将更多重任交给晚辈，只保留作为长辈表面上的权威。

而"放权"的背后，是长辈对和晚辈建立与维持代际亲密关系的渴望。肖索未（2014：152）提出"亲密的权力"的概念来强调家庭权力关系的特殊性，"个体在代际关系中权力的实施往往受到代际特定亲密关系的期待和约定的调节"。对于年长世代来说，数字反哺是他们通过"放权"维系代际亲密关系的一种方式，对于年轻世代来说，数字反哺则是他们"获权"、提升家庭地位并感受代际亲密关系的一种行为。11D坦言："虽然刚开始教学时我感受到我爸妈的笨拙，觉得自己终于拓展了一片提升我家庭地位的领域，但是当他们能够熟练地用微信跟我视频，还会拍一些家里的饭菜给我看时，我仿佛体会到那种'把儿女拉扯大'的欣慰感。"

三　价值观念：新型的尽孝方式

无论是家庭代际关系的维系，还是家庭权力结构的变迁，事实上都体现了传统家庭价值观在数字时代的发展与革新。尽管现代化进程带来了诸多新的价值观念，但这并不代表传统就此消逝，"传统和现代不是可以二元划分的两个概念，而是一直在螺旋形地穿插前进"（沈奕斐，2013：290）。"孝"作为中国式"家风"始终是中国传统家庭价值观的重要命题。《尔雅·释训》对孝的定义是"善事父母为孝"。《孝经》言孔子曰："夫孝，德之本也，教之所由生也。"即孝是一切德行的根本，也是一切教化的源泉。在数字时代，孝的伦理内涵已经不再局限于传统的事亲、尊亲和顺亲，而是表现出一种"帮扶性、经验哺育性"的社会融入式孝道（安利利、王兆鑫，2020）。由全国老龄办等共同发布的"新24孝"就包含"教会父母能上网"这一项，而这恰恰是数字反哺的应有之义。

如果说传统的孝是《论语·为政》中的"父母唯其疾之忧"，那么数字时代的孝可以是年轻人在健康反哺上的积极主动。如新冠疫情期间，通过数字媒介向父母转发大量科学防疫、健康养生类信息也是子女孝敬父母的一种方式（周裕琼等，2020）。这就意味着当父母进入的数字世界充满区隔，甚至父母被困于自己的信息茧房中时，需要子女在引领父母走进数字世界的大门后，仍将数字反哺作为一个持续的过程，带领父母遨游于数字世界。正如周晓虹（2015b：114）所言，与年长一代携手并进，是网络时代孝的一种新体现。在这个过程中，年长一代既能感受到来自子女的爱与孝，又能跟上时代的步伐。35D坦言："有了数字反哺这个暖心的小动作，父母和爷爷奶奶会觉得科技在进步、时代在发展。他们很高兴自己也可以和年轻人一样，可以与自己的亲人一起进步，一起玩耍，共同与这个时代齐头并进。"

近年来，人文社科研究的"情感转向"如火如荼，社会学研究者们也越来越注意到家庭代际关系的情感化倾向（刘汶蓉，2021），"家庭正在从一种上下有序的社会组织向个人情感生活的私人领地过渡"（阎云翔，2006：250）。在"上下有序"的传统家庭中，孝更多意味着要遵循一套"三纲五常"的伦理规范，强调对父母的"孝顺"和"孝敬"（肖群忠，2001），子代对父母的照料更多是出于孝道伦理下的养老责任。已有研究表明，在家庭成为"情感生活的私人领地"后，日积月累的感情是维系家庭照料关系的重要力量（袁小波，2013），照料质量的高低取决于子女与父母的情感亲密程度（Liu，2017），而对代际情感支持获得的不满意是亲代感喟"孝道衰落"的重要根源（刘汶蓉，2012：148）。

在数字反哺的实践中，我们会发现其中体现的是一种"孝情"，即子代对亲代的孝源于日常生活中本能的情动，而这种情动生发于反哺过程中与父母的点滴接触。"教"与"学"位置的互换，让年轻世代看到年长世代力有不逮的一面，激发了他们"侍亲""孝亲"的欲望。36D提到："在新媒体反哺的过程中，作为年轻世代会更加切实感受到年长世代正在慢慢变老。他们开始变得像个小孩子，愿意去依赖你，愿意去依靠你。意识到这样的事实会让我比以前更注重与他们的联系，倾听他们的所思所想，在意他们的感受。"

因此可以说，数字反哺作为一种新型的尽孝方式，带有浓烈的个人情感，其所体现的价值观念是"发乎情"，而非"止于礼"，是子女对父母的"感同身受"，而非教化信条下的"忠爱以敬"。34D 提到春节期间一些年龄较大的返乡务工人员因为不会上网、抢不到回家的车票而在车站失声痛哭的新闻，她说："父母看到时就十分感慨，说学习新事物很大一部分原因就是不想被时代淘汰，不想成为子女的累赘。这些话都让我感触很深，之后回答问题也更有耐心。"这种亲子间源初性的情感联结和互相体谅正是触发子代反哺的不竭动力。正如 29D 所表示的："新媒体给了我们一个反哺的机会，就像父母教我们使用'旧媒体'那样，耐心地教他们如何使用'新媒体'，与他们一起迎接日新月异的世界。"

29D 的表述同时引出了一个"孝点"，即代际互惠互助。传统的孝道价值观注重对子女的教化，具有明显的"重孝轻慈"倾向，但在现代社会，孝道只有在互爱、互尊、互重、互敬的双向关系中才能有效运作（肖群忠，2001：355）。我们发现，子女对父母的感恩很多时候都源于他们感受到父母对自己的爱和付出。一位受访者提到："妈妈有了智能手机之后，一天到晚都拿着手机，一个月流量花了很多钱，我无可奈何之下准备上前'教育'一番，却发现妈妈在看教做菜的 App 并拿着小本本在做笔记，那一刻我才想起来，最近吃的菜确实和以前不一样，妈妈每天在'玩'手机，也只是想让我们的生活过得更好而已。"

在子女"嗷嗷待哺"之时，父母对子女的爱在潜移默化中影响着子女，让子女能够将这份爱在父母需要的时候"反哺"回去。38D甚至不习惯将对长辈的数字反哺称为"教"，而是更喜欢用"分享"来描述这一过程，她说："因为我的家庭关系自由、平等，彼此牵挂。用奶奶的话说，一辈人有一辈人的生活，我们在追求美好生活的同时，要等一等老人，等一等父母。"

我们再往前走一步，会发现"孝"不一定通过数字反哺才能实现，尤其是在"隔代亲"的代际关系中，比起孙代的教导与帮助，祖代或许更需要一种"被需要的感觉"。39D家里有一台数字电视，自己由于长期住校，没有看电视的习惯，所以对数字电视的功能了解甚少。姥姥则早已在39D父亲的数字反哺下对电视的操作熟稔于心，每次回家之后她都会询问姥姥怎么使用数字电视，"姥姥不会教我怎么使用，而是每一次都帮我调整好，因为她觉得我懂的东西很多，而她终于可以帮得上我一次，所以每次帮我开电视都很开心，现在即使会用了也会故意找姥姥帮我开电视。"

杨国枢（2009）基于中国人孝道的本土研究发现，随着台湾转型为现代的工商社会，传统孝道逐渐转变成一种以个体主义为基调的新孝道，这种新孝道以亲子间的了解与感情为基础，强调亲子双方的互益性、子女尽孝的自律性和尽孝方式的多样性。这些新孝道特征在数字反哺中得到充分体现。首先，数字反哺生发于年轻世代对父母或祖辈的深厚感情，而且这种感情是相互的，即年轻世代感受到父母或祖辈的爱，进而又将这份爱反哺回去；其次，数字反哺并非对孝的机械式践行，而是真情流露下的自发式孝行；最后，年轻世代可以在数字媒介的接入、使用和素养层面实现对年长世代形式多样的全方位反哺，甚至可以进行反向寻求长辈帮助的"另类反哺"。

由此可见，数字反哺为家庭带来一种新型的尽孝方式，也正在为传统的孝道价值观赋予新的内涵。而这种新型价值观念的兴起又与家庭代际关系和权力结构的变迁密不可分，随着家庭代际关系的平等化和民主化，围绕数字反哺的一系列亲密实践让传统父权产生了"权而不威"的微妙变化，这与阎云翔、杨雯琦（2017）对 21 世纪农村家庭"孝而不顺"的观察不谋而合。数字反哺作为一个双向互动的过程，所体现的新型孝道价值观的更深层意义在于，子代对亲代的教导并非"乌鸦反哺"隐喻下的机械式喂养，而是两代人甚至三代人之间基于情感、代际关系和权力结构的互相影响。

第三节　数字代沟与数字反哺的关系

早在 2015 年的调查中，我们就证明了数字代沟与数字反哺有关（$r = 0.171$，$p = 0.044$），但对两者之间的因果关系始终无法进行具体验证。按照我们的理论构想，数字代沟先于数字反哺，且为数字反哺提供了契机，数字反哺在一定程度上弥合或缩小了数字代沟。正是不同世代在数字接入、使用和素养上的普遍差异，构成了数字反哺的原动力。我们期望能够在家庭传播的视域下，年轻世代通过在数字媒介的接入、使用和素养层面对年长世代全方位赋能，让作为数字弱势群体的年长世代更好地融入数字世界。

当年长世代融入数字世界之后，是否就意味着数字代沟因此而消融了？已有研究表明，农村家庭内的微信反哺并未抹平代沟，同时也带来了新的问题（洪杰文、李欣，2019）。通过研究，我们也不得不承认，在家庭内部，即使有了数字反哺，数字代沟也依然存在，且数字反哺在弥合一部分代沟的同时，也可能引发新的代沟。一方面，大部分年长世代掌握了新媒体的基本功能后，可能就"到此为止"，一些复杂操作仍然需要年轻世代"代劳"；另一方面，由于代与代之间本身就存在价值观念上的差异，数字反哺之后，长辈与晚辈在社交媒体的使用规范层面又会产生新的数字代沟。如亲代会对子代的微信头像、朋友圈内容"评头论足"，转发在子代看来无用的链接，而这会激起子代做出不回应、屏蔽父母等"线上叛逆"行为。有研究将这种亲代习得并内化数字媒介操作技能后，对子代的数字管教称为"文化再哺育"，数字反哺与文化再哺育之间的张力"构筑、改变并延伸了亲子权力结构与关系互动过程中的代际鸿沟"（安利利、王兆鑫，2020：111）。

"文化再哺育"概念为我们反思数字代沟与数字反哺提供了一个起点。首先，我们没有必要带着价值预判去否定数字代沟，而是应该坦然接受部分数字代沟的存在，毕竟老年人也有数字断连的权利，数字反哺更多的只是让数字代沟保持在可控范围内，不至于让其一直扩大而引发更尖锐的矛盾。其次，目前我们关于数字代沟与数字反哺的研究更多只是站在年轻人的角度，将老年人视为需要被"拯救"的数字弱势群体，忽视了老年人身上特有的人生智慧。在中国，老年人自古以来就被视为智慧与美德的象征，他们被认为应该积极参与家庭和社会活动，发挥自身应有的价值（冯涛、顾明栋，2019）。尤其是在老年人获得技术设备和具备基本媒介素养后，他们表现出的生活经验和对传统的理解远比年轻人丰富（王炎龙、王石磊，2021）。

因此，我们认为，数字反哺并非年轻世代对年长世代进行单方面的数字生存技能灌输，更不意味着对传统哺育观念的彻底推翻，而是一个代际良性互动的过程。年轻世代固然擅长接触新知识、新技术、新观念，在新媒体的使用上"可以为师矣"，但年长世代在漫漫生命历程中所沉积的人生智慧，同样可以潜移默化地影响年轻世代。诚如凯尼恩（Kenyon，2002）所言，智慧不是留给"圣人和智者"的东西，智慧是普通的，它作为人类遗产不可分割的一部分包含在我们的故事中，是老龄化的一个潜在结果。

近年来，我们欣喜地看到，数字反哺之后，越来越多的老年人有机会把自己的故事通过新媒体平台讲述出来，并凭借其丰富的人生阅历、豁达的人生态度与独特的人生智慧收获了众多年轻人的关注与喜爱。这些"银发网红"们以老年人的身份与年轻人进行情感交流，也为年轻人带来了独特的文化体验（吴炜华、姜俣，2021）。如 B 站知名 up 主"敏慈不老"已届鲐背之年，"不服老"的她在孙子的反哺和帮助下成为全 B 站年龄最大的 up 主，粉丝甚至比早先就是 up 主的孙子还要多。她在视频中讲述自己的人生经历，将自己的回忆与生活分享给更多年轻人，"奶奶好""奶奶不老"则是年轻粉丝们对她的热情回应（南方网，2020）。正是在这种代际互动过程中，"我的故事"得以发展成"我们的故事"，不同世代的人成为同一时代的"共同作者"（Kenyon，2002：40）。

由此来看，数字反哺的价值不仅仅在于弥合数字代沟，还在于实现代与代之间的"破次元"对话。西方早有研究表明，年轻人教授老年人互联网技能的代际教学经历，不仅在学习和技能发展方面对两个群体都有利，还会促使两代人对彼此的态度发生积极变化（Kolodinsky et al.，2002）。如果说数字反哺在家庭层面有助于代际关系的融洽和家庭关系的和睦，那么当我们走出家庭，将数字反哺的思路延伸到社会层面时，会发现数字反哺亦有进一步促进社会和谐的潜能。在中国传统文化中，"孝"作为一种品德，不仅是对自己父母的爱和感恩，而且可以通过"推及"的教化作用形成一种泛爱众人的道德意识（孙向晨，2019）。"老吾老以及人之老"，尤其是在新冠疫情期间，面对那些因子女不在身边，又不擅长在网购平台"抢菜"而举步维艰的老年人，不乏年轻人组织"网购+配送"的志愿活动"反哺"老人（莫郅骅，2022）。因此，当家庭内数字反哺无法惠及独居老人或空巢老人时，社会数字反哺能推动实现老龄化传播"全人口全生命周期"的应有之义。

本章小结

当数字反哺成为一个"应然"的学术议题时，我们不禁要问：数字反哺之后，家庭内部发生了什么？通过对质化资料的深入考察，我们有以下发现。首先，数字反哺让年长世代学会使用新媒体技术，"数字家庭聚会"突破了时空的限制，代际关系也因此变得更加亲密团结。但同时，数字反哺之后，家庭成员也有可能陷入各自的"小世界"而忽略了在现实中的具身交流。因此数字反哺不应止步于接入反哺和技能反哺，而应该深入素养反哺，通过代际深层次的交流实现整个家庭对技术的"驯化"。其次，数字反哺提高了年轻世代对新媒体采纳与使用的话语权，并且这种话语权会逐渐扩展到其他领域，推动家庭关系的平等化与民主化，但家庭权力结构仍在"放权"与"获权"中保持着微妙的平衡，长辈的"权而不威"与晚辈的"孝而不顺"成为中国家庭的新常态。最后，数字反哺作为一种新型的尽孝方式，是对传统孝道价值观的发展与革新，这种"孝"生发于情感，注重双方的相互影响与共同付出，更有"推己及人"反哺社会的潜能。

　　但在这里，我们没有必要夸大数字反哺对家庭的影响，数字反哺更多只是在家庭代际关系、权力结构和价值观念的变迁中起催化作用的一个小小推动力。数字反哺更具价值之处在于，实现代与代之间的"破次元"沟通。毕竟我们在数字媒介的接入、使用和素养上将老年人带入数字世界之后，仍面临代际在数字化生活中的明显壁垒。而我们在意识到数字反哺应该是一个持续性过程的同时，也不能忽视老年人独特的人生智慧同样可以滋养年轻世代，代际都应认识到彼此"各有所长"，在积极老龄化的进程中共同为家庭乃至社会贡献自己的一份力量。

第十一章　老年数字融入的中国路径

第一节　从家事上升到国事

在传统的中国文化中，"变老"关乎个人的修身，而"敬老、养老"则关乎家族的稳定。儒家经典《论语》用"发愤忘食，乐以忘忧，不知老之将至云尔"来描述最理想的"老"态，但也提醒老人要认识到自己的局限，"及其老也，血气既衰，戒之在得"，否则就有可能陷入"老而不死是为贼"的境地。老人做好自己的本分之事，儿女也要尽到他们的义务，那就是"百善孝为先"。中国传统伦理价值观强调家庭本位，个人对家庭有强烈的归属感和认同感，极力维系家庭的和睦和延续是个体的首要职责（魏澜、张乐天，2021），其中一项重要的内容就是孝敬与赡养家庭乃至家族内部的老人。无论是老人的修身，还是儿女的齐家，"老"这件事情自古以来都被视作院墙之内的家务事。

遵循同样的逻辑，老年数字融入这件事，最开始也被视作老年人自己的事情。后来，我们提出数字反哺这个概念，呼吁大家把这件事情变成各自家庭的家务事，得到学界、业界和社会大众的积极响应。所谓"老吾老以及人之老",家庭层面数字反哺的理念与实践,能否推广到社会层面?如表 11-1 所示,自 2014 年我们发表第一篇与数字反哺有关的论文以来,截至 2021 年,中央先后出台了 52 个与老年人有关的政策文件,其中提及数字适老的文件有 10 个。

表 11-1　2014~2021 年中央出台的涉及老年人和数字适老的文件

单位:个

年份	涉及老年人的文件	提及数字适老的文件	具体表述
2014	5	—	—
2015	6	—	—
2016	12	《国务院办公厅关于印发老年教育发展规划(2016—2020 年)的通知》	加强数字化学习资源跨区域、跨部门共建共享,开展对现有老年教育课程的数字化改造,开发适合老年人远程学习的数字化资源
2017	8	—	—
2018	3	《关于进一步加强和改善老年人残疾人出行服务的实施意见》	无障碍交通运输服务的"硬设施"和"软服务"持续优化,老年人、残疾人出行满意度和获得感不断增强
2019	4	《国务院办公厅关于推进养老服务发展的意见》	促进人工智能、物联网、云计算、大数据等新一代信息技术和智能硬件等产品在养老服务领域深度应用。在全国建设一批"智慧养老院",推广物联网和远程智能安防监控技术

年份	涉及老年人的文件	提及数字适老的文件	具体表述
2019	4	《国家积极应对人口老龄化中长期规划》	深入实施创新驱动发展战略，把技术创新作为积极应对人口老龄化的第一动力和战略支撑，全面提升国民经济产业体系智能化水平。提高老年服务科技化、信息化水平，加大老年健康科技支撑力度，加强老年辅助技术研发和应用
2020	7	《国务院办公厅印发关于切实解决老年人运用智能技术困难实施方案的通知》	逐步总结积累经验，不断提升智能化服务水平，完善服务保障措施，建立长效机制，有效解决老年人面临的"数字鸿沟"问题。坚持"两条腿"走路，使智能化管理适应老年人，并不断改进传统服务方式，为老年人提供更周全、更贴心、更直接的便利化服务。在政策引导和全社会的共同努力下，有效解决老年人在运用智能技术方面遇到的困难，让广大老年人更好地适应并融入智慧社会
		《国务院办公厅关于促进养老托育服务健康发展的意见》	发展"互联网+养老服务"，充分考虑老年群体使用感受，研究开发适老化智能产品，简化应用程序使用步骤及操作界面，引导帮助老年人融入信息化社会，创新"子女网上下单、老人体验服务"等消费模式，鼓励大型互联网企业全面对接养老服务需求，支持优质养老机构平台化发展，培育区域性、行业性综合信息平台
2021	7	《国务院关于印发全民科学素质行动规划纲要（2021—2035年）的通知》	实施智慧助老行动。聚焦老年人运用智能技术、融入智慧社会的需求和困难，依托老年大学（学校、学习点）、老年科技大学、社区科普大学、养老服务机构等，普及智能技术知识和技能，提升老年人信息获取、识别和使用能力，有效预防和应对网络谣言、电信诈骗

年份	涉及老年人的文件	提及数字适老的文件	具体表述
2021	7	《国务院办公厅关于印发全国一体化政务服务平台移动端建设指南的通知》	开展适老化改造。优化政务服务平台移动端界面交互、内容朗读、操作提示、语音辅助等功能，积极为老年人提供大字版、语音版、简洁版移动政务服务应用，推出相关应用的"关怀模式""长辈模式"，让老年人充分享受移动政务服务带来的便利
		《国务院办公厅转发国家发展改革委关于推动生活性服务业补短板上水平提高人民生活品质若干意见的通知》	完善老年人、儿童和残疾人服务设施。推进城乡公共服务设施和公共空间适老化、适儿化改造。在提供数字化智能化服务的同时，保留必要的传统服务方式
		《中共中央 国务院关于加强新时代老龄工作的意见》	在鼓励推广新技术、新方式的同时，保留老年人熟悉的传统服务方式，加快推进老年人常用的互联网应用和移动终端、App应用适老化改造。实施"智慧助老"行动，加强数字技能教育和培训，提升老年人数字素养

　　纵观表 11-1，我们可以看到，随着人口老龄化的加剧，中央对这个问题也越来越重视。"积极应对老龄化"已经成为国家战略，而在具体实施过程中，数字适老成为其重要抓手。相关表述最早出现在 2016 年 10 月的《国务院办公厅关于印发老年教育发展规划（2016—2020 年）的通知》中，原文为"数字

化改造"。2018年1月出台的《关于进一步加强和改善老年人残疾人出行服务的实施意见》则使用了"优化"这个表述。2019年11月出台的《国家积极应对人口老龄化中长期规划》明确肯定了数字化、智能化、信息化技术对于积极应对人口老龄化的作用，并且表示要"把技术创新作为积极应对人口老龄化的第一动力和战略支撑"。

新冠疫情突袭而至时，健康码、行程码、核酸码等众多数字化防疫手段被广泛应用，全国各地相继出现老年人为"码"所困、寸步难行的新闻。2020年11月，国务院办公厅印发《关于切实解决老年人运用智能技术困难实施方案的通知》，此后相继出台的文件也反复提到数字适老问题，概括起来有如下几点要求：研发新技术，满足老年人的个性化需求；培育新平台，鼓励大型互联网企业全面对接养老服务；现有技术的适老化，推动互联网应用和移动终端、App应用的适老化改造；服务及政务平台和应用的适老化，为老年人量身定制服务，让他们更好地享受到移动政务服务带来的便利；开展老年人数字教育，整合社会各界力量与资源，向老年人普及数字知识和技能，提升老年人的数字素养；提供"非数字化"的兜底服务，坚持"两条腿"走路，保留必要的传统服务方式。

第二节　数字适老落实何其难也

2020年末，工业和信息化部印发《互联网应用适老化及无障碍改造专项行动方案》，众多互联网大厂闻风而动，在某种程度上开启了数字适老化改造的社会进程。2022年11月，与老年人生活密切相关的首批 217 家网站和 App 完成了适老化改造，其中包括腾讯旗下的 7 款、阿里巴巴旗下的 5 款、百度旗下的 2 款、字节跳动旗下的 3 款 App，以及众多政府网站。在回答记者提问时，工信部的相关人员表示，上述改造工作的完成，"解决了老年人看不懂、学不会、用不好的问题"（工业和信息化部，2021）。此外，如表 11-2（不完全统计）所示，以腾讯、阿里巴巴、字节跳动、百度等为代表的几大平台还推出了数字适老专项服务。这些服务大多根据老年人的特征和需求"量身定制"，涵盖上网技能和场景应用教学、专属客服、网络安全和防沉迷保障、AI 辅助健康管理等众多内容。

表 11-2　各大平台推出的数字适老专项服务

平台	名称	启动时间	主要内容
腾讯	长辈无忧专线	2021 年 5 月	60 岁及以上长辈用户拨打微信支付统一客服热线 95017，将会优先接通"长辈无忧专线"，获得一跟到底的专属客服，且能获得广东、四川、湖南、湖北等地的方言服务
	银龄计划	2021 年 9 月	通过开展"银龄达人秀""银龄学堂"等活动，在老年群体中科普和推广适老产品
	银发青松助手	2021 年 10 月	为老年用户量身定制互联网产品使用教程，帮助老年人更好地使用智能手机及应用
	银发守护行动	2021 年 9 月	基于腾讯公司的互联网优势和安全技术能力，联合科研机构、协会组织、志愿者团体等多方力量，以数字化的方式聚焦中老年人反诈、防诈和网络安全问题

平台	名称	启动时间	主要内容
阿里巴巴	小棉袄计划	2020 年 10 月	以淘宝直播、在线课堂、漫画手册、老年人服务热线等多种形式，线上线下结合，帮助老年人适应数字化生活。客服对老年人进行一对一电话服务，服务内容包含网购、支付、打车、健康码、网上挂号买药等老年人常遇到的数字化生活场景
字节跳动	老友计划	2021 年 3 月	为老年人健康用网系统性保驾护航，涵盖防沉迷、反诈干预、内容安全、深夜直播休息提醒等方面
	银龄时代	2020 年 12 月	走进银发群体，挖掘榜样人物，呈现该群体多姿多彩的晚年生活
	老友专线	2021 年 6 月	开通老友专线 400－903－0053，每天 7~24 点设有专职人工客服接听老年用户来电，确保在 20 秒内响应。同时，考虑老年人通话特点，客服会从语言、语速、音量等方面提供定制化服务，比如提供多种地域方言接线，或放慢语速"手把手"在线引导等
	银色闪耀计划	2021 年初	围绕"老年人面临的数字鸿沟"核心议题，进行问题研判和解决方案研讨，以协调各方资源，助力打造老年友好型数字社会，服务积极应对人口老龄化战略
百度	五福 AI 助老计划	2021 年 8 月	旨在为老年群体定制健身锻炼、心理疏导等科学内容，并提供日常生活服务。老年人只需通过简单的语音指令，就能与智能设备互动，使用健康管理、科学锻炼、身心舒缓、娱乐陪伴、社区点餐等养老服务

由此可见，从中央监管部门到平台和互联网企业，对数字适老问题都非常重视，并进行了多种多样的尝试。然而，调研发现，数字适老的产品和服务虽有不少，但真正能让老年人知晓、使用并从中受益的却很有限。"一拥而上"的数字适老热潮很难产生持久的效果，潮水退去，绝大部分老年人仍然处于"裸泳"的状态。我们认为，要让数字适老落到实处，还需要从以下五个方面继续探索。

第一，短期的"运动"效力难以持久，仍需探寻常规化的治理模式、找到长效化的运行机制。从 2021 年开始的"一窝蜂"数字适老化改造，在某种程度上呈现"运动型治理"的特征，即以自上而下、政治动员的方式调动资源、集中各方力量和注意力完成某项任务。但这种治理模式显然不能适应现代化的发展要求，虽然可在短期内产生立竿见影的效果，但从长远来看却难以为继，甚至会打乱社会的正常发展节奏。工信部发起的适老化改造，真正落实却不在体制内，而在体制外，这就更难保证运动的效果。近年来，中国政府与互联网平台之间一直处于规制与扩张的"双向运动"之中（王维佳、周弘，2021）。中央不断加强对平台资本扩张的规制，但在具体执行过程中，仍然有一些地方和部门过多地把监管职责让渡给了平台，形成了"政府管平台、平台管用户"的双层管理模式（方兴东、钟祥铭，2021）。数字适老问题的解决过程似乎也遵循了相应的逻辑：政府管理部门出台政策、验收成果，具体的执行则完全下放给平台。

然而，和养老服务一样，数字适老服务不仅具有商品属性，也具有公共服务属性，它本不应该由平台或企业承担全部的责任与义务，否则会产生以下两种结果。一是互联网企业（尤其是一些盈利压力大的中小型企业）在完成任务的同时有可能夹带私货，"借助公共权力谋求利益"（方兴东、钟祥铭，2021）。事实上，首批数字适老化改造成果验收之前，南都大数据研究院的测评就发现，一些企业上线的适老化版本存在"诱导式内容和广告"（熊润森，2022）。二是互联网企业把数字适老做成表面文章，看起来投入很多，真正落实到老年人身上的实惠却非常有限。2022 年 2 月，新华社记者的调查显示，部分手机App 适老化改造并不理想，广告植入套路繁多、界面设置徒有其表、操作难度不减反增，显然"走形式却不走心"（田中全、邓楠，2022）。无论是哪一个结果，都不利于数字适老问题的解决。

第二，数字适老产品和服务的需求与供给都不旺盛，需要培养消费习惯、实现市场繁荣。毫无疑问，数字适老相关的政策法规要真正落实，必须有市场的参与。从市场的角度来分析，数字适老几乎必然会遭遇"坏用户"和"坏厂商"（蒙克、马婷婷，2022）。这里的"坏"显然不是一种道德判断，而是用来说明需求和供给双方都存在问题。在需求侧，老年群体虽然渴望数字融入，对数字产品和服务的需求正在日益增长，但是大部分老年人退休后的经济收入减少，这导致他们"心有余而力不足"，支付意愿不够强烈。而且在他们的记忆中，互联网从一开始就是以"免费的午餐"形式出现并发展起来的，所以，对于数字产品和服务，他们总是抱有一种"免费我才用，花钱就算了"的心态，对数字经济的消费意愿远弱于实体经济。2019 年香港贸易发展局对中国中产阶层老年群体的调研结果显示，几乎全部的受访老人（96%）在过去一年中有自费在外用餐经历，还分别有43%和35%的老人曾经去KTV唱歌和看电影，相比之下，仅有10%的老人使用过付费的App。

在供给侧，对于互联网企业来说，"追新"才能"逐利"，年轻人向来是他们产品开发和市场营销的目标用户。创新扩散研究显示，老年人往往是创新采纳中最滞后的人群，数字适老化改造不但无利可图，还有可能入不敷出，成本远大于收益。在清华大学公共管理学院的蒙克和马婷婷（2022：28）看来，目前我们严重低估了互联网适老化设计的成本：

> 一方面，开发者与使用者之间存在信息不对称。一般而言，良好的适老化设计所需要求可分为以下几类（Kurniawan，2008）。1. 记忆辅助：除事务提醒、闹钟、日记和来电显示等基本功能，还需要个性化的基本菜单页面和易于学习的导航设计。2. 视觉辅助：包括更强的背光、更大的字体、加粗的字体以及针对重要功能设计的不同形状、颜色或位置的按键。3. 触觉辅助：包括橡胶手柄、单手易持的手机、大按钮等硬件设计。4. 减少意外操作的功能：包括防止意外拨号的机制、电量提醒等。5. 安全功能：如紧急按钮。这些要求涉及手机的硬件和软件两个方面，对开发者知识的要求从计算机扩散至心理、材料以及医学等多个领域。因此，适老化设计需要开发者系统学习适老化的知识与技能，而这一学习过程意味着较大的成本投入，如培训资源的获取、开发人员用于培训学习的时间等。
>
> 另一方面，适老化设计是当下互联网应用在设计、开

发、测试和维护过程中的一个额外流程，并具有相当大的复杂性，将在应用产品生命周期的各个环节产生额外的工作量。新增加的工作量导致产品开发周期延长、迭代速度下降，从而带来整体开发效率的降低（王杰，2022）。数字应用的复杂性导致深层次改造并不容易，不仅需要页面的适配，还需要产品的整个框架和底层逻辑的适配（李颖，2021）。追求技术效率的企业如果没有极强的责任心与极大的动力，很难萌发并维持较强的适老化改造意愿。

第三，免费的午餐不可持久，亟须在政策驱动、利益驱动、社会责任驱动之间找到微妙的平衡。近年来，互联网大厂纷纷紧跟国家战略，进行产业方向的调整和布局。阿里巴巴通过"千县万村"计划和公益直播带货等方式助力国家脱贫攻坚，腾讯利用游戏及文娱产业优势提升"文化自信"。这些努力在一些学者看来，其实是互联网大厂面对"无序扩张""市场垄断""唯利是图"的社会舆论指责做出的形象自救（王维佳、周弘，2021）。表面上是政策驱动，骨子里仍然是利益驱动，最终目的是维护其权力来源的合法性，建构一个"完整的资本善治蓝图"（王维佳、周弘，2021：88）。近年来，"积极应对人口老龄化"已经成为国家战略，互联网大厂也顺势跟进。这也是为什么在工信部主推的数字适老化改造之外，各大平台还进一步推出自己的数字适老服务。具体分析这些服务的内容，不难发现，至少在现阶段，它们都是纯公益的，不能给平台带来任何盈利。

如果互联网平台将老年人作为自己的主要用户，即便用户达到很大体量也难以变现。在老年互联网产品这个细分市场，美篇可以说是一骑绝尘的"独角兽"，其创始人汤祺曾经在多个场合表示，推动自己做这个产品（2015年刚问世的时候名为"易图文"）的初衷，是帮助热爱摄影的父亲制作一款操作简单，同时支持分享到微信的图文工具。没想到这款产品迅速成为中老年人（尤其是老年人）最喜爱的App之一，美篇的用户量最高达到2亿，多平台DAU（日活跃用户数）一度突破千万。《2020老年人互联网生活报告》显示，60岁以上的老年用户们，日均使用互联网时长为64.8分钟，比40岁以上的用户多了16.2分钟（澎湃新闻，2020a）。而内部人士透露，美篇有许多用户日均在线时长为5~6小时。尽管如此，美篇的融资和变现却并不顺利。2016~2018年，它一连完成5轮融资，腾讯、真格基金、经纬创投、芒果文创基金等知名投资机构相继加码，截至2018年，B轮投后估值10亿元。但是，因为美篇尝试的几种变现方式（广告、线下收费活动、美篇图文印刷成书、用户打赏分成）都不算成功，2019年美篇亏损约3000万元，而资本也因此停止下注。"每日人物"在一篇深度报道中，把这种现象解读为"老年人困住老红书"，并将美篇与小红书做了对比（常芳菲，2022）。以年轻人为目标用户的小红书异军突起成为资本宠儿，而以老年人为目标用户的美篇则"卡在原地，动弹不得"。

提供给老年人的"免费午餐"究竟能吃多久呢？事实上，在政策驱动和利益驱动之外，还有一种动力来自企业的社会责任。近年来，互联网大厂就这个问题表述丰富，集中体现为"科技向善"。科技向善（Tech for Social Good）的理念与谷歌早

数字代沟与数字反哺

年提出的"不作恶"（Don'T be Evil）和"做正确的事"（Do the Right Thing）相似，强调互联网企业的社会责任。2019 年 3 月，腾讯董事会主席兼首席执行官、全国人大代表马化腾提交了《关于加强科技伦理建设，践行科技向善理念的建议》的议案。同年 5 月，他首次在公开场合谈到公司的新愿景和使命，"我们希望'科技向善'成为未来腾讯愿景与使命的一部分。我们相信，科技能够造福人类；人类应该善用科技，避免滥用，杜绝恶用；科技应该努力去解决自身发展带来的社会问题。"（36 氪，2019）但正如胡泳（2019）所指出的，这个提法本身就是一大冒险："政府对平台有自己的要求，公众希望平台做符合公共利益的事，而平台，作为一种崭新的组织模式，是多边的、网络化的，规模来自培养建立在业务之上的外部网络，它又该如何调动复杂触角、整合多方资源，完成一个看上去并不那么商业的目标？"

在接受新华社记者采访时，业界人士坦言，对于企业而言，数字适老化改造收益不高，且消耗人力与增加运营成本，用户增长率低，甚至还会造成已有用户流失。"广告是手机 App 开发商盈利的主要来源，适老化手机 App 去掉广告后，其盈利将大受影响。"数字适老并非"一锤子买卖"，即便最开始不谋利益，但改造后的维护和更新成本又该由谁买单。像腾讯、阿里巴巴、百度、字节跳动这样的互联网大厂，或许能够抱着纯公益的心态进行数字适老化改造，但互联网行业内部还有许许多多中小企业需要谋生存、谋发展，对于它们来说，科技向善仍然只是行业愿景，不能成为规范日常实践的行业伦理。提供给老年人的免费午餐，很难成为互联网行业内部的共识性操作。

第四，光改造不推广，知晓率和使用率双低，亟须打通数字适老的"最后一公里"。在如火如荼的数字适老行动中，最核心的人群——老年用户——恰恰是缺席的。借用一句网络流行语，数字适老化改造，"改了一个寂寞"。比如，腾讯的"长辈无忧专线"充分考虑了中国老年人的需求，推出方言服务，相当具有诚意。据媒体报道，2021 年 5 月 1 日开通的长辈无忧专线，在短短两个月之内"已经为长辈用户解决了超 50 万次的问题"，专线客服平均每人每天要花大约 500 分钟解答老年人在微信支付中遇到的各类问题（澎湃新闻，2021）。然而，中国老年人口基数如此之大，"50 万次"这样的绝对数远远不能覆盖所有老人。2022 年 1 月，我们在腾讯大厦旁边的一个社区对老年人进行手机培训，提到这个专线的时候，在座的几十位爷爷奶奶竟然没有一个人听说过，更不要说使用了。

我们参与的银龄学堂（属于腾讯银龄计划的一部分）也遭遇了同样的冷落。接到腾讯研究院的邀请后，我们在前期学术研究发现的基础上，按照入门课—技能课—进阶课的思路，设计了 10 堂手机教学专题课，涵盖手机设置、谣言识别、防诈骗、微信、打车挂号、买菜网购、全民 K 歌、短视频制作、新科技等众多数字化生活场景，利用示范操作、角色扮演、诀窍总结等多种方式，拍摄了 10 个教学专题短片，于 2021 年 9 月上线。尽管整个筹备和拍摄过程费时费力，但上线后观看量却并不理想。后来我们在给老年人上手机课的时候，当场播放这些视频，老年人纷纷表示："这个教学效果好，要是我早一点看到就好了！"创新扩散论把新技术/观念的扩散分为五个阶段：获知—说服—决定—采纳—确认。而这一切必须发生在目标群体中才有价值。遗憾的是，数字适老各项举措的宣传大部分停留在宣传稿中，几乎没有触达老年群体，又何谈推广使用呢？

第五，"两条腿"一高一低走不稳，老年人的"数字断连"权利理应得到充分的尊重与考量。工信部一再强调要"两条腿"走路，但在实践过程中，数字化这条腿迈得又高又快，而非数字化这条腿却步履蹒跚。在数字融入这条主干道之外，非数字化的小路很难走通。我们不妨回过头去看看表 5-1，数据显示互联网在老年人中的普及速度一直都比较缓慢，在 2020 年以前，每年的增速都在 6 个百分点内。然而，2020 年却大幅飙升，从 2019 年的 24.0% 提升到 42.0%，在这一年，将近 5000 万老年人涌入了数字化世界。导致这一现象的真实原因，不是老年人突然"觉悟"了，而是疫情把"衣食住行"各个方面的非数字化道路堵塞了，他们不得不上网。2021 年老年人的上网率仅提高 1.2 个百分点。增速大幅回落，这说明疫情带来的刺激已经失效，仍有半数以上（56.8%）的老人在未来较长时期内会在非数字化的羊肠小道上艰难地行走。其中就包含大量的农村老人，以及生活在城市中的高龄、失能、空巢老人，数字断连是他们的生活常态。

事实上，对于老年人来说，非数字化才是他们最熟悉、最自在、最喜欢的生活方式，理应成为主流的选项。但是，在国家的顶层设计和行业的发展规划中，非数字化的"兜底"服务永远是非主流的、亡羊补牢、雪中送炭的选项。按照"兜底"的思维提供公共服务，结果就很有可能兜不住底。2022 年多地发生疫情，很多居民的生活必需品需要在网上抢购。老年人或者没有智能手机，或者有也不知道怎么抢购，或者知道怎么抢购但手速拼不过年轻人，总而言之，在这样的非常时期，数字化选项对老年人非常不友好。而各级政府部门此时又忙于防疫工作，无暇、无心也无力提供针对老年人的非数字化"兜底"服务。

第三节　从国事回归到家事

老年人的数字融入可以被视作数字化时代的一系列"养老"难题中的一个。这些年，在养老这件事情上，我们也经历了从家事上升到国事，然后又从国事回归到家事的循环。作为一项制度化传统，"家庭养老"的做法在 20 世纪末开始动摇（穆光宗，2000）。现代社会人均寿命显著延长，生育率则显著降低，人口流动性显著增强，"少子女空巢老龄化"大大地削弱了家庭养老的功能。为了改变人们"养儿防老"观念、推行计划生育政策，国家曾经承诺"只生一个好，政府来养老"。但此后的几十年实践证明，脱离家庭的养老既不现实，也不人道。说它不现实，是因为随着人口老龄化的加剧，国家不可能动员和调配足够的社会资源为全体国民提供养老服务；说它不人道，是因为对于大部分中国人（尤其是老年人）来说，家是他们念兹在兹的出发点和落脚点，感受不到家庭温暖的养老是非常残忍的。

人口学和社会学的学者普遍认为，在解决老龄化这个现代化难题时，不能掉入"非中国化"的陷阱，不能在现代化的过程中丧失民族归属感。随着家庭规模变小、代数变少，包括养老在内的部分家庭功能社会化已经是大势所趋。但是,"中国的现代化历程是一个高度浓缩的急促过程,得以动摇家庭观念的社会福利和公共资源尚未得到有效准备,传统的家庭观念尚未受到本质性的消解"(杨菊华、何炤华,2014:50)。通过完善社会保障制度,政府承担起越来越多的养老职能,但社会养老并不能完全替代家庭养老。因为如果"忽略了家庭在养老中的作用,其结果不仅仅是放弃了家庭的部分职能,更为重要的是也就等于放弃了中国传统文化中的部分精华所在"(钟永圣、李增森,2006:55)。"传统文化往往有其穿透历史烟云的核心价值",在中国应对老龄化的国家战略中,"家庭始终是一个基本的单位"(穆光宗、张团,2011:35-36)。

正因如此,在近年来出台的养老政策文件中,家庭的不可替代性被反复提及。在 2019 年 11 月发布的《国家积极应对人口老龄化中长期规划》明确指出,要"构建家庭支持体系,建设老年友好型社会,形成老年人、家庭、社会、政府共同参与的良好氛围"。2021 年 11 月发布的《中共中央国务院关于加强新时代老龄工作的意见》对此进行了详细的论述:

> 注重发挥家庭养老、个人自我养老的作用,形成多元主体责任共担、老龄化风险梯次应对、老龄事业人人参与的新局面……地方政府负责探索并推动建立专业机构服务向社区、家庭延伸的模式……发展"互联网+照护服务",积极发展家庭养老床位和护理型养老床位,方便失能老年人照护……发挥老年人在家庭教育、家风传承等方面的积

极作用……指导各地结合实际出台家庭适老化改造标准，鼓励更多家庭开展适老化改造……鼓励成年子女与老年父母就近居住或共同生活，履行赡养义务、承担照料责任。

2022年2月国务院发布的《"十四五"国家老龄事业发展和养老服务体系规划》特别强调，中国"历史悠久的孝道文化"是解决人口老龄化问题的关键所在。由此可见，积极应对人口老龄化的前提，就是要有中国特色。同样地，老年数字融入的解决方案，也必须生发于中国的文化土壤，具有鲜明的中国特色。到目前为止，政府出台的数字适老政策、企业推出的数字适老服务，遵循的是一种自上而下的外部推动逻辑，忽视了自下而上的内部自发力量。我们自2012年以来的研究发现则揭示出老年数字融入的另一条路径：首先是（孙）儿女对（祖）父母进行家庭数字反哺实践，然后像"涟漪"一样逐渐辐射到社区乃至城市和国家，形成"老吾老以及人之老"的社会数字反哺氛围。相较于自上而下的数字适老路径，这种自下而上的数字反哺路径显然更灵活、更具体、更具有可持续性、更能形成绵延不绝的内生性力量。

自下而上的数字反哺路径之所以走得通，是因为共同的文化价值观能让数字反哺走出家庭，成为社会共识，这一点在上海疫情期间的社区反哺中得到充分的证明。2022年3月，上海疫情突袭而至。作为中国最早迈入老龄化社会的城市之一，上海60岁及以上老年人口约为581.50万人，占总人口的35.2%。其中，独居老年人数达到31.74万人，孤寡老年人数为2.49万人。他们大部分不会上网，不知道该如何抢菜、买药、做核酸。

作为社会公共服务的非数字化"兜底"服务非常稀缺，自上而下的数字适老路径举步维艰。然而，令人惊讶和感动的是，许多年轻人主动寻找需要帮助的老人，利用自己熟练掌握的数字技能为老人们提供各种帮助。2022 年 4 月 11 日，"每日人物"公众号的推文《31 万上海独居老人，和帮助他们的年轻人》一经发布就立刻占领朋友圈。从留言区可以看到，大家产生共鸣的逻辑在于，对别人的父母进行数字反哺，其意义等同于对自己的父母进行数字反哺。比如网友"遇见苹果"所言："每个人都变成了一道光，照亮了我们父辈的心灵。"网友"睡觉还吃糖"则表示："大道之行也，故人不独亲其亲，不独子其子，鳏寡孤独废疾者皆有所养。我们帮助别人，是希望如果有一天我的父母孩子遇到困难，我过不去，也有人可以帮助他们。"

更进一步，网友"小红帽"表示："原来我们在这（件）事里完成了代际了解和理解。"我们之前的研究数据已经证明，数字反哺能够增进家庭内部的代际关系，上海案例则表明，数字反哺同样能够实现社会层面的代际和解。的确，疫情发生以来，原本被遮蔽的老年数字困境被越来越多的年轻人注意到，引发他们的同情，促成他们的反哺，原本尖锐的代际矛盾（曾经有一段时间，老年人成为年轻人在互联网上"群嘲"的对象）有所缓和。作为一种互动型实践，数字反哺的社会意义不仅限于帮助老年人适应数字化社会，更在于帮助年轻人形成积极正面的"老化"想象、建构健康和谐的代际关系，在急遽变迁的社会中实现文化传承。

第四节　老年数字融入的中国路径

　　综合以上分析，我们认为老年数字融入的中国路径应该如图 11-1 所示，以自下而上的数字反哺为民间依托，以自上而下的数字适老为顶层设计，两条路径并行的同时，通过老年大学、社会公益组织、互联网自组织等众多中转站交叉互融，将家庭、社会和政府的力量汇聚在一起，确保老年人无论是选择进入数字世界，还是继续留在非数字世界，都能有路可走，且越走越宽。

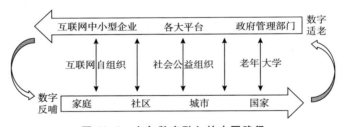

图 11-1　老年数字融入的中国路径

本章小结

　　近年来，老年数字融入从家事上升到国事，国家出台了一系列政策，旨在推动探索自上而下的解决方案。工信部启动的数字适老化改造专项行动得到互联网企业的积极响应，腾讯、阿里巴巴、百度、字节跳动推出一系列数字适老专项服务。尽管投入了大量人力、物力和财力，但数字适老的总体效果可谓

"雷声大雨点小"，真正从中获益的老人非常有限。我们认为，数字适老"运动"只能取得短期效果，不能作为一种常规化治理和长效化运行机制；亟须引入市场的力量，刺激数字适老产品和服务的需求和供给；对于平台来说，仍需要在政策驱动、利益驱动和社会责任驱动之间找到微妙的平衡；而最为关键的是，要让数字适老产品和服务走出宣传稿，被它的目标人群（老年人）知悉并使用；与此同时，应该尊重老年人的数字断连权利，让非数字化服务不限于"兜底"，而是成为老年公共服务的必备选项。

面对老龄化的挑战，学界和政府部门已有定论，那就是要从中国传统文化中寻找解决方案。同理，老年数字融入也理应从中国特色出发，探索中国路径。我们认为，应该以数字反哺为依托，从家庭辐射到社区乃至城市和国家，达成数字时代的"老吾老以及人之老"的社会新共识。自下而上的数字反哺不仅能填补政策和企业力量所不能到达的空白地带，更重要的是，作为一种互动型实践，它能够缓和由来已久的代际矛盾，促进社会和谐。因此，我们提出，要以自下而上的数字反哺为民间依托，以自上而下的数字适老为顶层设计，两者借助社会中间组织交叉互融，将家庭、社会和政府的力量汇聚在一起，铺就老年数字融入的中国路径。

参考文献

数字代沟与数字反哺

中文：

安利利、王兆鑫，2020，《孝道与平权：数字鸿沟中的文化反哺与再哺育——大学生与父母在微信平台上的亲子关系研究》，《中国青年社会科学》第4期。

鲍谧清、阮海莹，2014，《老年人主观幸福感与社会支持的相关性》，《中国老年学杂志》第19期。

《北京青年报》，1999，《网上生活72小时——目击中国首次网络生存测试》，9月8日，第12版。

边馥琴、约翰·罗根，2001，《中美家庭代际关系比较研究》，《社会学研究》第2期。

薄雯雯，2019，《中国老年人媒介形象研究——以@梨视频为例》，硕士学位论文，北京外国语大学。

卜卫，2014，《"认识世界"与"改造世界"——探讨行动传播研究的概念、方法论与研究策略》，《新闻与传播研究》第12期。

蔡珂，2018，《拟态环境下老年群体媒介形象研究》，《新乡学院学报》第 8 期。

蔡琰、臧国仁，2012，《老人传播：理论、研究与教学实例》，台北：五南图书出版公司。

蔡琰、臧国仁，2007，《老人传播研究之回顾与展望——以"老人传播研究群"为例》，《西南民族大学学报》（人文社科版）第 1 期。

曹广伟、宋丽娜，2009，《乡村社会变迁中的代沟问题——以电视为切入点》，《当代青年研究》第 1 期。

常芳菲，2022，《老年人困住老红书》，"每日人物"微信公众号，https：//mp. weixin. qq. com/s/S2X0W_BE－yANiQDM-jFKLVg，最后访问日期：2022 年 11 月 30 日。

陈勃、欧阳珊，2005，《老年人口变化对传媒接触需求的影响——基于代群效应的预测分析》，《南昌大学学报》（人文社会科学版）第 3 期。

陈芳烈，1996，《席卷全球的数字浪潮》，《知识就是力量》第 9 期。

陈芳、余晓洁、鹿永建，2017，《高铁、网购、支付宝、共享单车成中国"新四大发明"——标注中国 启示世界》，《重庆与世界》第 18 期。

陈建功、李晓东，2014，《中国互联网发展的历史阶段划分》，《互联网天地》第 3 期。

陈力丹、金灿，2015，《论互联网时代的数字鸿沟》，《新闻爱好者》第 7 期。

陈锐、王天，2010，《老年人网络使用行为探析》，《新闻世界》第 2 期。

参考文献

陈月华、兰云，2010，《基于中国文化的老年群体媒介诉求分析》，《现代传播》（中国传媒大学学报）第9期。

陈云松、朱灿然、张亮亮，2017，《代内"文化反授"：概念、理论和大数据实证》，《社会学研究》第1期。

陈正良，2005，《"文化反哺"现象及社会意义探析》，《宁波大学学报》（人文科学版）第1期。

程名望、张家平，2019，《互联网普及与城乡收入差距：理论与实证》，《中国农村经济》第2期。

程云飞、李姝、熊晓晓、陈功，2018，《"数字鸿沟"与老年人自评健康——以北京市为例》，《老龄科学研究》第3期。

楚亚杰，2020，《人们为何相信不实信息：科学传播视角下的认知偏差与信息鉴别力研究》，《新闻大学》第11期。

崔烨、靳小怡，2015，《亲近还是疏离？乡城人口流动背景下农民工家庭的代际关系类型分析——来自深圳调查的发现》，《人口研究》第3期。

党俊武，2019，《老年学的拓升与老龄科学中国学派的建构》，《老龄科学研究》第5期。

登尔，1997，《渴望数字化生活》，《中国科技信息》第11期。

邓蔚、汪明香，2015，《老龄化传播中数字鸿沟的成因及对策》，《中国广播》第1期。

丁开杰，2009，《消除数字鸿沟：社会融合视角》，《当代世界与社会主义》第3期。

丁未，2014，《流动的家园："攸县的哥村"社区传播与身份共同体研究》，社会科学文献出版社。

丁未，2009，《新媒体与赋权：一种实践性的社会研究》，《国际新闻界》第 10 期。

丁未、张国良，2001，《网络传播中的"知沟"现象研究》，《现代传播》第 6 期。

丁元竹，2021，《构建中国特色基层社会治理新格局：实践、理论和政策逻辑》，《行政管理改革》第 11 期。

丁卓菁，2016，《老人传播学研究现状》，《中国老年学杂志》第 21 期。

丁卓菁、沈勤，2017，《新媒体对城市老人社会适应的影响——以上海老人为例》，《当代传播》第 5 期。

丁卓菁，2012，《新媒体环境下老年群体媒介素养教育探讨》，《新闻大学》第 3 期。

杜鹏、韩文婷，2021，《互联网与老年生活：挑战与机遇》，《新华文摘》第 18 期。

厄里，约翰，2009，《全球复杂性》，李冠福译，朱红文校，北京师范大学出版社。

方惠、曹璞，2020，《融入与"断连"：老年群体 ICT 使用的学术话语框架分析》，《国际新闻界》第 3 期。

方俊，2016，《"代问题"与"代沟"：青年研究的理论基础》，《中国青年研究》第 3 期。

方兴东、钟祥铭，2021，《互联网平台反垄断的本质与对策》，《现代出版》第 2 期。

方兴东、钟祥铭、彭筱军，2019，《全球互联网 50 年：发展阶段与演进逻辑》，《新闻记者》第 7 期。

费孝通，1983，《家庭结构变动中的老年赡养问题——再论中国家庭结构的变动》，《北京大学学报》（哲学社会科学版）

　　第 3 期。

费孝通，1999，《生育制度》，商务印书馆。

费孝通，2008，《乡土中国》，人民出版社。

风笑天，1994，《独生子女家庭——一种新的生活方式》，《社会科学辑刊》第 5 期。

冯剑侠、李兴睿，2017，《数字鸿沟：我国少数民族妇女与汉族妇女互联网使用的差异分析》，《民族学刊》第 4 期。

冯仕政，2021，《社会治理与公共生活：从连结到团结》，《社会学研究》第 1 期。

冯涛、顾明栋，2019，《莫道桑榆晚，人间重晚情——中西思想和文学中的老年主体性建构》，《学术研究》第 9 期。

符欣蕾，2015，《互联网对中国家庭社会交往形态的再造》，《新闻世界》第 6 期。

付立宏，2003，《关于数字鸿沟的几个问题》，《图书情报知识》第 2 期。

盖龙涛，2016，《国内"老年与电视"研究综述》，《中国广播电视学刊》第 9 期。

盖龙涛，2018，《积极老龄化视域下的我国电视节目惠老发展探究》，《当代电视》第 3 期。

盖龙涛、刘懿莹、黄子珺，2017，《三网融合进程中的老年人与新媒体》，《中国老年学杂志》第 13 期。

甘勇灿、盖龙涛，2013，《"三网融合"进程中老年群体网络媒介使用行为调查——以哈尔滨地区为例》，《新闻传播》第 9 期。

高萍，2015，《当代媒介素养十讲》，中国人民大学出版社。

工业和信息化部，2021，《如何解决老年人应用智能技术困难问题？如何推进信息无障碍建设？工业和信息化部介绍有关情况》，https：//www. miit. gov. cn/gzcy/zbft/art/2021/art_abdb5afb6b0b4372bf31992bdcec4ed7. html，最后访问日期：2022 年 4 月 19 日。

弓丽娜，2004，《现代社会的青年"文化反哺"现象》，《兰州学刊》第 4 期。

公文，2018，《触发与补偿：代际关系与老年人健康信息回避》，《国际新闻界》第 9 期。

关颖，2008，《家庭代际关系：抚养与赡养》，载徐春莲主编《屋檐下的宁静变革——中国家庭 30 年》，广东高等教育出版社。

郭爱妹、石盈，2006，《"积极老龄化"：一种社会建构论观点》，《江海学刊》第 5 期。

郭浪栈，2016，《互联网技术与家庭关系变革》，《青年记者》第 11 期。

郭庆婧，2004，《回首中国互联网发展：回归理性，浴火重生》，新浪网，https：//tech. sina. com. cn/i/w/2004 - 09 - 01/1511416689. shtml? from = wap，最后访问日期：2022 年 4 月 25 日。

郭镇之、孟伦，2013，《老龄化传播研究的新取向》，《新闻战线》第 5 期。

国家统计局，2023，《2022 年，中国人口负增长》，http：//www. stats. gov. cn/sj/ndsj/2021/indexch. htm，最后访问日期：2023 年 6 月 26 日。

国务院，2022，《国务院关于印发"十四五"国家老龄事业发展和养老服务体系规划的通知》，中国政府网，http://www.gov.cn/zhengce/content/2022-02/21/content_5674844.htm，最后访问日期：2022年3月25日。

何铨、张湘笛，2017，《老年人数字鸿沟的影响因素及社会融合策略》，《浙江工业大学学报》（社会科学版）第4期。

何志武、吴瑶，2015，《媒介情境论视角下新媒体对家庭互动的影响》，《编辑之友》第9期。

贺建平、黄肖肖，2020，《城市老年人的智能手机使用与实现幸福感：基于代际支持理论和技术接受模型》，《国际新闻界》第3期。

洪杰文、李欣，2019，《微信在农村家庭中的"反哺"传播——基于山西省陈区村的考察》，《国际新闻界》第10期。

胡安安、黄丽华、许肇然，2017，《智慧老龄化消弭"银色"数字鸿沟》，《上海信息化》第10期。

胡鞍钢、周绍杰，2002，《新的全球贫富差距：日益扩大的"数字鸿沟"》，《中国社会科学》第3期。

胡晓，2020，《老年群体网络媒介形象的污名化研究——以新浪微博为例》，硕士学位论文，电子科技大学。

胡延平，2002，《跨越数字鸿沟——面对第二次现代化的危机与挑战》，社会科学文献出版社。

胡泳，2019，《胡泳丨"科技向善"：腾讯的三重冒险——一论科技向善》，https://baijiahao.baidu.com/s？id=1639671514442512090&wfr=spider&for=pc，最后访问日期：2022年9月2日。

胡湛、彭希哲，2019，《对人口老龄化的再认识及政策思考》，《中国特色社会主义研究》第 5 期。

黄志坤、李长灿、潘佩君，2016，《家庭代间网络反哺现象之研究：长辈观点》，《静宜人文社会学报》第 7 期。

黄志坤、李长灿、王明凤，2014，《祖孙代间家庭网路反哺与阻碍因素之调查研究》，《高雄师大学报》（自然科学与科技类）第 37 期。

黄钟军、潘路路，2018，《从中老年表情包看网络空间的群体身份区隔》，《现代传播》（中国传媒大学学报）第 4 期。

贾贞，2020，《老年人微信朋友圈的自我呈现及影响因素研究——以南昌市为例》，硕士学位论文，南昌大学。

江宇，2008，《家庭社会化视角下媒介素养影响因素研究——以南宁市中学生及其父（母）媒介素养调查为个案》，博士学位论文，中国传媒大学。

江宇，2009，《媒介素养家庭培育对策刍议》，《新闻知识》第 11 期。

姜向群，2010，《年龄歧视与老年人虐待问题研究》，中国人民大学出版社。

蒋俏蕾、黄悦鑫、张晶，2020，《老年人健康传播研究：热点与趋势——基于 1997—2019 年中外文献的比较分析》，《新闻与写作》第 9 期。

蒋逸民，2011，《自我民族志：质性研究方法的新探索》，《浙江社会科学》第 4 期。

金兼斌，2003，《数字鸿沟的概念辨析》，《新闻与传播研究》第 1 期。

景义新、孙健，2020，《数字化、老龄化与代际互动传播——视听新媒体环境下的数字反哺分析》，《当代传播》第4期。

卡斯特，曼纽尔，2006，《认同的力量》，曹荣湘译，社会科学文献出版社。

卡斯特，曼纽尔，2001，《网络社会的崛起》，夏铸九、王志弘译，社会科学文献出版社。

卡斯特，曼纽尔，2003，《信息时代三部曲：经济、社会与文化（第一卷）网络社会的崛起》，夏铸九、王志弘等译，社会科学文献出版社。

康岚，2009a，《反馈模式的变迁：代差视野下的城市代际关系研究》，博士学位论文，上海大学。

康岚，2009b，《论中国家庭代际关系研究的代差视角》，《中国青年研究》第3期。

柯惠新、王锡苓，2005，《亚太五国/地区数字鸿沟及其影响因素分析》，《现代传播》（中国传媒大学学报）第4期。

匡文波、郭育丰，2012，《微博时代下谣言的传播与消解——以"7·23"甬温线高铁事故为列》，《国际新闻界》第2期。

匡文波、武晓立，2021，《重大公共卫生事件中网络谣言传播模型构建与信息治理——基于对新型冠状病毒肺炎的谣言分析》，《现代传播》（中国传媒大学学报）第10期。

李彪，2020，《数字反哺与群体压力：老年群体微信朋友圈使用行为影响因素研究》，《国际新闻界》第3期。

李甽伟，2011，《中国城市老人社区照顾综合服务模式的探索》，社会科学文献出版社。

李博，2016，《大学生亲子世代微信使用的数字代沟与反哺》，硕士学位论文，深圳大学。

李成波、陈子祎，2019，《我国老年人媒介形象的建构及存在的问题》，《青年记者》第 3 期。

李红艳，2022，《流动的边界：基于 100 个家庭的媒介社会学研究》，中国人民大学出版社。

李金城，2017，《媒介素养测量量表的编制与科学检验》，《电化教育研究》第 5 期。

李晶，2019，《老龄社会背景下的老龄社会学研究》，《老龄科学研究》第 4 期。

李凌凌、郭晨，2016，《后喻文化：信息时代的文化反哺》，《新闻爱好者》第 1 期。

李强，2008，《中国社会变迁 30 年（1978-2008）》，社会科学文献出版社。

李秋洪，1991，《青年社会化研究的新课题》，《青年探索》第 6 期。

李升，2006，《"数字鸿沟"：当代社会阶层分析的新视角》，《社会》第 6 期。

李颖，2021，《互联网应用适老化改造 弥合数字鸿沟助力数字养老》，《中国人力资源社会保障》第 12 期。

林宝，2021，《积极应对人口老龄化：内涵、目标和任务》，《中国人口科学》第 3 期。

林枫、周裕琼、李博，2017，《同一个家庭不同的微信：大学生VS 父母的数字代沟研究》，《新闻大学》第 3 期。

林如萍，2014，《疏离的世代——不同住世代之代际交换分析》，载陈午晴、汪建华《家庭与性别研究评论》第 5 辑。

林晓珊，2005，《论后喻时代青年文化的发展》，《内蒙古社会科学》（汉文版）第3期。

刘长城，2010，《网络时代的后喻文化特征与亲子互动方式的转变》，网络时代的青少年和青少年工作研究报告——第六届中国青少年发展论坛暨中国青少年研究会，长沙。

刘德寰，2007，《年龄论——社会空间中的社会时间》，中华工商联合出版社。

刘桂莉，2005，《眼泪为什么往下流？——转型期家庭代际关系倾斜问题探析》，《南昌大学学报》（人文社会科学版）第6期。

刘宏森，2013，《社会青年化的趋势与现实解读》，《当代青年研究》第5期。

刘鸣筝、董岳，2019，《老年人的媒介使用与主观幸福感间的关系研究——基于CGSS2015的实证分析》，《东岳论丛》第7期。

刘鸣筝、孔泽鸣，2017，《媒介素养视阈下公众谣言辨别能力及其影响因素的实证研究》，《新闻大学》第4期。

刘汶蓉，2012，《反馈模式的延续与变迁：一项对当代家庭代际支持失衡的再研究》，上海社会科学院出版社。

刘汶蓉，2021，《活在心上：转型期的家庭代际关系与孝道实践》，上海人民出版社。

刘晓梅，2012，《我国社会养老服务面临的形势及路径选择》，《人口研究》第5期。

卢峰，2015，《媒介素养之塔：新媒体技术影响下的媒介素养构成》，《国际新闻界》第4期。

卢泰宏、杨晓燕、张红明，2005，《消费者行为学：中国消费者透视》，高等教育出版社。

鲁尔，詹姆斯，1990，《世界文化中的家庭与电视》，《国际新闻界》第 2 期。

陆杰华、刘芹，2021，《中国老龄社会新形态的特征、影响及其应对策略——基于"七普"数据的解读》，《人口与经济》第 5 期。

陆杰华、韦晓丹，2021，《老年数字鸿沟治理的分析框架、理念及其路径选择——基于数字鸿沟与知沟理论视角》，《人口研究》第 3 期。

陆瑶、王思宇，2018，《真人表情包使用对代际沟通感知的影响研究》，《东南传播》第 2 期。

路双嘉、鲍林林、林培英，2012，《初探"文化反哺"现象在家庭环境教育领域的体现》，《首都师范大学学报》（自然科学版）第 8 期。

马春华，2016，《中国城市家庭亲子关系结构及社会阶层的影响》，《社会发展研究》第 3 期。

梅罗维茨，约书亚，2002，《消失的地域：电子媒介对社会行为的影响》，肖志军译，清华大学出版社。

蒙克、马婷婷，2022，《"坏用户"还是"坏厂商"：互联网应用适老化设计为何缺乏市场回应?》，《装饰》第 5 期。

米德，玛格丽特，1988，《代沟》，曾胡译，光明日报出版社。

米德，玛格丽特，1987，《文化与承诺》，周晓虹、周怡译，河北人民出版社。

莫郅骅，2022，《年轻志愿者邓健宁：凌晨 6 点，我在荔湾管控

区帮老人网购买菜》，腾讯网，https：//new. qq. com/rain/a/
20221113A079C700，最后访问日期：2022 年 11 月 19 日。

穆光宗、张团，2011，《我国人口老龄化的发展趋势及其战略应
对》，《华中师范大学学报》（人文社会科学版）第 5 期。

穆光宗，2000，《中国传统养老方式的变革和展望》，《中国人民
大学学报》第 5 期。

南方网，2020，《广州 89 岁奶奶做 up 主走红：讲述逃婚经历，认
为女性应该保持自我》，https：//news. southcn. com/node_
17a07e5926/3274df0e77. shtml，最后访问日期：2022 年 5 月
2 日。

尼葛洛庞帝，尼古拉，1997，《数字化生存》，胡泳、范海燕译，
海南出版社。

农业农村部信息中心，2021，《2021 全国县域数字农业农村电子
商务发展报告》，中国政府网，https：//www. gov. cn/
xinwen/2021 － 09/11/5636759/
files/55ff71aa99934732ad1e285adc65
ec42. pdf，最后访问日期：2022 年 4 月 28 日。

潘君豪、杨一帆，2020，《老年数字贫困的韧性治理研究》，
《老龄科学研究》第 2 期。

潘曙雅、邱月玲，2021，《"银色数字鸿沟"的形成及弥合——
基于 2001~2019 年的文献梳理和理论透视》，《新闻春秋》
第 1 期。

潘曙雅，2016，《网络社区使用对老年人群拓展社会关系和社会
扶持的影响（英文）》，《国际新闻界》第 1 期。

潘新、陈东兴，2016，《漳州市新闻工作者的数字鸿沟调查》，

《东南传播》第 9 期。

潘允康,2019,《社会变迁中的家庭:家庭社会学》,天津社会
　　科学院出版社。

彭兰,2015,《文化隔阂:新老媒体融合中的关键障碍》,《国
　　际新闻界》第 12 期。

彭希哲、胡湛,2011,《公共政策视角下的中国人口老龄化》,
　　《中国社会科学》第 3 期。

澎湃新闻,2021,《快告诉爸妈!微信支付"长辈无忧专线"
　　来了,60 岁以上可享一对一客服》,https://m.thepaper.cn/
　　baijiahao_13448266,最后访问日期:2022 年 1 月 10 日。

澎湃新闻,2020a,《老年人网络生活报告:部分人或患网络孤
　　独症,日在线超十小时》,"澎湃新闻"百家号,https://
　　baijiahao.baidu.com/s? id = 1681302414796419983&wfr =
　　spider&for=pc,最后访问日期,2022 年 10 月 22 日。

澎湃新闻,2020b,《没有手机无绿码"徒步千里"安徽大爷已
　　回村,实系乘火车到浙》,"澎湃新闻"百家号,https://
　　baijiahao.baidu.com/s? id = 1670268838925551406&wfr =
　　spider&for=pc,最后访问日期:2022 年 9 月 21 日。

澎湃新闻,2022,《农村电商新篇章解读!2021 年全国农村网
　　络零售额达 2.05 万亿元,社区团购占比 1205 亿》,
　　https://m.thepaper.cn/baijiahao_20495994,最后访问日
　　期:2022 年 11 月 2 日。

戚攻,2003,《网络社会的本质:一种数字化社会关系结构》,
　　《重庆大学学报》(社会科学版)第 1 期。

邱泽奇、张樹沁、刘世定,2016,《从数字鸿沟到红利差异——

互联网资本的视角》，《中国社会科学》第 10 期。

饶权、克里斯汀·麦肯齐、杰拉德·莱特纳、陈超、吴建中、于良芝、阿曼达·里德、金·汤普森、肖珑、金武刚、吴丹、刘静，2021，《弥合数字鸿沟 促进数字包容：信息社会中图书馆的新使命》，《图书馆杂志》第 2 期。

深圳大学数字代沟与数字反哺课题组、腾讯研究院，2018，《吾老之域：老年人微信生活与家庭微信反哺》。

深圳市统计局、国家统计局深圳调查队，2016，《深圳统计年鉴2015》，深圳政府在线，http：//www. sz. gov. cn/cn/xxgk/zfxxgj/tjsj/tjnj/content/post_1347287. html，最后访问日期：2018 年 1 月 15 日。

深圳市网络媒体协会，2010，《2010 年深圳市互联网应用暨网络媒体发展研究报告》，https：//ishare. iask. sina. com. cn/f/ivYOYTi3ki. html，最后访问日期：2022 年 3 月 12 日。

沈奕斐，2013，《个体家庭 iFamily：中国城市现代化进程中个体、家庭与国家》，上海三联书店。

石国亮，2009，《从网络语言看青年文化的反哺功能》，《中国青年研究》第 7 期。

世界卫生组织，2015，《关于老龄化与健康的全球报告》，https：//www. doc88. com/p-0971726103782. html，最后访问日期：2021 年 9 月 12 日。

宋红岩，2016，《"数字鸿沟"抑或"信息赋权"？——基于长三角农民工手机使用的调研研究》，《现代传播》（中国传媒大学学报）第 6 期。

宋强，2012，《新媒体环境下网络"技术反哺"现象的研究》，

http：//media. people. com. cn/n/2012/1107/c150617-1952
0540. html，最后访问日期：2022 年 3 月 2 日。

孙帅，2019，《从数字鸿沟的发展形态解析网络阶层分化》，
《新媒体研究》第 22 期。

孙玮，2015，《微信：中国人的"在世存有"》，《学术月刊》
第 12 期。

孙向晨，2019，《论家：个体与亲亲》，华东师范大学出版社。

孙信茹，2018，《手机拍照、社会参与及主体建构——基于一个
城市中老年女性群体的观察》，《现代传播》第 2 期。

孙云晓、康丽颖等，1998，《向孩子学习》，云南少年儿童出
版社。

唐丹、陈章明，2011，《相同生活背景下老年人心理健康的性别
差异及年龄相关变化》，《中国老年学杂志》第 1 期。

唐乐水，2020，《代际之役：新冠疫情家庭冲突场景的叙事分
析》，《当代青年研究》第 3 期。

腾讯，2015，《腾讯发布 2015 微信用户数据报告》，https：//
ishare. iask. sina. com. cn/f/2YexpkxOu73. html，最后访问日
期：2018 年 4 月 12 日。

腾讯，2017，《2017 腾讯公司谣言治理报告》，https：//
www. docin. com/p-2063066589. html，最后访问日期：2018
年 5 月 6 日。

腾讯研究院，2018，《中国"互联网+"指数报告（2018）》，
http：//plus. tencent. com/detailnews/1150，最后访问日期：
2021 年 12 月 15 日。

田中全、邓楠，2022，《App 适老化改造为何走形却不走心》，

《科技日报》2月10日第6版。

万丽慧、刘杰、文璇，2018，《青少年文化反哺：重新审视家庭场域内的交流与教育——青少年家庭内数字代沟与文化反哺的量化考察》，《浙江传媒学院学报》第3期。

汪露，2010，《刻板印象与老年传播》，新华出版社。

汪明峰，2005，《互联网使用与中国城市化——"数字鸿沟"的空间层面》，《社会学研究》第6期。

王斌，2019，《数字化代际冲突：概念、特征及成因》，《当代青年研究》第1期。

王灿发，2010，《突发公共事件的谣言传播模式建构及消解》，《现代传播》（中国传媒大学学报）第6期。

王凡，2005，《文化反哺：新时期青年文化的社会功能》，《思想·理论·教育》第17期。

王杰，2022，《数字产品适老化评估体系研究》，《老龄科学研究》第4期。

王莉莉，2011，《中国老年人社会参与的理论、实证与政策研究综述》，《人口与发展》第3期。

王培刚，2007，《进城农民工家庭中文化反哺的基本内容和社会成因》《中国青年研究》第3期。

王萍，2010，《新媒介使用对老年人生活质量的影响》，《理论界》第10期。

王倩、于风，2017，《奥尔波特和波斯特曼谣言传播公式的改进及其验证：基于东北虎致游客伤亡事件的新浪微博谣言分析》，《国际新闻界》第11期。

王树新、马金，2002，《人口老龄化过程中的代际关系新走向》，《人口与经济》第 4 期。

王嵩音，2019，《虽远似近——亲子关系维系与沟通管道之分析》，《传播与社会学刊》第 47 期。

王维佳、周弘，2021，《规制与扩张的"双向运动"：中国平台经济的演进历程》，《新闻与传播研究》第 S1 期。

王蔚，2017，《听障者手机使用的数字鸿沟研究》，《东南传播》第 1 期。

王蔚，2020，《微信老年用户的健康信息采纳行为研究》，《国际新闻界》第 3 期。

王炎龙、王石磊，2021，《"驯化"微信群：年长世代构建线上家庭社区的在地实践》，《新闻与传播研究》第 5 期。

王艳，2019，《移动连接与"可携带社群"："老漂族"的微信使用及其社会关系再嵌入》，《传播与社会学刊》第 47 期。

王怡红，2006，《关系传播理论的逻辑解释——兼论人际交流研究的主要对象问题》，《新闻与传播研究》第 2 期。

王亿本，2011，《中国老人传播研究二十年（1990-2010）发展状况述评》，《编辑之友》第 7 期。

王颖，2015，《社会性别视角下老年群体社会支持现状和需求研究——基于第三期中国妇女社会地位调查数据》，《老龄科学研究》第 4 期。

王跃生，2008，《中国家庭代际关系的理论分析》，《人口研究》第 4 期。

韦路、李贞芳，2009，《新旧媒体知识沟效果之比较研究》，《浙江大学学报》（人文社会科学版）第 5 期。

韦路、谢点，2015，《全球数字鸿沟变迁及其影响因素研究——

基于 1990-2010 世界宏观数据的实证分析》,《新闻与传播研究》第 9 期。

韦路、张明新,2006,《第三道数字鸿沟:互联网上的知识沟》,《新闻与传播研究》第 4 期。

韦路、张明新,2007,《数字鸿沟、知识沟和政治参与》,《新闻与传播评论》第 1 期。

魏澜、张乐天,2021,《家庭本位的"关系"实践:私人书信中的家庭主义图像(1972—1995 年)》,《社会》第 2 期。

魏蒙、姜向群,2014,《老龄化背景下老年人与传媒关系文献研究述评》,《老龄科学研究》第 11 期。

邬沧萍,1999,《社会老年学》,中国人民大学出版社。

邬沧萍、王琳、苗瑞凤,2004,《中国特色的人口老龄化过程、前景和对策》,《人口研究》第 1 期。

吴翠珍、陈世敏,2007,《媒介素养教育》,台湾:巨流图书股份有限公司。

吴丹、蔡磊,2005,《文化反哺与代际传承模式的更新》,《高教研究》第 10 期。

吴帆,2008,《认知、态度和社会环境:老年歧视的多维解构》,《人口研究》第 4 期。

吴静,2018,《论微信群对中国家庭权力关系的重构》,《现代传播》(中国传媒大学学报)第 3 期。

吴静、孙媛、李华博,2019,《谣言在老年易感群体中的传播研究:信息、渠道与受众》,《青岛科技大学学报》(社会科学版)第 3 期。

吴静,2022,《突发公共卫生事件下健康谣言在易感老年群体中的传播管理研究》，《老龄科学研究》第 4 期。

吴士余，2003，《解读数字鸿沟——技术殖民与社会分化》，上海三联书店。

吴炜华、姜侉，2021，《银发网红的网络实践与主体追寻——基于视频社交场景中的"老年 up 主"族群研究》，《新闻与写作》第 3 期。

吴炜华、龙慧蕊，2016，《传播情境的重构与技术赋权——远距家庭微信的使用与信息互动》，《当代传播》第 5 期。

吴信训、丁卓菁、吴小坤、王建磊、彭际作，2011，《新媒体环境下上海及我国老年群体生活方式优化的前景研究——基于上海城市老龄群体新媒体使用情况的调查》，《科学发展》第 4 期。

吴信训、丁卓菁，2011，《新媒体优化老年群体生活方式的前景探索——以上海市老龄群体的新媒体使用情况调查为例》，《新闻记者》第 3 期。

吴予敏，2007，《论媒介形象及其生产特征》，《国际新闻界》第 11 期。

西尔弗斯通，罗杰，2004，《电视与日常生活》，陶庆梅译，江苏人民出版社。

香港贸易发展局，2019，《中国银发市场：中产消费者对长者服务型消费的态度》https：//research. hktdc. com/tc/article/MzY5MjA4NjMy，最后访问日期，2020 年 12 月 12 日。

《小康》杂志社，2020，《令人寒心！黑龙江一老人乘车无健康码遭公交司机拒载又遭乘客谴责 无法出示健康码的老人不要出门？》，"中国小康网"百家号，https：//baijiahao. baidu.

com/s？id＝1675460070371610523&wfr＝spider&for＝pc，最后访问日期：2022 年 9 月 21 日。

肖群忠，2001，《孝与中国文化》，人民出版社。

肖索未，2014，《"严母慈祖"：儿童抚育中的代际合作与权力关系》，《社会学研究》第 6 期。

谢俊贵，2002，《当代社会变迁之技术逻辑——卡斯特尔网络社会理论述评》，《学术界》（双月刊）第 4 期。

新华社，2017，《习近平提出，提高保障和改善民生水平，加强和创新社会治理》，中国政府网，http：//www.gov.cn/zhuanti/2017-10/18/content_5232656.htm，最后访问时间：2022 年 1 月 17 日。

新华社，2019，《中共中央 国务院印发〈国家积极应对人口老龄化中长期规划〉》，中国政府网，http：//www.gov.cn/zhengce/2019-11/21/content_5454347.htm，最后访问日期：2022 年 3 月 25 日。

新华社，2021a，《中华人民共和国国民经济和社会发展第十四个五年规划和 2035 年远景目标纲要》，中国政府网，http：//www.gov.cn/xinwen/2021 － 03/13/content_5592681.htm，

最后访问日期：2022 年 4 月 25 日。

新华社，2021b，《中共中央 国务院关于加强新时代老龄工作的意见》，"新华网"百家号，https：//baijiahao.baidu.com/s？id＝1717310086659989256&wfr＝spider&for＝pc，最后访问时间：2022 年 1 月 17 日。

新浪科技，2005，《中国互联网历史长廊》，https：//

数字代沟与数字反哺

tech. sina. com. cn/i/2005 - 07 - 19/1129666996. shtml，最 后
访问日期：2022 年 4 月 21 日。

熊润森，2022，《首批适老化改造合格 App 公示　微博、搜狗、
叮当快药未在列》，搜狐网，https：//www. sohu. com/a/
519268342_161795？tc_tab = s_news&block = s_focus&index = s_
4&t = 1643202569396，最后访问日期：2022 年 9 月 19 日。

熊炎，2016，《何种谣言更具传播力？——谣言内容、传谣意愿
与谣言讨论热度》，《现代传播》（中国传媒大学学报）第
9 期。

熊炎，2013，《谣言研究新方法：活跃度内容预测因子探究》，
《现代传播》（中国传媒大学学报）第 3 期。

徐芳、马丽，2020，《国外数字鸿沟研究综述》，《情报学报》
第 11 期。

徐梦琦、周光丽、董锦涛、何贵蓉，2019，《华东两省老年新媒
体受众群体孤独感的研究》，《解放军护理杂志》第 7 期。

徐勉，2020，《南方特稿｜ B 站里的老年网红，数字反哺下的
花样年华》，南方网，https：//news. southcn. com/node _
a11976031b/6efb5838fe. shtml，最后访问日期：2022 年 11
月 19 日。

徐速，2014，《微博谣言传播的影响因素研究——基于 162 则科
技微博谣言的实证分析》，硕士学位论文，天津师范大学。

闫慧、孙立立，2012，《1989 年以来国内外数字鸿沟研究回顾：
内涵、表现维度及影响因素综述》，《中国图书馆学报》第
5 期。

严励、邱理，2014，《从网络传播的阶层分化到自媒体时代的文

化壁垒——数字鸿沟发展形态的演变与影响》，《新闻爱好者》第 6 期。

阎云翔，2006，《私人生活的变革——一个中国村庄里的爱情、家庭与亲密关系：1949-1999》，上海书店出版社。

杨国枢，2009，《现代社会的新孝道》，载叶光辉、杨国枢编《中国人的孝道：心理学的分析》，重庆大学出版社。

杨菊华、何炤华，2014，《社会转型过程中家庭的变迁与延续》，《人口研究》第 2 期。

杨菊华、李路路，2009，《代际互动与家庭凝聚力——东亚国家和地区比较研究》，《社会学研究》第 3 期。

杨立、邰键，2002，《网络传播时代青少年"文化反哺"现象调查与研究》，《广播电视大学学报》（哲学社会科学版）第 3 期。

杨洌，2019，《老年人在微信上的自我呈现与人际互动研究》，硕士学位论文，广东外语外贸大学。

杨钋、徐颖，2017，《数字鸿沟与家庭教育投资不平等》，《北京大学教育评论》第 4 期。

杨善华，2011，《中国当代城市家庭变迁与家庭凝聚力》，《北京大学学报》（哲学社会科学版）第 2 期。

杨席珍，2015，《家庭传播刍议》，《新闻传播》第 6 期。

于潇、刘澍，2021，《老年人数字鸿沟与家庭支持——基于2018 年中国家庭追踪调查的研究》，《吉林大学社会科学学报》第 6 期。

袁小波，2013，《长期照料中的家庭关系及其对成年子女照料者的影响》，《兰州学刊》第 1 期。

曾凡斌，2011，《大学生第二道数字鸿沟的测量及影响因素研究》，《现代传播》（中国传媒大学学报）第 2 期。

曾秀芹、吴海谧、蒋莉，2019，《成人初显期人群的数字媒介家庭沟通与隐私管理：一个扎根理论研究》，《国际新闻界》第 9 期。

曾旭晖、李奕丰，2020，《变迁与延续：中国家庭代际关系的类型学研究》，《社会》第 5 期。

詹慧珍，2009，《高龄者参与故事叙说活动历程之研究》，硕士学位论文，中正大学。

张海宁，2017，《破解老年群体媒介形象问题策略分析》，《中国报业》第 9 期。

张昊，2019，《治理中老年网民信谣传谣问题我们该做什么》，"新华网"百家号，https：//baijiahao. baidu. com/s？id = 1625308557742248706&wfr = spider&for = pc，最后访问日期：2022 年 12 月 1 日。

张伦、祝建华，2013，《瓶颈效应还是马太效应——数字鸿沟指数演化的跨国比较分析》，《科学与社会》第 3 期。

张硕、陈功，2013，《中国城市老年人新媒体使用影响因素研究——基于北京市朝阳区的调查》，《南方人口》第 4 期。

张仙桥，2011，《中国老年社会学》，社会科学文献出版社。

张新红，2008，《中国数字鸿沟报告 2008》，《电子政务》第 11 期。

张煜麟，2015，《社交媒体时代的亲职监督与家庭凝聚》，《青年研究》第 3 期。

张志刚、郑艳，2002，《浅议青年"文化反哺"现象》，《中国青年政治学院学报》第 3 期。

赵呈晨，2018，《文化协商：代际沟通视角下的网络语言传播研究》，《中国青年研究》第 11 期。

赵联飞，2015，《中国大学生中的三道互联网鸿沟——基于全国 12 所高校调查数据的分析》，《社会学研究》第 6 期。

赵文晶、王馨慧，2014，《全媒体时代谣言的传播规律研究——以"十大网络谣言"为样本》，《现代传播》（中国传媒大学学报）第 5 期。

赵鑫、李成，2015，《纪录片在老年传播中的叙事意涵及理性思辨——以纪录片〈银发汹涌〉为例》，《电视研究》第 7 期。

赵云泽、付冰清，2010，《当下中国网络话语权的社会阶层结构分析》，《国际新闻界》第 5 期。

郑超月、徐晓婕，2019，《数字反哺机制研究——以 95 后及其父母的短视频使用为例》，《中国青年研究》第 3 期。

郑金洲，1997，《行动研究：一种日益受到关注的研究方法》，《上海高教研究》第 1 期。

郑曦原、李方惠，2002，《通向未来之路：与吉登斯对话》，四川人民出版社。

中国互联网络信息中心（CNNIC），2013，《中国互联网络发展状况统计报告（第 31 次）》。

中国互联网络信息中心（CNNIC），2012，《中国互联网络发展状况统计报告（第 30 次）》。

中国互联网络信息中心（CNNIC），2021，《中国互联网络发展状况统计报告（第 47 次）》。

中国互联网络信息中心（CNNIC），2015，《中国互联网络发展
　　状况统计报告（第 36 次）》。

中国互联网络信息中心（CNNIC），2020，《中国互联网络发展
　　状况统计报告（第 45 次）》。

中国互联网络信息中心（CNNIC），2023，《中国互联网络发展
　　状况统计报告（第 51 次）》。

中国互联网络信息中心（CNNIC），2022，《中国互联网络发展
　　状况统计报告（第 49 次）》。

中国社会科学院社会学研究所、腾讯社会研究中心、中国社会
　　科学院国情调查与大数据研究中心，2018，《中老年互联网
　　生活研究报告》，中国社会科学网，http://tt.cssn.cn/zk/
　　zk_rdgz/201803/t20180322_3883873.Shtml，最后访问日期：
　　2022 年 5 月 1 日。

中国社会科学院社会学研究所、腾讯研究院，2017，《生活在此
　　处——社交网络与赋能研究报告》，https://max.book118.
　　com/html/2017/1013/136938649.shtm，最后访问日期：
　　2018 年 3 月 28 日。

中国网络空间研究院，2016，《中国互联网 20 年发展报告》，国
　　家互联网信息办公室网站，http://www.cac.gov.cn/2016-
　　01/21/c_1117850404.htm，最后访问日期：2022 年 4 月
　　15 日。

中国网信网，2016，《中央网信办、国家发展改革委、国务院扶
　　贫办联合发文 加快实施网络扶贫行动》，http://
　　www.cac.gov.cn/2016-10/27/c_1119801364.htm，最后访
　　问日期：2022 年 4 月 25 日。

中国信通院，2021，《全球数字经济白皮书——疫情冲击下的复苏新曙光》。

中国政府网，2015，《政府工作报告——2015 年 3 月 5 日在第十二届全国人民代表大会第三次会议上》，http://www.gov.cn/guowuyuan/2015-03/16/content_2835101.htm，最后访问日期：2022 年 4 月 25 日。

钟瑛，2006，《我国互联网发展现状及其竞争格局》，《新闻与传播研究》第 4 期。

钟永圣、李增森，2006，《中国传统家庭养老的演进：文化伦理观念的转变结果》，《人口学刊》第 2 期。

周晓虹，1988，《试论当代中国青年文化的反哺意义》，《青年研究》第 11 期。

周晓虹，2015b，《网络时代的代际关系与孝道》，载查旭东主编《孝行天下：南怀瑾先生与太湖孝文化"实验田"》，上海书店出版社。

周晓虹，2015a，《文化反哺：变迁社会中的代际革命》，商务印书馆。

周晓虹，2000，《文化反哺：变迁社会中的亲子传承》，《社会学研究》第 5 期。

周晓虹，2017，《文化反哺：生发动因与社会意义》，《青年探索》第 5 期。

周晓虹，2011，《文化反哺与器物文明的代际传承》，《中国社会科学》第 6 期。

周怡，1993，《代沟与代差：形象比喻和性质界定》，《社会科学研究》第 6 期。

周裕琼，2012，《当代中国社会的网络谣言研究》，商务印书馆。

周裕琼，2015，《当老龄化社会遭遇新媒体挑战：数字代沟与反哺之学术考察》，《新闻与写作》第 12 期。

周裕琼、丁海琼，2020，《中国家庭三代数字反哺现状及影响因素研究》，《国际新闻界》第 3 期。

周裕琼、林枫，2018，《数字代沟的概念化与操作化：基于全国家庭祖孙三代问卷调查的初次尝试》，《国际新闻界》第 9 期。

周裕琼，2014，《数字代沟与文化反哺：对家庭内"静悄悄的革命"的量化考察》，《现代传播》（中国传媒大学学报）第 2 期。

周裕琼，2018，《数字弱势群体的崛起：老年人微信采纳与使用影响因素研究》，《新闻与传播研究》第 7 期。

周裕琼，2020，《网络时代，如何帮助老年人适应"数字化生活"》，《光明日报》10 月 23 日，第 7 版。

周裕琼、谢奋，2021，《从老年传播到老龄化传播：一个边缘研究领域的主流化想象》，《新闻与写作》第 3 期。

周裕琼、谢奋，2022，《当你老了：春晚上的老年形象变迁与社会共识建构》，《新闻与写作》第 1 期。

周裕琼、杨洸、许广梅，2020，《新冠疫情中的数字代沟与健康代沟——基于 2018 年与 2020 年中国家庭祖孙三代的问卷调查》，《新闻与写作》第 10 期。

朱迪、高文珺、朱妍桥，2018，《中国老年人互联网生活调查报告》，载李培林、陈光金、张翼主编《2018 年中国社会形势分析与预测》，社会科学文献出版社。

朱丽丽、李灵琳，2017，《基于能动性的数字亲密关系：社交网络空间的亲子互动》，《中国地质大学学报》（社会科学版）第 5 期。

朱强，2015，《家庭社会学》，华中科技大学出版社。

朱秀凌，2018b，《家庭传播研究的逻辑起点、历史演进和发展路径》，《国际新闻界》第 9 期。

朱秀凌，2015，《青少年的手机使用、数字代沟与文化反哺——基于对福建省漳州市中学生家庭的实证分析》，《新闻界》第 11 期。

朱秀凌，2018a，《手机技术反哺、亲子沟通与父母教养方式——基于技术接受与使用整合模型的分析》，《新闻大学》第 4 期。

祝建华，2002，《数码沟指数之操作定义和初步检验》，载吴信训主编《21 世纪新闻传播研究》，汕头大学出版社。

"36 氪"，2019，《最前线丨马化腾首谈科技向善：希望成为未来腾讯愿景与使命的一部分》，"36 氪" 百家号，https：//baijiahao. baidu. com/s？ id ＝ 1632778115530827956&wfr ＝ spider&for＝pc，最后访问日期：2022 年 9 月 2 日。

英文：

Allport, G. W., and L. Postman. 1947. *The Psychology of Rumor* (New York: Henry Holt).

Altrichter, H., S. Kemmis, R. Mctaggart, and Z. Skerritt. 2002. "The Concept of Action Research." *Learning Organization* 9: 125–131.

Anderson, R. E. , and L. Carter. 1984. *Human Behavior in the Social Environment: A Social System Approach* (NY: Aldine) .

Attewell, P. 2001. "The First and Second Digital Divides. " *Sociology of Education* 74: 252 – 259.

Avison, D. E. , F. Lau, M. D. Myers, and P. A. Nielsen. 1999. "Action Research. " *Communications of the ACM* 42: 94 – 97.

Backer, R. , et al. 2013. "Summary Report of the AAPOR Task Force on Nonprobability Sampling. " *Journal of Survey Statistics and Methodology* 1: 90 – 143.

Bailey, A. , and O. Ngwenyama. 2010. "Bridging the Generation Gap in ICT Use: Interrogating Identity, Technology and Interactions in Community Telecenters. " *Information Technology for Development* 16: 62 – 82.

Bakardjieva, M. 2005. *Internet Society: The Internet in Everyday Life* (London, UK: Sage) .

Bargal, D. 2006. "Personal and Intellectual Influences Leading to Lewin's Paradigm of Action Research: Towards The 60th Anniversary of Lewin's 'Action Research And Minority Problems' (1946) . " *Action Research* 4: 367 – 388.

Baxter, L. A. 2014. "Theorizing the Communicative Construction of "Family" : The Three R's. " In Baxter, L. A. (Ed.) . *Rema-rking "Family" Communicatively* (New York, NY: Peter Lang) .

Bell, R. Q. 1968. "A Reinterpretation of the Direction of Effects in Studies of Socialization. " *Psychological Review* 75: 81 – 95.

Bengtson, V. L. , and R. E. L. Roberts. 1991. "Intergenerational Solidarity in Aging Families: An Example of Formal Theory Construction. " *Journal of Marriage and Family* 53: 856-870.

Braithwaite, D. O. , E. Suter, and A. K. Floyd. 2017. *Engaging Theories in Family Communication: Multiple Perspectives (2nd Edition)* (New York, NY: Routledge).

Cáceres, B. R. , and A. C. Chaparro. 2019. "Age for Learning, Age for Teaching: The Role of Inter - generational, Intra - household Learning in Internet Use by Older Adults in Latin America. " *Information Communication and Society* 22: 250-266.

Cáceres, B. R. , and A. C. Chaparro. 2019. "Age for Learning, Age for Teaching: The Role of Inter - generational, Intra - household Learning in Internet Use by Older Adults in Latin America. " *Information Communication and Society* 22: 250-266.

Chaudhuri, S. , and Ghosh, R. 2012. "Reverse Mentoring: A Social Exchange Tool for Keeping the Boomers Engaged and Millennials Committed. " *Human Resource Development Review* 11: 55-76.

Chen, X. , and M. Silverstein. 2000. "Intergenerational Social Support and the Psychological WellBeing of Older Parents in China. " *Research on Aging* 22: 43-65.

Clark, L. S. 2009. "Digital Media and the Generation Gap: Qualitative Research on US Teens and Their Parents. " *Information, Communication, & Society* 12: 388-407.

Comunello, F. , M. Fernàndez - Ardévol, S. Mulargia, and F. Belotti. 2014. "'No Country for Old Men?' Analyzing Older People s Attitudes Toward Mobile Communication. " Ecrea.

数
字
代
沟
与
数
字
反
哺

Correa, T. 2014. " Bottom – up Technology Transmission within Families: Exploring How Youths Influence Their Parents' Digital Media Use with Dyadic Data. " *Journal of Communication* 64: 103–124.

Correa, T. 2015. "The Power of Youth: How the Bottom–up Technology Transmission from Children to Parents is Related to Digital (in) Equality. " *International Journal of Communication* 9: 1163–1186.

Difonzo, N. , and P. Bordia. 2007. "Rumor Psychology: Social and Organizational Approaches. " *American Psychological Association.*

Difonzo, N. , P. Bordia, and R. L. Rosnow. 1994. " Reining in Rumors. " *Organizational Dynamics* 23: 47–62.

Dijk, V. J. 2002. " A Framework for Digital Divide Research. " Electronic Journal of Communication. http://shadow. cios. org: 7979/journals /EJC/012/1/01211. html. Accessed February 28, 2022.

Dijk, V. J. 2006. "Digital Divide Research, Achievements and Shortcomings. " *Poetics* 34: 221–235.

Ekström, K. M. 2007. "Parental Consumer Learning or 'Keeping up with the Children' . " *Journal of Consumer Behaviour* 6: 203–217.

Evans, S. , and S. Minocha. 2014. " E – learning and Over 65s: Designing for Accessibility and Digital Inclusion. " 29th Annual International Technology and Persons with Disabilities Conference, March 17–22, San Diego, CA, USA.

Eynon, R. , and E. Helsper. 2015. "Family Dynamics and Internet Use in Britain: What Role Do Children Play in Adults' Engagement with the Internet?" *Information, Communication & Society* 18: 156−171.

Ferlander, S. , and D. Timms. 2006. "Bridging the Dual Digital Divide: A Local Net and an IT−café in Sweden. " *Information, Communication & Society* 9: 137−159.

Frey, L. R. , V. Russell, and J. German. 2020. " Communication Activism for Social Justice Research. " In O'Hair, H. D. , and M. J. O'Hair, (Eds.). *The Handbook of Applied Communication Research* (John Wiley & Sons, Inc) .

Fryer, W. 2006. "Digital Refugees and Bridges. " Accessed May 1, 2022. http: //www. infinitethinking. org/2006/10/digital − refugees−and−bridges. Html.

Gilster, P. 1997. *Digital Literacy* (New York: Wiley) .

Ginsburg, K. R. 2007. "The Importance of Play in Promoting Healthy Child Development and Maintaining Strong Parent−child Bonds. " *Child Care Health & Development* 33: 807−808.

Gullette, M. M. 2017. *Ending Ageism, or How Not to Shoot Old People* (NJ: Rutgers University Press) .

Hargittai. E. 1999. " Weaving the Western Web: Explaining Differences in Internet Connectivity among OECD Countries. " *Telecommunication Policy* 23: 710−718.

Harwood, J. 2007. *Understanding Communication and Aging: Developing Knowledge and Awareness* (CA: Sage) .

He, T. , and Y. Zhou. 2020. "Social Participation of the Elderly in China: The Roles of Conventional Media, Digital Access and Social Media Engagement. " *Telematics and Informatics* 48. Accessed February 28, 2022. doi: 10. 1016/j. tele. 2020. 101347.

Katzman, N. 1974. "The Impact of Communication Technology: Promises and Prospects." *Journal of Communication* 24: 47−58.

Katz, V. S. 2000. "How Children of Immigrants Use Media to Connect Their Families to the Community." *Journal of Children and Media* 4: 298−315.

Kenyon, G. M. 2002. "Guided Autobiography: In Search of Ordinary Wisdom." In Rowles, G. D. , and N. E. Schoenberg, (Eds.) . *Qualitative Gerontology: A Contemporary Perspective* (2nd Ed.) (NY: Springer) .

Kiesler, S. , B. Zdaniuk, V. Lundmark, and R. Kraut. 2000. "Troubles with the Internet: The Dynamics of Help at Home." *Human − Computer Interaction* 15: 323−351.

Kolodinsky, J. , M. Cranwell, and E. Rowe. 2002. "Bridging the Generation Gap Across the Digital Divide: Teens Teaching Internet Skills to Senior Citizens." *Journal of Extension* 40. Accessed June 15, 2022. https: //www. learntechlib. org/p/94022/.

Korupp, S. , and M. Szydlik. 2005. "Causes and Trends of the Digital Divide." *European Sociological Review* 21: 409−442.

Kurniawan, S. H. M. Mahmud, and Y. Nugroho. 2006. "A Study of the Use of Mobile Phones by Older Persons." Extended Abstracts Conference on Human Factors in Computing Systems. DBLP.

Kurniawan S. H. 2008. "Older People and Mobile Phones: A Multi −

method Investigation." *International Journal of Human-Computer Studies* 66: 889-901.

Lam, S. S. 2013. "ICT's Impact on Family Solidarity and Upward Mobility in Translocal China." *Asian Journal of Communication* 23: 322-340.

Langer, E. J. 2009. *Counterclockwise: Mindful Health and the Power of Possibility* (New York: Ballantine Books).

Leung, R., C. Tang, S. Haddad, J. Mcgrenere, P. Graf, and V. Ingriany. 2012. "How Older Adults Learn to Use Mobile Devices: Survey and Field Investigations." *ACM Transactions on Accessible Computing* 4: 1-33.

Lewin, K. 1946. "Action Research and Minority Problems." *Journal of Social Issues* 2: 34-46.

Liu, J. 2017. "Intimacy and Intergenerational Relations in Rural China." *Sociology* 51: 1034-1049.

Livingstone, S. 2003. "Children's Use of the Internet: Reflections on the Emerging Research Agenda." *New Media & Society* 5: 147-166.

Livingstone, S. 2004. "Media Literacy and the Challenge of New Information and Communication Technologies." *The Communication Review* 7: 3-14.

Livingstone, S. 2009. *Youthful Experts: Children and the Internet* (Malden, MA: Polity Press).

Loges, W., and J. Jung. 2001. "Exploring the Digital Divide: Internet Connectedness and Age." *Communication Research* 28: 536-562.

Lüders, M., and P. B. Brandtzæg. 2017. "'My Children Tell Me It's

So Simple': A Mixed – methods Approach to Understand Older Non –users' Perceptions of Social Networking Sites." *New Media & Society* 19: 181–198.

Malwade, S. , S. Syed Abdul, M. Uddin, A. Achmad Nursetyo, L. Fernandez–Luque, X. Zhu, and X. Zhu Recent. 2018. "Mobile and Wearable Technologies in Healthcare for the Ageing Population." *Computer Methods and Programs in Biomedicine* 161: 233–237.

Manheimer, R. J. 1999. *A Map to the End of Time: Wayfaring with Friends and Philosophers* (NY: Norton & Company).

Mannheim, K. 1952. *Essays on the Soiology of Knowledge* (London: Routledge & Kegan Paul).

Marjolijn, L. A. , K. Tates, and T. E. Nieboer. 2013. "Patients' and Health Professionals' Use of Social Media in Healthcare: Motives, Barriers and Expectations." *Patient Education and Counseling* 92: 426–431.

McDonald, G. W. 1977. "Family Power: Reflection and Direction." *The Pacific Sociological Review* 20: 607–621.

McGaughey, R. E. , S. M. Zeltmann, and M. E. McMurtrey. 2013. "Motivations and Obstacles to Smartphone Use by the Elderly: Developing a Research Framework." *International Journal of Electronic Finance* 7: 177–195.

McLuhan, M. 1964. *Understanding Media: The Extensions of Man* (New York: McGraw–Hill).

Merch, S. G. 2006. "Family Relations and the Internet: Exploring a

Family Boundaries Approach." *The Journal of Family Communication* 6: 17−35.

Meyrowitz, J. 1985. *No Sense of Place: The Impact of Electronic Media on Social Behavior* (Oxford University Press).

Moles, K. 2015. "Book Review: Maggi Savin − baden and Claire Howell Major, Qualitative Research: The Essential Guide to Theory and Practice." *Qualitative Research* 15: 123−125.

Nelissen, S. , and J. Bulck. 2018. "When Digital Natives Instruct Digital Immigrants: Active Guidance of Parental Media Use by Children and Conflict in the Family." *Information Communication and Society* : 68−82.

Nelissen, S. , and J. Van den Bulck. 2018. "When Digital Natives Instruct Digital Immigrants: Active Guidance of Parental Media Use by Children and Conflict in the Family." *Information, Communication & Society* 21: 375−387.

Nelson, T. D. 2002. *Ageism: Stereotyping and Prejudice Against Older Persons* (MA: MIT Press).

Norris, P. 2001. *Digital Divide: Civic Engagement, Information Poverty, and the Internet Worldwide* (New York: Cambridge University Press).

Nussbaum, J. F. , and J. Coupland (Eds.). 1995. *Handbook of Communication and Aging Research* (NJ: Lawrence Erlbaum Associations).

Nussbaum, J. F. , et al. 2000. *Communication and Aging* (NY: Lawrence Erlbaum Associates).

数字代沟与数字反哺

Ofcom. 2006. "Media Literacy Audit: Report on Media Literacy A-
mongst Children." https://www.docin.com/p - 1893491335.
html. Accessed Jan. 4, 2022.

Orosz, G. , I. Tóth - Király, and B. Böthe. 2016. "Four Facets of
Facebook Intensity — The Development of the Multidimensional
Facebook Intensity Scale." *Personality & Individual Differences*,
100: 95-104.

Pan, S. 2016. "Getting Older Adults Connected and Supported: Ex-
ploring the Role of Online Communities."《国际新闻界》第
1 期。

Prensky, M. 2001. "Digital Natives, Digital Immigrants." *On The Ho-
rizon* 9: 1-6.

Pressat, R. , A. Haupt, and T. T. Kane. 1981. "Population Handbook."
Population (French Edition) 36: 427.

Reason, P. , and H. Bradbury (Eds.) . 2008. *The SAGE Handbook of
Action Research: Participative Inquiry and Practice* (SAGE Publi-
cations Ltd) .

Robbins, O. J. 1998. " Social Memory Studies: From 'Collective
Memory' to the Historical Sociology of Mnemonic Practices."
Annual Review of Sociology 24: 105-140.

Rogers, E. M. , and A. Singhal. 2003. "Chapter 3: Empowerment and
Communication: Lessons Learned from Organizing for Social
Change." *Communication Yearbook* 27: 67-85.

Rogers, Ever. M. 1995. *Diffusion of Innovations* (NY: The Free Press) .

Rosnow, R. L. 1988. "Rumor as Communication: Acontextualist Approach." *Journal of Communication* 38: 10–27.

Rowe, J. W., and Kahn, R. L. 1987. "Human Aging: Usual and successful." *Science* 23: 1492–1493.

Saphir, M. N., and S. H. Chaffee. 2002. "Adolescents' Contributions to Family Communication Patterns." *Human Communication Research* 28: 86–108.

Schramm, W. 1959. "The State of Communication Research: Comments by Wilbur Schramm." *Public Opinion Quarterly* 1: 1.

Schutte, H., and D. Ciarlante. 1998. *Consumer Behavior in Asia* (New York: New York University Press).

Selwyn, N. 2004. "The Information Aged: A Qualitative Study of Older Adults' Use of Information and Communications Technology." *Journal of Aging Studies* 18: 369–384.

Severin, W. J., and J. W. Tankard. 2000. *Communication Theories: Origins, Methods and Uses in the Mass Media* (MA: Allyn & Bacon).

Silverstein, M., and V. L. Bengtson. 1997. "Intergenerational Solidarity and the Structure of Adult Child–parent Relationships in American Families." *American Journal of Sociology* 103: 429–460.

Silverstein, M., and Z. Cong, S. Li. 2006. "Intergenerational Transfers and Living Arrangements of Older People in Rural China: Consequences for Psychological Well–Being." *J Gerontol B Psychol* 61: 256–266.

Smith, L. E., et. al. 2019. "Parent and Child Preferences and Styles of

Communication about Cancer Diagnoses and Treatment." *Journal of Pediatric Oncology Nursing* 36: 390–401.

Sooryamoorthy, R. , P. Miller, and W. Shrum. 2008. "Untangling the Technology Cluster: Mobile Telephony, Internet Use and the Location of Social Ties." *New Media & Society* 10: 729–749.

Sprey, J. 1972. "Family Power Structure: A Critical Comment." *Journal of Marriage and Family* 34: 235–238.

Strauss, W. , and N. Howe. 1992. *Generations: The History of America's Future,* 1584 *to* 2069 (New York: William Morrow).

Strauss, W. , and N. Howe. 1997. *The Fourth Turning: An American Prophecy—What the Cycles of History Tell us about America's Next Rendezvous with Destiny* (New York: Broadway Books).

Tamislemonda, C. S. 2004. " Conceptualizing Fathers ' Roles: Playmates and More." *Human Development* 47: 220–227.

Thorson, J. A. 1995. *Aging in a Changing Society* (CA: Wadsworth).

Tichenor, P. J. , G. A. Donohue, and C. N. Olien. 1970. "Mass Media Flow and Differential Growth in Knowl– edge." *Public Opinion Quarterly* 34: 159–170.

Vaterlaus, M. J. 2012. "Late Adolescents' Perceptions of a Digital Generation Gap and Perceived Parent–child Relations." Dissertation Submitted to Utah State University.

Viswanath, K. , and M. W. Kreuter. 2007. "Health Disparities, Communication Inequalities, and e – Health: A Commentary." *American Journal of Preventive Medicine* 35: 131–133.

Ward, S. 1974. "Consumer Socialization." *Journal of Consumer Re-*

search 1: 1-14.

Wilding, R. , and L. Baldassar. 2018. "Ageing, Migration and New Media: The Significance of Transnational Care." *Journal of Sociology* 54: 226-235.

William. W. 2001. *Grief Counseling and Grief Therapy: A Handbook for the Mental Health Practitioner* (New York: Springer).

Worldometers info. 2022. https: //www. worldometers. info/ coronavirus/country/us/. Accessed February 26, 2022.

Zhou, W. , T. Yasuda, and S. Yokoi. 2007. "Supporting Senior Citizens Using the Internet in China." *Research and Practice in Technology Enhanced Learning* 2: 75-101.

Zhu, J. J. , and He, Z. 2002. "Perceived Characteristics, Perceived Needs, and Perceived Popularity Adoption and Use of the Internet in China." *Communication Research* 29: 466-495.

Ziefle, M. , and S. Bay. 2005. "How Older Adults Meet Complexity: Aging Effects on the Usability of Different Mobile Phones." *Behaviour and Information Technology* 24: 375-389.

数字代沟与数字反哺

附录1 2016 年老年人调查问卷

深圳市 60 岁及以上老年群体微信使用调查

Q1. 您的手机是什么类型的？

　　1. 老人机　2. 智能机　3. 没有手机（跳至 Q5）

Q2. 您的手机是从哪个渠道获得的？

　　1. 自己购买　2. 儿女购买

　　3. 儿女使用过的手机并赠予　4. 其他＿＿＿＿＿＿

Q3. 您的手机用的什么通信网络？

　　1. 4G　2. 3G　3. 2G

Q4. 您最常使用哪一种输入法？

　　1. 手写输入　2. 笔画输入　3. 九宫格拼音输入

　　4. 全键盘（26 格）拼音输入

　　5. 不使用输入法（不打字）

Q5. 您家中是否有无线网络 Wi-Fi？

　　1. 有　2. 没有

Q6. 您知道、使用过微信吗？

　　1. 不知道微信是什么（跳至 Q17）

　　2. 知道但是没使用过（跳至 Q17）

3. 使用过

Q7. 您在哪一年开始使用微信？

　　1. 2011　2. 2012　3. 2013　4. 2014　5. 2015

　　6. 2016　7. 2017

Q8. 您使用微信的频率大约是？

　　1. 每天无数次　2. 每天用几次　3. 每周用几次

　　4. 一个月偶尔用下　5. 几乎不用

Q9. 您平均每天使用微信几个小时？（一个半小时选1个小时，以此类推）

　　1. 1个小时以下　2. 1个小时　3. 2个小时

　　4. 3个小时　5. 4个小时及以上

Q10. 谁帮您申请的微信？

　　1. 自己　2. 儿女　3. 孙子孙女外孙

　　4. 其他亲戚朋友　5. 社区工作人员或义工

　　6. 其他_____（请注明）

Q11. 当您手机使用遇到困难时您通常会找谁帮忙？

　　1. 朋友或者亲戚　2. 儿女　3. 孙子或孙女

　　4. 不找他人帮忙　5. 社区工作人员或义工

　　6. 其他_____（请注明）

Q12. 您现在微信上有多少好友？

　　1. 1~25个　2. 26~50个　3. 51~75个

　　4. 76~100个　5. 100个以上

Q13. 您最大的家族群里有多少人？_____个人（0表示没有建立家族群）

Q14. 您是否能够熟练操作微信上的这些功能？分为"不会

用""用得不熟""用得很熟"三个选项，请在表格对应位置打对号"√"。

接受好友邀请、添加他人为好友、文字输入聊天、语音输入聊天、视频即时聊天、语音即时聊天、阅读公众号文章、订阅公众号、转发公众号文章或转发链接、发布原创朋友圈、点赞及评论、建立群聊（微信群主）、红包功能（发红包和抢红包）、微信转账和收账、面对面收付款或扫码支付、微信上的第三方应用（打车、挂号、买票等）、搜索公众号文章或内容、查找聊天或交易记录、创建公众号

Q15. 在聊天中，您最常使用以下哪些方式聊天？（单选）

    1. 文字输入聊天   2. 语音输入聊天

    3. 视频即时聊天   4. 语音即时聊天

Q16. 在微信中，您是否看过、分享过与下列标题相似的文章，分享之后是否提醒他人观看？是打对号"√"，否打叉号"×"。

央视沉痛发声：再不养生就晚了！

王宝强的真实身份惊人！轰动全国！

歌曲欣赏：一首《别活得太累》送给每一位朋友

抵制：日货清单，国人必知！

这7种肉，比砒霜还毒，吃货止步！羊悬筋，鸡头，鸭脖……

衣服上不论沾上什么，用这个都能洗掉！

家长注意了，新型毒品！专门针对儿童，千万当心，看到必转！

中南海1号档案解密，老（毕）后悔晚了，完了！

Q17. 以下是一些与微信有关的看法，不存在对错。不管您

是否使用过微信，请问您是否赞同这些看法？（李克特五级量表进行测量）

相容性：我觉得微信是年轻人用的东西/我觉得微信对我用处不大

易用性：我觉得我这个年纪学习微信比较困难/我感觉微信的操作比较复杂

优越性：我觉得使用微信可以提高我的生活质量

风险性：微信上的诈骗比较多

同龄人中的风行程度：与我年龄相似的人很多人都在使用微信

Q18. 未来您是否打算（继续）使用微信？

　　1. 是　2. 否

Q19. 您今年多少岁？_____岁［填空题］

Q20. 您的性别？

　　1. 男　2. 女

Q21. 您现在的婚姻状况是？

　　1. 已婚/同居　2. 离异/鳏/寡/分居　3. 未婚

Q22. 请问您现在与谁同住？

　　1. 独自居住　2. 与配偶同住

　　3. 与配偶及子女同住　4. 自己和子女同住

　　5. 其他

Q23. 您的最高学历是？

　　1. 小学及以下　2. 初中　3. 高中/中专/技校

　　4. 大专　5. 本科及以上

Q24. 您以前从事的职业是？

1. 公职人员（含公务员和事业单位人员）

2. 企业管理人员或公司职员

3. 工人　4. 农民　5. 个体户

Q25. 您子女是否有深圳户籍？

1. 没有　2. 有

Q26. 请问您每月可支配的生活费用大概多少？

1. 2000 元以下　2. 2001～4000 元　3. 4001～6000 元

4. 6001～8000 元　5. 8000 元及以上

Q27. 您认为目前自己的身体状况？

1. 非常好　2. 比较好　3. 不好　4. 非常差

附录2　全国祖孙三代家庭调查问卷（老年版）

中国家庭新媒体使用调查

家庭信息

1. 家庭编号：[_____|_____|_____|_____]

前两位数字为城市编号，北京01、广州02、深圳03、上海04、福州05、石家庄06、哈尔滨07、武汉08、太原09、西安10、成都11、涪陵12、南平13、宁德14、泉州15、佛山16、惠州17、汕头18、湛江19、泰州20、盘锦21、菏泽22、威海23、青州24、烟台25、淮北26、六安27、铜陵28、芜湖29、来宾30、梧州31、保定32、邯郸33、漯河34、信阳35、许昌36、驻马店37、尚志38、双鸭山39、黄石40、衡阳41、怀化42、武冈43、岳阳44、抚州45、吉安46、晋城47、吕梁48、平遥49、朔州50、忻州51、陇南52、遵义53、包头54、绵阳55、南充56、武圣57。

后两位数字为家庭编号，调查的第一个家庭为01，以此类推。

2. 访问日期：_____

3. 城市名称：_____

4. 家庭地址：_____

5. 家庭电话：_____

| 6a.
受访者居住的地区类型：

1. 市/县城的中心城区
2. 市/县城的边缘城区
3. 市/县城的城乡接合部
4. 市/县城区以外的镇
5. 农村
6. 其他（请注明：____） | 6b.
受访者居住的社区类型：

1. 未经改造的老社区（街坊型社区）
2. 单一或混合的单位社区
3. 保障性住房社区
4. 普通商品房小区
5. 别墅区或高级住宅区
6. 新近由农村社区转变过来的城市社区（村改居、村居合并或"城中村"）
7. 农村
8. 其他（请注明：____） | 6c.
家庭结构：

1. 四代
2. 三代
3. 亲子两代
4. 祖孙两代
5. 一代（与配偶同住）
6. 独居

选5、6的跳到问题8。 |

7. 家庭事务的决定权？

	曾祖辈	祖辈	子辈	孙辈	共同决定
购买日用品	1	2	3	4	5
买车买房等大件	1	2	3	4	5
购买电子产品	1	2	3	4	5
人情往来	1	2	3	4	5
家庭成员的婚恋嫁娶	1	2	3	4	5
家庭成员的求学求职	1	2	3	4	5

8. 家庭居住条件（没有则填0）

总计 ［_____］ 房 ［_____］ 厅 ［_____］ 卫

9. 家庭媒介生态（如家中没有电视或电脑，填空题填0，

选择题漏选）

9.1 电视有 ［_____］ 台，分别放在 ［_____］ ［_____］
［_____］ ［_____］

9.2 电脑（包括台式机和笔记本）有 ［_____］ 台，分
别放在 ［_____］ ［_____］ ［_____］ ［_____］

客厅 1

（曾）祖辈房间 2

子辈房间 3

孙辈房间 4

其他（请注明：_____）.........5

9.3 是否有数字电视？［_____］

9.4 家中是否连了宽带？［_____］

9.5 是否有 Wi-Fi？［_____］

是 1

否 2

10. 调查员（签名）：_____

数字代沟与数字反哺

中国家庭新媒体使用调查

问卷 I

问卷编号 ［_____｜_____｜_____｜_____｜_____］

（前 4 位为家庭编号，后 1 位是家庭成员编号）

A 部分：基本情况

A1. 性别【调查员记录】：

　　男 . . . . 1　　　　　　女 2

A2. 受访者在家庭中的角色：

　　（外）曾祖父 . . . . . . 1　（外）曾祖母 2

　　（外）祖父 . . . . 3　（外）祖母 4

　　父亲 . . . . 5　　母亲 6

A3. 您是哪一年出生的？（记录公历年。如果被访者以农
历、生肖或其他方式报告自己的出生年，请换算成公
历后再记录。）

　　［1｜9｜_____｜_____］年

A4. 您目前的婚姻状况是：

　　已婚且配偶健在 1

　　丧偶、离婚、未婚 2

　　单身 3

A5. 您有几个子女（包括亲生的、领养和抱养的）？

　　［_____］儿子　［_____］女儿

　　（请直接填写阿拉伯数字，没有则填 0）

A6. 您的文化程度是：

　　不识字 . . . . 1　　　　私塾/扫盲班 2

小学............3　　初中............4

高中/中专.......5　　大专/本科.......6

研究生及以上.....7

A7. 您的户口属于？

农业户口......................1

非农业户口....................2

统一居民户口..................3

其他（请注明：＿＿＿＿＿＿＿）..........4

A8. 您的户口是不是在本市/县？

是....................1

否....................2

A9. 您从哪一年开始来到本市/县居住？

[＿＿＿＿] 年（YYYY）

A10. 您平均每年在本市/县居住几个月？

[＿＿＿＿＿] 个月（记录具体数字）

A11. 您是否曾经作为"知青"下乡生活？

是........1　　　否........2

A12. 您在哪一年退休的？

[＿＿＿＿] 年（YYYY）

未退休请填8888，无工作单位9999

A13. 过去（目前）您主要从事什么工作？

国家、企事业单位领导人员.......1

专业技术人员....................2

办公室一般工作人员.............3

商业/服务业/制造业一般职工.....4

个体户、自由职业者 5

农、牧、渔民 6

其他（请注明： _____ ） 7

A14. 您过去（目前）在单位中所处的位置是：

负责人/高层管理人员 1

中层管理人员 2

基层管理人员 3

普通职工/职员 4

其他（请注明： _____ ） 5

A15. 您最主要的两项生活来源是：（按重要程度排序选两项）

A. 首先 ［_____］ B. 其次 ［_____］

自己的离/退休金/养老金 1

自己劳动或工作所得 2

配偶的收入 3

子女的资助 4

其他亲属的资助 5

政府/社团的补贴/资助 6

以前的积蓄 7

房屋、土地等租赁收入 8

其他（请注明： _____ ） 9

A16. 过去 12 个月，包括子女或其他亲属的资助，您平均每月的收入是多少？（记录具体数字）

［_____］ 元

（不知道请填 0.1，拒绝回答请填 0.2）

B 部分：老年人生理心理状况

B1. 您觉得您目前的身体健康状况怎么样？（不可代答）

很健康 1

比较健康 2

一般 3

比较不健康 4

很不健康 5

无法回答 6

B2. 跟同龄人相比，您觉得您的健康状况怎么样？（不可代答）

要好很多 1

要好一些 2

差不多一样 3

要差一些 4

要差很多 5

无法回答 6

B3. 在调查人员出示的一系列图片中，您可以毫不费力地看清几个？［＿＿＿＿＿＿］（由调查员填写被访者能辨认的最大文字的号码）

B4. 调查员用正常音量与老人沟通，老人能否听清？（由调查员填写）

听得很清楚 1

能听到但是不清楚 2

听不见 3

B5. 您能自己外出吗？

　　不需要别人帮助 1

　　需要一些帮助（如需要别人陪同）. 2

　　完全做不了 3

B6. 您和家庭以外成员（包括但不限于朋友）的交流多吗？

　　每天都会和外人交流 1

　　每星期会有几次交流 2

　　每个月会有几次交流 3

　　几乎很少 4

B7. 您有参加以下活动吗？

	经常	有时	很少	从不
广场舞、交际舞等舞蹈	1	2	3	4
运动健身	1	2	3	4
唱歌	1	2	3	4
书法绘画	1	2	3	4
读书或写作	1	2	3	4
旅游	1	2	3	4
社区上课、培训	1	2	3	4
老年大学	1	2	3	4
社区活动	1	2	3	4
志愿者服务	1	2	3	4

B8. 下面我将问您几个小问题，请您尽力回答。

问题	对	错	无法回答
1. 今天是几月份？（公历或农历）	1	2	9
2. 这个小区的名字叫什么？（居委会、社区或村）	1	2	9
3. 国庆节是哪天？	1	2	9
4. 现在国家主席是谁？	1	2	9
5. 2018 年春节之后是农历什么年？（生肖）	1	2	9
6. 现在我说三个词，您仔细听一下：苹果/桌子/硬币。请您复述出来。（不管顺序只要都说到就算正确）	1	2	9
7. 假如您有 100 块钱，花掉 7 块，还剩多少？	1	2	9
7.1 再花掉 7 块剩多少？	1	2	9
7.2 再花掉 7 块剩多少？	1	2	9
7.3 再花掉 7 块剩多少？	1	2	9
7.4 再花掉 7 块剩多少？	1	2	9
8. 请把刚才我告诉您的三个词再说出来。（不管顺序只要都说到就算正确）	1	2	9

B9. 您的境况在多大程度上符合以下说法？

问题	完全符合	较符合	较不符合	完全不符合	不好说
1. 我对子女现在的发展状况感到满意	1	2	3	4	5
2. 我觉得我每天都过得有意义	1	2	3	4	5
3. 我觉得自己人际关系很糟糕	1	2	3	4	5
4. 我每天早上睁开眼睛，都感觉满足	1	2	3	4	5
5. 我感觉生活中高兴的事多、欢笑多	1	2	3	4	5
6. 如果我遇到困难或烦恼，在家中诉苦，家人会厌烦	1	2	3	4	5

问题	完全符合	较符合	较不符合	完全不符合	不好说
7. 我对自己的婚姻生活感到满意	1	2	3	4	5
8. 我经常与周围的邻居聊天交谈	1	2	3	4	5
9. 家总让我觉得有一种和谐融洽的气氛	1	2	3	4	5
10. 我觉得自己没有得到足够的尊重	1	2	3	4	5
11. 我对自己现有的经济状况满意	1	2	3	4	5
12. 我经常与朋友聚会	1	2	3	4	5
13. 回顾自己的过去，我没有遗憾	1	2	3	4	5
14. 如果我生病了，现有的医疗条件让我放心	1	2	3	4	5
15. 我感觉自己幸福	1	2	3	4	5
16. 如果现在遇到一些棘手问题，我有信心自己解决	1	2	3	4	5
17. 我对自己的住房环境满意	1	2	3	4	5
18. 我近来只能待在家里，无处可去	1	2	3	4	5

C 部分：新媒体使用

C1. 您是否使用以下媒体？由谁购买/订阅/赠送？每天大概使用多长时间？

报纸	是......1 否......2	自己..1　儿女..2 孙辈..3　他人..4	每天使用 [　　　] 分钟
收音机/音乐机/看戏机	是......1 否......2	自己..1　儿女..2 孙辈..3　他人..4	每天使用 [　　　] 分钟
电视	是......1 否......2	自己..1　儿女..2 孙辈..3　他人..4	每天使用 [　　　] 分钟
台式/笔记本电脑	是......1 否......2	自己..1　儿女..2 孙辈..3　他人..4	每天使用 [　　　] 分钟
平板电脑（iPad 等）	是......1 否......2	自己..1　儿女..2 孙辈..3　他人..4	每天使用 [　　　] 分钟
非智能手机	是......1 否......2	自己..1　儿女..2 孙辈..3　他人..4	每天使用 [　　　] 分钟
智能手机	是......1 否......2	自己..1　儿女..2 孙辈..3　他人..4	每天使用 [　　　] 分钟

C2. 在以下渠道中，您主要通过哪种来了解新闻？[　　　]

您主要通过哪种来获得娱乐？[　　　]

报纸......1　　　收音机/音乐机/看戏机.....2

电视......3　　　电脑.................4

手机......5

C3. 您是否上网（通过手机、电脑或平板电脑上网都算）？

是..........1

否..........2→跳到问题 C7

C4. 您从何时开始上网？〔_____〕年（YYYY）

C5. 您最主要通过哪种方式上网？

台式/笔记本电脑......1　　平板电脑..........2

手机用 Wi-Fi..........3　　手机用流量.......4

C6. 使用电脑或者智能手机上网时，您是否担心以下情况？

	非常担心	比较担心	较不担心	毫不担心	不好说
个人信息泄露	1	2	3	4	5
上当受骗	1	2	3	4	5
听信谣言	1	2	3	4	5
花费过多	1	2	3	4	5
电脑/手机中病毒	1	2	3	4	5

C7. 您目前每月手机移动网络套餐的流量为多少？

〔_____〕MB（换算成 MB 单位，没有则填 0）

C8. 过去 12 个月，您平均每月的手机费大概有多少？（记录具体数字）

〔_____〕元

C9. 您目前正在使用的手机 App 有〔_____〕个？（由调查员协助数出，排除系统应用）

C10. 您是否使用微信？

是....................1

否，但知道微信.......2

否，不知道微信.......3→跳到问题 D1

C11. 您估计以下人群中大概有多少使用微信？

	基本没有	有一些	相当多	几乎全部	不好说
亲朋好友	1	2	3	4	5
社会上与您年龄相似的人	1	2	3	4	5
社会上的所有人	1	2	3	4	5

C12. 以下对微信的看法，您是否赞同？

数字代沟与数字反哺

	完全认同	比较认同	比较不认同	完全不认同	不好说
1. 我觉得微信很难学、不好用	1	2	3	4	5
2. 微信上的一些内容很有趣	1	2	3	4	5
3. 我觉得微信功能很丰富	1	2	3	4	5
4. 使用微信对我来说很容易	1	2	3	4	5
5. 通过微信交流比电话或短信更实用	1	2	3	4	5
6. 用微信支付很不安全	1	2	3	4	5
7. 微信已经在生活中必不可少	1	2	3	4	5
8. 微信能给我带来快乐	1	2	3	4	5

C13. 您从何时开始使用微信？［_____］年（YYYY）

C14. 您最开始用微信是谁教的？

自学 1

子辈（子女/儿媳/女婿）. 2

孙辈（孙儿女、外孙儿女）. 3

亲戚/朋友 4

社工/义工等 5

其他人（请注明：_____）. 6

C15. 过去七天使用微信的时间为［_____］小时。（iOS 系统可直接查询，安卓系统进入工程模式查询）

C16. 您的微信好友有多少个？家人亲属有多少个？同辈人占多大比例？

微信好友［_____］个　　家人亲属［_____］个

同辈人大概占［_____］%

C17. 您是否对微信好友分组？

是 1

否 2

C18. 调查员将向您展示几组微信表情，您平时是否会使用？您是否会自制表情包？

	经常用	有时用	很少用	从不用	不一定
第一组表情	1	2	3	4	5
第二组表情	1	2	3	4	5
第三组表情	1	2	3	4	5
自制表情包	1	2	3	4	5

C19. 受访者发朋友圈的状况，由调查员截屏/拍照受访者发出的最近五条朋友圈，存储为"问卷编号.jpg"统一提交。

C20. 您经常浏览朋友圈的信息吗？

每天多次 1

每天至少一次 2

每周多次 3

每周至少一次 4

每月至少一次 5

几乎不看 6

C21. 您一般会如何"点赞"别人发的朋友圈？

	经常点赞	有时点赞	偶尔点赞	从不点赞	不一定
儿女/孙儿女发的朋友圈	1	2	3	4	5
亲朋好友发的朋友圈	1	2	3	4	5
普通朋友发的朋友圈	1	2	3	4	5

C22. 您一般会如何"评论"别人发的朋友圈？

	经常评论	有时评论	偶尔评论	从不评论	不一定
儿女/孙儿女发的朋友圈	1	2	3	4	5
亲朋好友发的朋友圈	1	2	3	4	5
普通朋友发的朋友圈	1	2	3	4	5

C23. 您平时在微信上经常浏览哪些类型的文章（多选）？

其中您最关注的三种类型信息按照关注度由高到低排列依次是：

[_____] [_____] [_____]

政务要闻 . . . . 1　　新闻时事 2

影视八卦 . . . . 3　　轻松搞笑 4

养生健康 . . . . 5　　人生哲学 6

工作信息 . . . . 7　　生活相关 8

专业性知识 . . . . 9　　文学艺术 10

C24. 您觉得微信是否能满足您对以下各方面的需求？

	完全 不满足	大半 不满足	大半 满足	完全 满足	不好说
1. 了解国内外新闻事件	1	2	3	4	5
2. 获得个人生活相关信息 （如养生、烹饪、健康知识）	1	2	3	4	5
3. 联络他人	1	2	3	4	5
4. 结识新朋友	1	2	3	4	5
5. 维护和老朋友的关系	1	2	3	4	5
6. 打发时间	1	2	3	4	5
7. 获得娱乐	1	2	3	4	5
8. 日常生活便利（如导航、 打车、缴纳水电费等）	1	2	3	4	5
9. 日常工作便利	1	2	3	4	5
10. 展示记录自己的生活	1	2	3	4	5
11. 观察别人的生活	1	2	3	4	5

C25. 调查员将向您出示 8 条不同的微信信息，请您阅读后根据自己的感受回答问题。

在每一则信息下面，继续提问：

1. 您经常看到这类信息吗？	经常	有时	偶尔	从不	不好说
2. 您认为这条信息可靠吗？	很可靠	比较可靠	较不可靠	很不可靠	很难说
3. 您认为这条信息重要吗？	很重要	比较重要	较不重要	很不重要	很难说
4. 这条信息会让您感到焦虑吗？	很焦虑	比较焦虑	较不焦虑	毫不焦虑	很难说
5. 您会转发这条信息给谁？（多选）	家人	亲戚	朋友	所有人	不会转

C26. 当您判断一篇微信文章的内容是否值得信任时，您会：

	完全不会	一般不会	一般会做	肯定会做	不好说
1. 查看文章是不是新近发表的	1	2	3	4	5
2. 查看文章写的内容是否全面	1	2	3	4	5
3. 分析文章是在陈述事实还是在发表观点	1	2	3	4	5
4. 查看文章内容是否带有强烈的个人情绪	1	2	3	4	5
5. 通过其他渠道查验文章内容真假	1	2	3	4	5
6. 考虑文章是否出于商业推广的目的	1	2	3	4	5
7. 查找作者的相关信息（姓名、职务等）	1	2	3	4	5
8. 考虑发布文章的平台够不够权威	1	2	3	4	5
9. 考虑文章的标题是否有标题党的嫌疑	1	2	3	4	5
10. 分析文章的语言风格是否过于夸张	1	2	3	4	5

C27. 以下情况在多大程度上影响您对微信文章的信任？

	完全不会	一般不会	通常会	肯定会	不清楚
1. 在朋友圈看到的文章	1	2	3	4	5
2. 朋友私下转发给我的文章	1	2	3	4	5
3. 转发的朋友对文章的评价	1	2	3	4	5
4. 凭自己的直觉	1	2	3	4	5
5. 凭自己已有的知识	1	2	3	4	5
6. 凭自己过往的经验	1	2	3	4	5

C28. 您目前使用微信的状况是否与以下相符？

	非常不符合	比较不符合	比较符合	非常符合	不好说
1. 如果手机只能保留一个软件，将会是微信	1	2	3	4	5
2. 即使有急事要做，我也会先看一会儿微信	1	2	3	4	5
3. 如果我一天没有用微信会感觉很糟糕	1	2	3	4	5
4. 我发的朋友圈都经过认真编辑	1	2	3	4	5
5. 我经常在微信上花费比预想更多的时间	1	2	3	4	5
6. 我会看微信上的每一条信息	1	2	3	4	5
7. 我起床就会打开微信来看	1	2	3	4	5
8. 我喜欢发朋友圈展示自己的生活	1	2	3	4	5
9. 有时我会用微信用到很晚	1	2	3	4	5
10. 我喜欢看别人发的朋友圈	1	2	3	4	5

D 部分：代际互动

D1. 过去 12 个月，您与儿女通过以下沟通方式联系的频率是？

	几乎每天	每周至少一次	每月至少一次	一年几次	几乎没有
1. 见面	1	2	3	4	5
2. 电话	1	2	3	4	5
3. 手机短信	1	2	3	4	5
4. 微信消息	1	2	3	4	5
5. 视频通话	1	2	3	4	5

D2. 您平均每次与儿女交流时长为：

30 分钟以内......................1

31~60 分钟......................2

61~90 分钟......................3

90~120 分钟......................4

2 小时及以上......................5

D3. 在日常生活中，您的晚辈是否会教您使用以下媒体？

	经常	有时	很少	从不	家里无此媒体
电视机	1	2	3	4	5
收音机	1	2	3	4	5
台式/笔记本电脑	1	2	3	4	5
平板电脑（iPad 等）	1	2	3	4	5
非智能手机	1	2	3	4	5
智能手机	1	2	3	4	5

D4. 关于老年人和新事物（例如互联网、智能手机等）的关系，以下说法您在多大程度上赞同或反对？

	非常赞同	比较赞同	比较反对	非常反对	不好说
我老了，没精力去折腾这些新事物	1	2	3	4	5
对我来说，身体最重要，别的都不想搞	1	2	3	4	5
这些新事物，我想学也学不会	1	2	3	4	5
这些新事物，我学会了也没啥用	1	2	3	4	5
我现在的生活就很好，不需要新事物	1	2	3	4	5
新事物会打乱我现有的生活方式	1	2	3	4	5
反正孩子们会帮我弄好，我不会也没关系	1	2	3	4	5

D5. 当您在学习新事物遇到困难时，会找谁帮忙？

子辈 1   孙辈 2

亲戚/朋友 3   社工/义工等 4

不找人帮忙 5   其他（请注明：＿＿＿）. . . 6

D6. 向晚辈求助的时候，您是否有以下担忧？

	非常符合	比较符合	比较不符合	非常不符合	不好说
我担心他们会笑话我这也不懂那也不懂	1	2	3	4	5
我担心他们对我不够尊重	1	2	3	4	5
我担心他们太忙，没时间教我	1	2	3	4	5
我担心给他们添了额外的麻烦	1	2	3	4	5
除非万不得已，我不会找他们帮忙	1	2	3	4	5
相比儿女，我更愿意让孙儿女教我	1	2	3	4	5

D7. 以下词句，您是否懂得它的网络含义？如果懂，是谁教的？

撩	1. 懂　2. 不懂	1. 自学　　　2. 子辈教的 3. 孙辈教的　4. 其他人教的
套路	1. 懂　2. 不懂	1. 自学　　　2. 子辈教的 3. 孙辈教的　4. 其他人教的
洪荒之力	1. 懂　2. 不懂	1. 自学　　　2. 子辈教的 3. 孙辈教的　4. 其他人教的
一言不合就开黑	1. 懂　2. 不懂	1. 自学　　　2. 子辈教的 3. 孙辈教的　4. 其他人教的
老司机	1. 懂　2. 不懂	1. 自学　　　2. 子辈教的 3. 孙辈教的　4. 其他人教的
小目标	1. 懂　2. 不懂	1. 自学　　　2. 子辈教的 3. 孙辈教的　4. 其他人教的

友谊的小船	1. 懂　2. 不懂	1. 自学　　　2. 子辈教的 3. 孙辈教的　4. 其他人教的
狗带	1. 懂　2. 不懂	1. 自学　　　2. 子辈教的 3. 孙辈教的　4. 其他人教的
蓝瘦香菇	1. 懂　2. 不懂	1. 自学　　　2. 子辈教的 3. 孙辈教的　4. 其他人教的
吃瓜群众	1. 懂　2. 不懂	1. 自学　　　2. 子辈教的 3. 孙辈教的　4. 其他人教的
皮皮虾，我们走	1. 懂　2. 不懂	1. 自学　　　2. 子辈教的 3. 孙辈教的　4. 其他人教的

D8. 以下微信功能中，您会哪些？如果会，是谁教会的？如全部不会，跳到问题 E1。

接受好友邀请	1. 会　2. 不会	1. 自学　　　2. 子辈教的 3. 孙辈教的　4. 其他人教的
添加他人好友	1. 会　2. 不会	1. 自学　　　2. 子辈教的 3. 孙辈教的　4. 其他人教的
发文字聊天	1. 会　2. 不会	1. 自学　　　2. 子辈教的 3. 孙辈教的　4. 其他人教的
发语音聊天	1. 会　2. 不会	1. 自学　　　2. 子辈教的 3. 孙辈教的　4. 其他人教的
语音即时聊天	1. 会　2. 不会	1. 自学　　　2. 子辈教的 3. 孙辈教的　4. 其他人教的
视频即时聊天	1. 会　2. 不会	1. 自学　　　2. 子辈教的 3. 孙辈教的　4. 其他人教的
阅读公众号	1. 会　2. 不会	1. 自学　　　2. 子辈教的 3. 孙辈教的　4. 其他人教的
创建公众号	1. 会　2. 不会	1. 自学　　　2. 子辈教的 3. 孙辈教的　4. 其他人教的

转发公众号文章	1. 会　2. 不会	1. 自学　　　2. 子辈教的 3. 孙辈教的　4. 其他人教的
发布原创朋友圈	1. 会　2. 不会	1. 自学　　　2. 子辈教的 3. 孙辈教的　4. 其他人教的
点赞及评论	1. 会　2. 不会	1. 自学　　　2. 子辈教的 3. 孙辈教的　4. 其他人教的
建立群聊	1. 会　2. 不会	1. 自学　　　2. 子辈教的 3. 孙辈教的　4. 其他人教的
红包功能	1. 会　2. 不会	1. 自学　　　2. 子辈教的 3. 孙辈教的　4. 其他人教的
微信转账	1. 会　2. 不会	1. 自学　　　2. 子辈教的 3. 孙辈教的　4. 其他人教的
微信支付	1. 会　2. 不会	1. 自学　　　2. 子辈教的 3. 孙辈教的　4. 其他人教的
第三方应用/小程序	1. 会　2. 不会	1. 自学　　　2. 子辈教的 3. 孙辈教的　4. 其他人教的
搜索信息/搜一搜	1. 会　2. 不会	1. 自学　　　2. 子辈教的 3. 孙辈教的　4. 其他人教的
查找聊天记录	1. 会　2. 不会	1. 自学　　　2. 子辈教的 3. 孙辈教的　4. 其他人教的

D9. 在您使用微信时，晚辈是否会提醒您注意以下事项：

	经常	有时	很少	从不
不要轻易相信网上的信息	1	2	3	4
要学会判断信息的真假	1	2	3	4
小心网络诈骗	1	2	3	4
要保护好隐私信息	1	2	3	4
不要信谣传谣	1	2	3	4
上网时间不要太长	1	2	3	4

D10. 您转发文章给晚辈的频率如何？

几乎每天都会转发文章给他们 . . 1

每周至少会转发一篇给他们 2

每月至少会转发一篇给他们 3

几乎不转发 . . . . 4 （→跳到问题 D12）

D11. 您最常转发给晚辈的文章依次是 ［ ____ ］ ［ ____ ］
［ ____ ］

政务要闻 1	新闻时事 2
影视八卦 3	轻松搞笑 4
养生健康 5	人生哲学 6
工作信息 7	生活相关 8
专业知识 9	文学艺术 10

D12. 您发朋友圈是否屏蔽了晚辈？

不发朋友圈 1

不屏蔽 2

有时屏蔽 3

总是屏蔽 4

E 部分：家庭关系

E1. 目前与您联系最密切的子女居住在哪里？

共同居住..........1　　同一个区或县.....2

同一个城市.......3　　同一个省内.......4

其他省份.........5　　国外............6

E2. 您平均每周大约有几次与家人一起做以下事情？（没有则填 0）

1. 吃晚饭	[_____] 次
2. 一起看电视	[_____] 次
3. 一起散步、锻炼等	[_____] 次
4. 一起外出逛街、购物	[_____] 次

E3. 过去 12 个月，您是否会给子女一些生活费或礼物？又是否会帮子女做家务或看孩子？

我会给子女一些生活费或礼物，并且帮子女做家务或看孩子...............1

我会给子女一些生活费或礼物，但不会帮子女做家务或看孩子.............2

我从没给过子女生活费或礼物，但会帮子女做家务或看孩子...............3

我从没给过子女生活费或礼物，并且不会帮子女做家务或看孩子..........4

E4. 在您日常与子女的交往中，是否符合以下情况？

	完全符合	比较符合	比较不符合	完全不符合	不好说
1. 子女愿意倾听我讲自己的心事和困难	1	2	3	4	5
2. 与子女长时间不见面我会感觉难受	1	2	3	4	5
3. 子女会听从我的建议	1	2	3	4	5
4. 我经常不能理解子女的选择或决定	1	2	3	4	5
5. 让子女做事我会很放心	1	2	3	4	5
6. 我和子女的关系亲密	1	2	3	4	5

E5. 下面我说一些社会上流行的对老人的看法，您对这些问题是怎么看的？

	非常赞同	比较赞同	比较反对	非常反对	不好说
家有一老，如有一宝	1	2	3	4	5
孝顺老人，天经地义	1	2	3	4	5
老人落伍了，要听年轻人的	1	2	3	4	5
老人是一个家庭的主心骨	1	2	3	4	5
老人要识趣，给年轻人让路	1	2	3	4	5
孝顺不等于愚孝	1	2	3	4	5

后　记

当 34 岁的我开始研究老年数字融入的时候，社会上对这个问题的关注非常少。人们总是很好奇地问我："你年纪轻轻的，怎么会去研究老年人？"我也总是给他们讲述下面这个故事。

大概是在 2011 年 10 月，我"混"的 BBS（深圳本地的一个论坛）突然传说有一个出身中医世家的"神医"药到病除，而且就在我家旁边的公立医院上班。那段时间，我正好身体各种小毛病不断，想找一个好中医调理身体，于是决定第二天去"打个酱油"。我起了个大早，8 点钟医院一上班就去挂号，却发现早就没号了。护士告诉我："哎呀，四五点钟很多老人就来把号给排了！"我一听甘拜下风。

过了几天，那个 BBS 又有新消息，说是因为这个医生太火了，所以医院推出一个便民措施，让大家不要排队，每天中午 12 点在网上放号。我就请一批朋友帮我网上抢号。终于，我"秒"到一个号，第二天可以优哉游哉地去医院取号看病。

次日，在医院看病时，有一位老太太一直跟着我，从取号跟到医生办公室门前。她实在忍不住了，向我打听："闺女啊，你是怎么排到号的？"我指着医院的通知说："您看，这个医院要您上它的网站。"老太太说："网站是什么？我不知道。"我说："没关系，这样吧，您上百度先搜一下。"老太太又说："百度是什么？我没听说过。"我就不知如何解释了，说："奶奶这样吧，您还是回家让您的孩子帮您挂号吧。"这个老奶奶很难过地说："我的孩子都很忙，过去都是我自己早起排队拿号看病，现在我没有办法看病了。"

那一刻，我觉得非常羞愧，通过互联网、通过高科技，我抢到对我来说可有可无，最多是锦上添花的一个号，但是它对于这位老太太来说，却有可能是雪中送炭，甚至是性命攸关的。让我更羞愧的是，我们年轻人被老年人抢了一点社会资源，比如广场被跳广场舞的老太太抢了，公交车座位被晨练的大爷抢了，我们就会利用自己掌握的话语权，在网上吐槽。但是这位老太太被我抢了这么重要的一个社会资源，却无处倾诉，只能怀着深深的无力感默默离开。

我已经忘记老太太的模样，但仍忘不了她落寞的背影。学术人的良心促使我必须做点什么。"学术来源于生活"，于是，我开始观察数字化浪潮中老年人的生存状态。我越观察，越感到惊恐，因为这些年数字强势群体对数字弱势群体的掠夺可以说是愈演愈烈。

表面上，我们的生活越变越好，越来越方便，移动支付、共享单车、网上预约等数字化应用极大地方便了我们的生活。但事实上，还有一大群老年人被排斥在这个"美丽新世界"之外。更可悲的是，全社会都为这种日新月异的变化欢呼雀跃，恨不得快马加鞭、一日千里，却对这种无处不在的系统性社会排斥视而不见、习以为常。

确定选题后，我一直找不到一个合适的切入点。面对老年人的数字困境，作为学术人，自然而然地会遵循"what-why-how"的逻辑展开思考，而我们对问题的定义（what）和原因的解释（why）必然会影响解决路径的选择。如果按照惯常的思维，采取一种"置身事外"的视角研究这个问题，我们很容易把它视作老年人自己的问题，所做的一切学术和政策努力的出发点和落足点都是老年人自己，要求他们"老骥伏枥"、扬蹄奋疾地追赶上时代的步伐。在数字化赛道上，跑在前面的人真的只需要对跑在后面的人多喊几声"加油"就够了吗？

2012年10月，我的父亲退休后，终于有时间来我家住上一阵子。他决定把之前手写的自传用iPad手写输入、修改定稿。此后一个月，我几乎每天下班回家都会看到一个"嗷嗷待哺"的父亲拿着iPad等我解决各种问题，不是文件找不到，就是格式变乱了。开始我会很耐心（也有些许得意）地讲解，但反复被问很多遍之后，我就变得不耐烦了："昨天不是刚教过您，怎么又忘了？"有几次我说的话还有点儿难听："您不是老牌大学生吗，这点学习能力都没有？"说完之后，我立刻后悔了。

在我的成长过程中，父亲（同时也是我的高中数学老师）面对我无数次的提问，从来没有厌烦，总是和颜悦色、循循善诱。如今角色倒过来，为什么我对于父亲的提问就耐心有限呢？原因或许在于，父亲认为教育孩子是自己的"分内事"，而我一方面认识到自己作为儿女反哺父母的责任与义务，另一方面又奢望父亲（这个曾经无所不能的"超人"）对于新媒体技术能够"自学成才"。

出于学术敏感，我觉察到这份矛盾背后折射出更大的问题，那就是中国社会转型期"代"问题的重新定义与解读。当我们把老年人在数字融入过程中所遭遇的系统性社会排斥纳入代际关系的框架中予以考察时，就必须承认，这并不是他们自己的问题，而是关乎人类代际更替与传承的宏大命题。它与活着的、逝去的每一个人类成员都相关。无论是作为独立个体、作为家庭成员，还是作为社会公民，我们只有"置身事内"，才能找到解决问题的最优路径。

过去 10 年，随着学术研究的不断深入，我作为学者也在不断努力参与社会改造。我尝试走出象牙塔，来到社区，进入家庭，身体力行地促使不同代际围绕新媒体展开良性互动。我尝试进行公共演讲、接受媒体访谈，为老年人的数字权利疾呼。我更尝试创办科普公众号、拍摄教学视频，呼吁更多人关注老年数字融入问题。10 年的学术"苦"旅，对我来说是一次找回学术初心、探索生命意义的幸福历程。

在进行这项研究之前，老年人这个群体离我非常遥远，老年生活完全在我的想象之外。但是随着研究的不断深入，我有幸认识了很多老年朋友，有幸窥探到老年生活的多维景象，对于变老这件事甚至有了些许盼望。老年人或许是最难研究的对象，面对我们的访问，他们下意识的反应就是拒绝；老年人却又是最好研究的对象，一旦你获得他们的信任，他们就会知无不言、言无不尽。在汕尾，参加工作坊的爷爷奶奶大部分不会说普通话，但几个月下来，他们把我们当作自己的亲人，请我们到家里吃擂茶。在深圳，就因为教过她们用手机、给她们制作过小视频，我所在小区的奶奶们把我当亲闺女一样，有点儿成。其中，2018年毕业的硕士生林枫，2021年又回来读博士并担任本书的第二作者，我要对他以及整个研究团队——博士生谢奋，硕士生李博、陈雅雪、丁海琼、李嘉豪、陈怡希、徐俊佳、李国杨、许广梅、张梦园、龚宝发，研究助理叶哲佑，本科生刘灿梅、赫培芳、刘子铭、吴晓颖、邓雪婷、柯成薇、林艾倩、王锦正、曾凤仪、周维航、姜锴立——的付出表示最衷心的感谢。我还要感谢参与调研的所有学生，尤其是深入全国各地近千个家庭进行入户访问的65位调查员。

众多师友对这项研究寄予了殷切的希望，提供了热诚的支持，要逐一罗列的话，名单会很长。因为这个研究和长者有关，所以请允许我特别致谢三位年近古稀的学术前辈。

首先，是我在香港城市大学读博期间的导师祝建华教授。初次向老师谈及这个选题时，他就敏锐地注意到其学术价值和社会价值，并转发给我几篇关于西方社会老年人所遭遇的数字困境的论文，期许我的这项研究能够"走在美国人前面"。关于如何把"数字反哺"这个中国特色概念翻译成英文，祝老师也给出了富有启发性的建议。问卷初稿完成后，我发给祝老师把关，他亲切地回复："我也是老年人，完全适用。"问卷收回来后，祝老师又反复叮嘱我，这种全国祖孙三代的调查数据非常珍贵，一定要"物尽其用"，不仅要写中文论文和书稿，还要争取发表高水平的英文论文，向国际学者讲好中国故事。十年磨一剑，最终的成果还是远远没有达到祝老师的期许，这一点着实令我惭愧。

其次，是我们学院的两位退休老师：老林（林晓光教授）和老吴（吴予敏教授）。老林在阅读了我在这个选题上发表的

第一篇论文后，兴奋地说："裕琼，你这个选题好，点到我们老人家（其实他一点儿都不老）的心坎上。"正是他的鼓励，让我有信心在这个选题上深耕 10 年。老吴则像一位"老中医"，随时为我的研究坐堂问诊。在与老吴的谈笑间，研究中的困惑总是能"灰飞烟灭"，有时候我还能迸发新的研究灵感。老吴反复提点我，学术必须在中国的文化土壤中生根发芽，才有可能茁壮成长。随着研究的不断深入，我越发体会到这句话的分量。

　　我还要感谢腾讯研究院的小伙伴，尤其是程明霞和陆诗雨这两位"女侠"。在我急需研究经费开展全国调查的时候，她们"从天而降"，三下五除二地和我谈妥了合作事宜。在合作完成后，她们仍然对我随后的研究抱有极大的兴趣与关注，并在我需要的时候提供了力所能及的帮助。在编辑出版过程中，社会科学文献出版社韩莹莹等老师总是能提供高效专业的服务，对此我深怀感激。

　　最后也是最重要的感谢，要送给我的父亲。他健在的时候，我曾经幻想，如果这项研究能够出书，我一定要写上"献给我的父亲"。今天，我终于写下了这句话，相信在世界的另一头，父亲看到了。

周裕琼

2022 年 12 月 22 日初稿

2023 年 7 月 18 日定稿于深大荔园

图书在版编目（CIP）数据

数字代沟与数字反哺：老年数字融入的中国路径 /
周裕琼，林枫著 . --北京：社会科学文献出版社，
2024.1（2024.6 重印）
（深圳大学新闻传播学术文库）
ISBN 978-7-5228-2369-0

Ⅰ.①数⋯　Ⅱ.①周⋯ ②林⋯　Ⅲ.①数字技术-应
用-老年人-社会生活-研究-中国　Ⅳ.①D669.6-39

中国国家版本馆 CIP 数据核字（2023）第 165316 号

· 深圳大学新闻传播学术文库 ·

数字代沟与数字反哺
　　——老年数字融入的中国路径

著　　者 / 周裕琼　林　枫

出 版 人 / 冀祥德
责任编辑 / 韩莹莹
文稿编辑 / 杨　莉
责任印制 / 王京美

出　　版 / 社会科学文献出版社 · 人文分社（010）59367215
　　　　　 地址：北京市北三环中路甲 29 号院华龙大厦　邮编：100029
　　　　　 网址：www.ssap.com.cn
发　　行 / 社会科学文献出版社（010）59367028
印　　装 / 唐山玺诚印务有限公司

规　　格 / 开　本：889mm×1194mm　1/32
　　　　　 印　张：13.75　字　数：308 千字
版　　次 / 2024 年 1 月第 1 版　2024 年 6 月第 2 次印刷
书　　号 / ISBN 978-7-5228-2369-0
定　　价 / 128.00 元

读者服务电话：4008918866